서인근 평전

한국 농촌과 교육을 위해 삶을 바친 쇼웬거트 선교사 이야기

서인근 평전

한국 농촌과 교육을 위해 삶을 바친 쇼웬거트 선교사 이야기

| 최옥채 |

대한기독교서회

서인근 평전

한국 농촌과 교육을 위해 삶을 바친 쇼웬거트 선교사 이야기

2024년 2월 25일 초판 1쇄

지은이 최옥채
펴낸이 서진한
펴낸곳 대한기독교서회

등록 1967년 8월 26일 제1967-000002호
주소 서울시 강남구 테헤란로103길 14(삼성동)
전화 출판국 02-553-0873~4, 영업국 02-553-3343
팩스 출판국 02-3453-1639, 영업국 02-555-7721
e-mail editor@clsk.org
http://www.clsk.org
facebook.com/clskbooks
instagram.com/clsk1890

ISBN 978-89-511-2150-0 03230

The Christian Literature Society of Korea, Seoul
Printed in Korea

* 이 책은 위탁을 받아 출판하였습니다.
* 책값은 뒤표지에 있습니다.

추천사 1

남북분단과 한국전쟁으로 얼룩진 1950년 전후는 한국 사회에 도움의 손길이 절실하게 필요한 시기였습니다. 이런 시기에 선교사들은 활발하게 활동을 전개했고 1948년에는 함께 모여 사회사업과 농촌사업의 필요성을 논의했습니다. 그 모임의 결과로 1949년 충청남도 대덕군 회덕에 기독교연합봉사회(Union Christian Service Center)가 설립되고, 여기에는 북장로교 선교부, 감리교 선교부, 구세군, 캐나다연합교회 선교부, 남장로교 선교부가 참여했습니다.

기독교연합봉사회는 네 교단의 연합체라는 점에서도 의의가 크지만 무엇보다 교회와 민족의 분열이 가시화되던 시기에 연합 사업을 이루었다는 점에서 더욱 큰 의의가 있습니다.

그런데 그 어려운 시기에 활동한 선교사들 중에는 널리 알려진 분도 있지만 그렇지 못한 분도 있습니다. 널리 알려지지 않은 숨은 공로자인 선교사들을 발굴하여 세상에 알리는 일은 교회사적으로 볼 때에도 중요한 의미가 있는 일입니다.

아주 고맙게도 이번에 전북대학교 최옥채 교수께서 이 일을 하시어 참으로 감사드리며 이는 하나님 은혜의 역사가 아닌가 생각합니다.

최 교수님은 범죄가 인간의 사소한 욕망과 골 깊은 열등감에 의해 일어난다고 설파하여 많은 사람의 공감을 일으키신 분입니다. 여러모로 덕망 있는 최 교수께서 서인근 선교사님(Dean Schowengerdt, 딘 쇼웬거트)을 조명하여 평전을 집필하신 것은 참으로 의미심장한 일입니다. 이 책을 통해 서인근 선교사님이 참으로 숨은 공로자요, 훌륭한 선교사였음이 널리 알려지기를 바랍니다. 기독교연합봉사회 이사장으로서 저는 기쁜 마음으로 이 책을 추천하며 최 교수께도 깊은 감사를 드립니다.

기독교연합봉사회 이사장

김석인 목사

추천사 2

서인근 선교사님의 생애와 사역을 엮은 평전이 발행된 것을 축하합니다. 제가 존경하고 가까이하던 선교사님의 평전에 축사의 글을 올리게 된 것을 무한한 영광으로 생각하면서 먼저 서 선교사님에 대해 간략하게 소개하고 몇 가지 면에서 축사를 올리려 합니다.

서인근 선교사는 미국 연합감리교회(U.M.C)에서 대한민국 중심부인 대전에 파송한 평신도 선교사였습니다. 대개는 복음을 직접 전하기 위해 목사들이 선교사로 파송되었지만 전문 분야의 평신도 선교사들도 한국에 와 큰 족적을 남겼습니다. 특별히 의료계와 교육계 전문 선교사들이 들어와 오늘의 대한민국이 세계적인 의료 대국과 교육 선진국을 이루는 데 결정적인 공헌을 했습니다.

서인근 선교사는 농업과 축산업 전문인 평신도로서 선교사 파송을 받았습니다. 그가 파송받던 당시의 한국은 제1차 산업인 농업이 주류를 이루고 있었습니다. 그래서 농자천하지대본(農者天下之大本), 즉 "농업이 천하의 사람들이 살아가는 큰 근본"이라는 말이 회자되고 농업의 중요성이 강조되며 장려되었습니다.

농업이 국가 제일의 산업이던 1950년대 대한민국은 6·25전쟁으로 온 국토가 폐허가 되었고 경제적으로는 세계에서 최빈국에 속해 있었습니다. 의식주도 어렵던 시절, 선진국인 미국에서 농촌 지역을 위한 평신도 전문 선교사로 한국에 온다는 것은 하나님의 부르심에 대한 확신과 본인의 투철한 소명의식 없이는 불가능한 일이었습니다.

그는 미국 중서부 캔자스주에서 1926년에 태어나 캔자스주립대학교에서 농학과 축산학을 전공했고 중서부 지역의 감리교회 명문 신학교인 아일리프신학대학원(Iliff School of Theology)에서 1년간 신학을 공부하여 평신도 전문직 선교사의 자질을 갖췄습니다.

1952년 평신도 선교사로 파송을 받을 때 그의 나이는 26세였습니다. 대한민국의 중심부인 대전에서는 기독교의 4개 교단(기독교대한감리회, 예수교장로회 통합, 기독교장로회, 구세군)이 6·25전쟁 1년 전인 1949년에 기독교연합봉사회를 설립한 터였습니다. 농촌 선교와 낙농, 가난 퇴치를 위한 봉사활동이 시작된 지 불과 3년이 안된 1947년에 서인근 선교사는 갓 결혼한 서매지 선교사와 함께 한국으로 왔습니다. 부인 서매지 선교사의 본명은 마조리 제인 노스트먼(Marjorie Jane Knostman)으로 캔자스주에서 고등학교를 수석(서인근 선교사는 차석)으로 졸업한 뒤 캔자스주립대학교와 대학원을 졸업한 수재였습니다. 후에 목원대학교에서 영어 과목을 강의했는데 축사를 쓰는 본인도 서매지 선교사님에게 영어 과목을 수강했습니다.

기독교연합봉사회에서 서인근 선교사의 역할이 얼마나 컸는지는 본 평전을 읽어보면 잘 알 수 있습니다. 서인근 선교사의 특기할 일 중 하나는 1944년에 미국 육군에 입대하여 훈련을 받다가 한쪽 눈을 실명해 인공

의안(義眼)을 하고 평생을 살았다는 점입니다. 1950년대 한국인의 신장은 매우 작은 편이었는데 서인근 선교사님은 장신(長身)인지라 생활에 불편이 많았다고 합니다. 그분의 큼직한 신발을 보며 놀랐던 기억이 있습니다.

서 선교사는 기독교연합봉사회가 운영하던 농민학원의 부원장을 직함으로 갖고 있었지만 사실은 전체 운영을 총괄하는 중요한 역할을 했습니다. 경제적으로 어렵던 당시에 미국교회로부터 많은 원조 물품과 현금을 모금하여 목장사업이나 봉사회 운영에 크게 기여했습니다. 특히 충청남도 천안에 위치한 천안목장은 기독교연합봉사회가 오늘날의 모습으로 발전하기까지 큰 기여를 했습니다. 서인근 선교사는 아주 검소하게 살았고 성격도 소탈했습니다. 농촌 아저씨 같은 친근함을 느낄 수 있었습니다. 그분이 선교사 사역을 마치고 미국으로 돌아갈 때 봉사회 사역을 함께하던 분들이 당시로는 큰돈인 소 여덟 마리 값을 모금하여 송별금으로 드렸는데 결국 그 돈을 다시 중국 선교기관(HPI)에 기부하여 큰 화제가 되기도 했습니다. 또한 서 선교사와 함께 일한 분들의 말에 의하면 화를 내는 것을 보지 못했고 어떤 어려운 일도 인내심을 가지고 섬겼다고 합니다. 무엇보다 그분은 한국을 잘 이해하고, 어려운 이웃이나 배우지 못한 사람을 무시하지 않고, 남들을 자신의 형제자매처럼 대하며 존경하는 겸손한 지도자였습니다.

대전 지역에서 사립대학으로는 최초로 세워진 목원대학교가 한참 도약하는 중요한 때인 1983-87년 재단이사와 이사장으로 섬기면서 헌신적으로 많은 기여를 했습니다. 그래서 목원대학교에서는 1999년 10월에 선교사 부부의 헌신에 감사하여 명예박사학위를 수여했습니다.(당시 이사장은 이유식 감독)

한 가지 꼭 기억해야 할 업적이 있습니다. 당시에는 목회자가 미국에 나가는 일이 매우 어려웠는데 그분은 평신도 선교사로서 목회자 선교사들도 못하는 한국 목회자 연장 교육 및 선진 미국교회 탐방을 주선하여 사람들로 하여금 미국을 탐방하며 견문을 넓히게 했습니다. 경비를 최소화하기 위해 미국교회 성도들의 집에서 홈스테이를 하게 하고, 자신이 직접 운전하면서 최소의 경비로 미국교회와 기관을 탐방하는 프로그램을 진행했습니다. 간략하지만 본인이 알고 기억하는 선교사님에 대한 역사를 소개했습니다.

평전을 발행하게 된 것에 대하여 다음과 같이 간단한 축사의 글을 올립니다.

좀 늦은 감이 있지만 선교사님의 사역이나 업적을 널리 알리고 현재나 미래에 교훈으로 삼을 그분의 평전을 발행하고자 사명감으로 이 일을 추진한 기독교연합봉사회 한상업 사무총장님과 직원 여러분의 노고에 치하를 드리면서 축하의 말씀을 드립니다.

서인근 선교사님과 함께한 시간을 회고하며 당시 감동받았던 일을 글로 남겨주신, 기독교연합봉사회 분들에게도 치하와 축하의 말씀을 드립니다. 성서에는 "지나온 역사와 사건을 잊지 말고 기념하며 후손에게 가르치라."라는 말씀이 나오고 또한 "역사를 잊은 민족에게는 미래가 없다."는 유명한 말이 있는데, 이 평전이 앞으로 기독교연합봉사회의 선교와 봉사 사역에 크게 기여하리라 믿습니다. 동역자들의 기고를 잘 편집하여 집필로 수고해주신 최옥채 교수님의 노고에도 감사드립니다.

서인근 선교사님과 서매지 선교사님은 세상을 떠나셨지만 이 평전이 읽는 사람들에게 큰 감동과 교훈을 주리라 믿습니다. 나아가 이 책을 통해 기독교연합봉사회가 어떤 일을 하는 기관인지 알려지고, 앞으로 관심과 동역으로 함께할 분들이 많아지리라 기대합니다.

서인근 선교사님이 생전에 이 평전을 읽어보셨다면 얼마나 좋았을까 하는 생각을 하지만 하늘나라에서 기뻐하시리라 믿고 축하를 드립니다.

기독교연합봉사회 이사, 하늘문교회 원로목사

이기복 감독

머리말

일의 결국을 다 들었으니 하나님을 경외하고 그의 명령들을 지킬지어다 이것이 모든 사람의 본분이니라(전 12:13)

서인근(徐仁根, Dean Louis Schowengerdt) 선교사는 전국 각처가 피폐해 있던 1950년대 초에 한국에 들어와 농촌과 도시 접경지에서 농촌 사역은 물론 교육사역에까지 손과 발을 뻗쳤다. 한국에 들어온 2세대 선교사 중에서는 보기 드문 사역 행보이다.

한국에서 선교사로 활동한 수많은 인물을 모두 낱낱이 소개할 수는 없지만 사역에 따라서 반드시 소개해야 할 사례도 있을 것이다. 선교사가 뿌린 낱알 중 지나치지 말아야 할 것이 있기 때문이다. 그럼에도 우리에게 소개되지 않은 인물이 적지 않은 것은 선교사로 사역했으나 문헌으로 남은 흔적을 찾을 수 없기 때문이다. 알려지지 않은 선교사를 찾아 소개하는 것은 독자들뿐만 아니라 구한말에 내한한 외국 선교사들의 희생적인 선교로 세워진 한국교회에도 큰 힘이 될 것이다.[1]

서인근 선교사와 직접 관련된 자료가 빈약하고, 특히 그의 생각이 담긴 문헌이 충분하지 않아 안타깝다. 아마도 서인근 선교사가 부러 글로 남기지 않은 것 같다. 이런 점 때문에 그의 전기(傳記)보다는 평전(評傳)으로 나아갈 수밖에 없었지만, 가능하면 관련 문헌을 찾아 서인근 선교사의 '전기적 삶'을 평전에 녹여내려고 애썼다.

평전을 쓰며 서인근 선교사가 견지한 신학, 신앙, 활동에 중점을 두었다. 서인근 선교사가 사역한 농촌 지역의 변화와 그가 관여한 대학교의 교육 상황을 확인하며 그의 활동 기반이 된 신학과 신앙을 헤쳐보았다. 따라서 이 책을 통해 서인근 선교사의 사역을 살펴봄으로써 그의 활동상은 물론 한국교회의 선교 방향을 가늠하는 데 도움을 받을 수 있을 것이다.

이 평전의 저술은 오직 하나님의 은혜와 섭리로 가능했음을 밝힌다. 하나님의 은혜는 죄인을 그분의 자녀로 변화시키는 원천이다. 이 모든 것은 우리로 하여금 하나님을 믿고 구원에 이르게 하는 여정이라고 확신한다. 하나님이 언약에 따라 만물을 다스리신다는 사실을 우리가 알고 순복한다면 그 언약을 이룰 수 있을 것이다. 이런 사실은 토레이 2세 선교사의 전기를 쓴 그 아들의 말에서 엿볼 수 있다.

> 아버지의 평소 생각을 미루어볼 때, 이 책이 다른 이들의 영적 생활을 깊게 할 수 있는 것이라면 아버지도 이 책이 출판되기를 원하셨을 것이라고 확신한다. 아버지가 바라는 것은, '인간'이 칭송받는 것이 아니라 당신이 충성스럽게 섬긴 구세주만 영광을 받으시는 것이다. 또한 하나님이 우리의 삶을 온전히 주관하시게 한다면 "모든 것이 합력하여 선을 이루게"(롬 8:28) 된다는 진리를 이 책의 독자들이 깨달을 것이라고 생각한다. 독자들에게 이와 같은 역사가 일어날 것을 믿는다.[2]

기독교연합봉사회가 자리 잡은 대전을 오가며 자료를 수집하던 중에 저술의 방향을 잡았다. 한국 농촌 지역사회 개발에 힘씀으로써 새로운 농업문화사를 이루려 한 서인근 선교사의 희망을 대전에서 발견할 수 있었다. 아울러 서인근 선교사가 농촌 개발 외에도 그의 사역 후반에 교육사역에도 깊이 관여했음을 확인했다.

이 책에서는 서인근 선교사의 사역을 드러내는 길을 세 방향으로 정하고 나아갔다. 첫째는 선행 문헌을 검증하는 자세로 살피는 것이고, 둘째는 새로운 자료를 발굴하여 더하는 것이며, 셋째는 상상을 바탕으로 진위 문제로부터 자유로워지는 것이다. 누군들 자신의 활동을 자랑으로 여기지 않을까? 누가 자신이 지은 것을 최고로 삼지 않을까? 중요한 것은 그 활동이나 그 지은 내용의 진실됨이라고 생각한다. 서인근 선교사가 활동한 1950-80년대 한국의 사회상을 생각하면 더욱 그러하다.

한 가지 덧붙일 내용이 있다. 기독교연합봉사회에는 이사회 회의록과 실행위원회 회의록 등의 소중한 문서가 적지 않은데, 이것을 언젠가 정리하여 기독교연합봉사회의 사역을 널리 알리는 작업이 있어야 할 것이다. 이 서류들은 1950년대부터 대전은 물론 남한 전국의 농촌을 중심으로 기독교연합봉사회가 펼친 사역을 보여주는 귀중한 자료이며, 역사 기록으로도 충분한 가치가 있다.

이 작업을 이끄신 주님께 영광을 올려드린다. 아울러 어쭙잖은 초벌원고를 읽어 바로잡아주고, 미국 연합감리교회 아카이브에서 서인근 선교사 관련 서신을 구해준 김홍수 교수님께 감사드린다. 아울러 축사를 마련하신 기독교연합봉사회의 이사장 김석인 목사님과 이기복 감독님께 감사드린다. 그 밖에도 감사 말씀을 드릴 분이 많다. 이 작업의 절실함을 일깨워준 한상업 사무총장님과 이후 함께하신 문영준 목사님, 김종환 목사님과 이영자 사모님, 용두어린이집 이영자 원장님께 감사드린다. 온갖 자료를 수집하는 궂은일을 맡은 기독교연합봉사회의 최인묵 님과 한홍희 님, 이 작업을 주선한 이현수 관장님께 감사드린다.

2024년 1월

최옥채

차례

1장

서인근 선교사를 기리는 사람들

2021

내 영혼아 여호와를 송축하라

내 속에 있는 것들아 다 그의 거룩한 이름을 송축하라

– 시편 103:1

서인근 선교사를 기리는 사람들의 이야기를 들으면 그의 활동을 기록으로 남기고 싶은 마음이 간절해진다. 성령께서 함께하신 이야기라고 생각하기에 더욱 그렇다. 안타까운 것은 서인근 선교사와 함께했던 사람들이 한 분 두 분 세상을 떠나거나 건강이 안 좋아지고 있다는 점이다. 그러나 아직 불씨가 살아 서인근 선교사를 추억하며 말하는 사람들이 있다. 서인근 선교사와 함께 일을 했거나 가깝게 지낸 사람들로, 이들은 그의 일상을 촘촘히 기억하고 있다.

이 땅에서 천국을 누리며 서인근 선교사와 함께했던 문영준 목사, 김종환 목사와 이영자 사모, 이영자 원장, 한상업 사무총장이 모여 당시의 일을 회상하며 추억하는 이야기를 들어보자.

문영준 목사의 회상

문영준(文英俊) 목사는 1940년에 태어났다. 대학에서 축산을 공부하여 1967년에 졸업하고, 이듬해 기독교연합봉사회의 주축인 기독교농민학원 대가축부 주임으로 취업했다.[1] 그는 기독교농민학원의 지원으로 이스라엘과 호주에서 6개월씩 연수를 받기도 했다. 직원으로 활동한 이후 목사 안수를 받아 목회에 임했다.

문영준 목사

문영준 목사는 서인근 선교사의 삶이 곧 자신이 살아내며 본받을 대상이었다고 강조한다. 1950-60년대에 당시 농촌의 실상을 파악한 서인근 선교사는 기도하는 가운데 필요한 자원을 정확히 가늠하여 외국에서 끌어왔고, 이를 충실히 지켜 청지기의 소임을 완수했다. 문 목사의 회상을 그대로 옮긴다.

> 서인근 선교사님에 대해서 몇 가지 이야기할게요. 6·25전쟁이 나기 바로 1년 전 1949년에 기독교연합봉사회가 세워지고, 1952년에 서 선교사님이 한국에 들어오셨습니다. 그분은 미국 대학교에서 농업을 공부하고 한국에 파송되셨습니다. 원래는 그보다 일찍 오시기로 했는데, 전쟁이 일어나는 바람에 늦어졌다고 했습니다. 기독교연합봉사회 소속으로 사역하며 한국에서 자녀를 낳고 기르셨지요. 서 선교사님은 열여덟 살에 군에 입대하여 훈련을 받던 중 부상을 입어 한쪽 눈을 실명했다고 합니다. 이런 사실을 나중에야 알았는데, 저도 처음에는 서 선교사님이 애꾸눈인지 몰랐습니

다. 가짜 눈의 색깔이 똑같이 만들어져 언뜻 표가 나지도 않았지만 선교사님의 행동이 매우 자연스러웠기 때문입니다.

한번은 서 선교사님과 농촌 지역 순회를 했어요. 기독교농민학원 출신 졸업생들이 있는 곳이었지요. 며칠씩 숙식을 함께하며 농촌을 돌았는데, 선교사님은 참 소탈하셨습니다. 된장찌개나 김치찌개를 잘 드셨고, 흙벽돌로 마무리하여 도배도 제대로 안 된 방에서 그곳 농민들과 거리감 없이 지냈습니다. 어느 날 잘 때 보니깐 한쪽 눈을 빼내어 그릇에 담아놓는 것을 보고 깜짝 놀랐습니다. 한 눈으로 운전도 잘하셨고, 평소 그런 티를 내지 않아 몰랐던 것입니다.

당시 서른 살이 다 되어가던 저는 기독교연합봉사회라는 새 직장에 들어와 생활하며 서 선교사님을 통해 많은 도전을 받았습니다. 사실 저는 당시 중등학교 교사로 발령을 받았고 동시에 기독교연합봉사회에도 합격했습니다. 학교로 갈까, 봉사회로 갈까 고민하다가 무언가 새로운 것을 개발할 수 있을 것 같아 봉사회로 결정했습니다. 학교는 이미 준비가 되어 있는 곳이잖아요. 봉사회는 마음껏 꿈을 펼치며 무언가를 할 수 있겠다 싶어 선택했습니다. 봉사회에 취업하면서 바로 대전으로 와서 서 선교사님과 함께 일했지요.

서 선교사님은 1952년에 이미 와 계셨고, 저는 1968년에 왔으니까 선교사님이 저보다 15-16년 선배이지요. 1920년대 초에 태어나셨으니 지금까지 살아 계셨다면 거의 백 살 가까이 되셨을 겁니다. 한국말도 참 잘하셨고, 인품이 뛰어났습니다. 한국 사람들과 어울리면서 늘 다정하게 맞아주셨고 우리를 친구처럼 대해주셨습니다. 한번도 무시당해본 적이 없어요. 저를 늘 '문 선생'이라 부르셨고 농담도 잘 주고받으셨습니다. 그때 한 가지 느낀 것은 서 선교사님이 서로 다른 의견을 지혜롭게 조정하시는 분이었다는 겁니다. 우리가 일하다 보면 의견이 달라 논쟁이 벌어지거나 다툼이 생기고 화가 날 때가 있잖아요. 이럴 때면 서 선교사님은 한발 늦추셨습니다. 서로 목소리가 커지는 것을 한번도 본 적이 없습니다. 그러면 그 다툼의 이야기가 묵살되고 잊히느냐? 그건 아니에요. 그다음 날 "선생님, 지난번에 이렇게 되었는데, 이건 이렇게 하는 게 더 좋지 않을까요?" 그러면 상대는 "아~ 예, 그렇겠네요." 하면서 맞춰줍니다. 이런 인품을 작년(2020년) 초에 돌아가신 최용규 장로님도 보여주셨습니다.

우리가 1971년 충북 영동군 매곡면 어촌리라는 아주 깊은 산골로 들어간 건 전기도 안 들어오는 때였어요. 그런 시절에 농촌운동을 한다고 들어갔는데, 농민들이 마을회의를 하면 왜 그렇게 말이 많은지요! 분위기가 시끄럽고 서로 다투는 게 다반사였습니다. 말하는 것이 직설적이고, 그래서 말이 튕겨나가 소통이 잘 안 되었습니다. 그곳만 그러는 게 아니라 그 분위기가 당시 우리 한국 농촌의 문화였을 것입니다. 외부에서 새로운 문화가 들어오지 않고 보수적인 문화에 갇혀 있다고 봐야겠지요. 그때가 1970-71년이었습니다. 새로운 것과 섞이면서 변화가 있어야 하는데, 그렇지 않았습니다.

이런 상황에서 우리 봉사회가 그 동네에 마을회관을 지었고 그때 서인근 선교사님이 개입하며 변화가 일기 시작했습니다. 서 선교사님과 최용규 장로님, 제가 균형을 맞춰 개입하니까 인격적으로 많은 변화가 왔지요. 봉사회에서 근무하는 동안 서인근 선교사님은 제 모델이었고, 그분께 저는 리더십을 배웠습니다. 서 선교사님의 리더십은 대단했어요. 우리 기독교연합봉사회가 자꾸 서인근 선교사님을 이야기하는 것은 바로 그분의 리더십 때문입니다. 리더로서의 역량과 능력을 제대로 갖춘 분이었습니다.

기독교연합봉사회가 가축대부사업을 펼치고, 양곡대부사업을 통해 쌀 3,000가마를 마련하는 등의 모든 일을 선교사님이 주도하셨습니다. 그 중에서 특히 면양사업은 잊을 수 없습니다. 충북 영동의 농촌 개발에 참여하며 그곳 땅 11만 평을 샀어요. 국토의 70퍼센트가 산악 지역이니까 그것을 개발해 수익사업을 해보려고 한 것이지요. 그래서 면양을 선택하고, 호주에 가서 6개월 동안 면양에 관해 공부했지요. 무슨 일이든지 철저히 준비했습니다. 이후 호주에서 양 300마리를 수입해오기도 했어요. 비행기에 싣고 와서 충북 영동에 목장을 만들고, 면양 사육 전문 선교사를 한 명 파송해달라고 하여 그 양목장을 운영했습니다.[2] 면양 사육 시험에도 성공했어요. 호주와 달리 한국에서는 겨울에 눈이 내려 기후가 크게 달랐음에도 면양을 기르는 데는 전혀 문제가 없었습니다. 그만큼 정성을 쏟았지요.

이 시험 사육에 성공하여 농민들에게 면양을 대부해주고 사육 방법을 알려주었습니다. 그런데 양털을 잘라 판매하는 데 문제가 생겼습니다. 서울 영등포에 있는 대한모방에 양털을 가져갔는데, 양털의 질이 크게 떨어져 제값을 받을 수 없었습니다. 호주나 뉴질랜드에서는 양을 자연 초장에 방목해 털이 깨끗한 반면 우리는 양을 돼지 기르듯 우리 안에 길러 양털에 분뇨가 엉켜 털의 질이 떨어진 것입니다. 일반적인 양털이 1킬로그램에 1,000원이라면 우리 것은 300-400원밖에 안 되었어요. 양털을 팔아 농가 소득을 올리려고 했는데 실패한 거예요. 양을 사육하는 데는 성공했지만 양털의 질이 안 좋아 수익을 내지 못한 것입니다. 그래서 끝내 면양사업은 중단했습니다.

서인근 선교사님은 참 멋져요. 면양사업 건을 사실대로 이사회에 보고하고, 이사회는 이런 실상을 이해해주었습니다. 노력했음에도 이렇게 된 것이라 다른 사업으로 바꿔보려는 유연성이 있었던 것이지요. 서인근 선교사님이 큰 그릇이라는 것을 알 수 있었습니다. 그렇게 면양사업을 정리하고, 양을 도살하여 고기로 팔았습니다. 이 역시 서 선교사님이 주도하여 서울에 있는 백화점의 외국인 전용 식료품 매장에 납품했습니다. 그곳에 양고기 코너가 있어 서울로 가져가 판 것입니다. 지금 생각하면 주님이 함께 하신 일이었지요.

문영준 목사는 유독 서인근 선교사의 소탈함과 치밀함을 강조했다. 형식에 얽매이지 않고 일상을 수수하게 꾸리고, 일의 규모를 상관하지 않고 꼼꼼히 준비하며 대처하는 성품 말이다. 특히 문 목사는 서인근 선교사가 한쪽 눈의 시력이 없는 시각장애인임에도 전혀 거리낌 없이 주변 사람들과 지냈다는 점을 놀라워했다. 이는 "행함이 없는 믿음은 그 자체가 죽은 것"(약 2:17)이라는 말씀처럼 서인근 선교사가 믿음을 반석 삼아 하나님의 사랑을 품어서일 터이다. 그래서 성서는 "우리가 하나님과 함께 일하는 자로서 너희를 권하노니 하나님의 은혜를 헛되이 받지 말라"(고후 6:1)라고 한 것이리라. 이 말씀이 이토록 하나님의 은혜를 강조한 것은 값없이 주신 하나님의 은혜가 헛되지 않도록, 믿는 우리가 바르게 살아야 하기 때문이다. 하나님의 은혜를 헛되지 않게 해야 하나님께서 제시하신 기준이 우리에게서 성취될 수 있기 때문이다.[3] 이뿐만 아니라 서인근 선교사가 한국 음식을 가리지 않았다는 문 목사의 언급은 그의 소탈함을 직접 보여준 사례라고 하겠다.

이쯤에서 최용규(崔龍圭) 장로에 관하여 살펴보겠다. 최용규 장로는 감리교 신자로 1933년에 태어나 대학에서 농학을 공부하고 1960년 3월에 졸업하여 4월에 서인근 선교사와 함께 농촌교도사업을 담당했다. 기독교연합봉사회에 입사한 것은 1962년이다. 최용규 장로는 직원으로 근무하며 「농민생활」에 농사 관련 글을 기고했는데, 예컨대 "낙화생 재배의 키

최용규 장로

포인트"라는 제목으로 땅콩 농사에 관하여 소개했다. 그의 직원 카드에는 1960년 4월부터 1961년 7월까지 킹스베리(金勝培, Paul Kingsberry) 선교사로부터, 1962년 2월부터는 기독교연합봉사회로부터 급여를 받은 것으로 기록되어 있다.[4]

최용규 장로는 1973년 3월에 농촌개발원장을 맡았고, 1978년 3월에 총무부 부장으로 퇴직했다. 이후 1983년에 서인근 선교사가 목원대학교 재단의 이사장직을 맡으면서 최 장로는 사무처장으로 일했다. 이런 그의 이력을 통해 최용규 장로와 서인근 선교사의 돈독한 관계를 이해할 수 있다. 2019년 기독교연합봉사회 창립 70주년 기념 감사예배에서 최용규 장로는 삼애동지회가 서인근 선교사에게 선물한 500만 원에 가까운 돈이 중국 헤퍼프로젝트인터내셔널(HPI, Heifer Project International)을 지원하는 데 사용되었고, 이 일로 최 장로 자신이 중국 HPI를 방문하고 돌아왔다고 밝혔다. 그는 또한 기회가 되면 앞으로 더욱 여러 나라를 지원하자고 말했다.

김종환 목사의 회상

1937년에 태어난 김종환(金鍾煥) 목사는 1961년에 기독교농민학원이 실시한 농촌지도자 강습을 받았다. 기독교농민학원은 기독교연합봉사회가 1954년에 설립한 기관인데, 김종환 목사는 기독교농민학원 농촌지도자반에서 교육받았고, 여기에서 이영자 사모와 만나 결혼했다. 김종환 목사와 이영자 사모는 '캠퍼스 커플'이었던 것이다. 그는 당시 부원장 서인근 선교사로부터 평생 잊을 수 없는 사랑을 받았다고 고백했다.

김종환 목사

청년 김종환의 결혼식은 1962년 충남 당진에서 열렸는데, 서인근 선교사는 이곳을 두 번이나 차로 운전해 오가며 두 제자의 결혼을 도왔다. 김종환 목사는 당시 포장이 잘 안 되어 울퉁불퉁하고 먼지가 나는 길을 왕래한 일이 지금도 눈에 선하다고 했다. 이제 여든이 넘은 김종환 목사가 증언하는 60여 년 전의 일을 들어보자.

제가 기억하는 서인근 선교사님은 부원장으로서 기독교농민학원 운영을 거의 다 책임지신 것 같아요. 기독교농민학원을 운영하는 데 필요한 자금이 거의 다 서 선교사님에 의해 미국으로부터 조달받은 것이었지요. 기독교농민학원 부원장이라고 하지만 운영자나 마찬가지였어요. 학생들에게 특별히 가르치신 것은 없었고, 선교사님의 사모님이 요리 등을 가르쳤어요. 제 아내도 사모님께 배웠지요. 그때는 농촌이 여간 어려운 게 아니었어요. 발전도 안 되었을 뿐만 아니라 식량과 대부분의 물품을 외국에 의존하던 때니까요.

그런데 우리가 서인근 선교사님을 제대로 알려면 배민수 박사님의 활동을 알아야 합니다. 배민수 박사님은 '하나님 사랑, 농촌 사랑, 노동 사랑'이라는 '삼애 정신'(三愛精神)을 강조했어요. 그 정신에 입각하여 삼애동지회가 만들어지기도 했지요. 남자는 1년, 여자는 3개월 동안 교수님들로부터 교육을 받고 실제로 일하며 삼애 정신을 익혔습니다. 농촌 일을 모르는 사람은 정말로 견디기 힘들었고, 중도에 하차하는 사람도 있었습니다. 그러나 뜻이 있는 사람들은 고생이 되어도 농촌을 위해, 하나님 사랑을 위해 노동을 견디고 참회해야겠다며 이겨냈어요. 배민수 박사님의 정신을 이어받은 사람들은 새벽예배로 시작했다가 나중에 이것을 삼애동지라고 하는 모임으로 만들었지요. 배민수 박사님의 생각은 기술이 아니라 정신이 문제라는 것이었습니다. 그래서 정신 측면에 중점을 두어 가르치셨고, 기술적인 것은 다른 선생님들이 가르치셨습니다. 지금 생각해보니까 배 박사님이 앞섰기 때문에 그렇게 가르치셨다고 봐요. 학술적으로나 실제로 거기서 배우기를 잘했다는, 그런 생각을 합니다.

지금은 이해가 안 될 거예요. 그 당시에는 정말로 농촌에 사는 사람들이 농촌을 빠져나가 될 수 있으면 도시에서 농사가 아닌 일을 하려고 했습니다. 도시에 나가 장사를 하려고 하지 농촌에 뜻을 두는 사람은 거의 없었어요. 그래도 지금은 농촌에서 특용작물 같은 걸 잘하면 돈이 되지만, 예전에는 그런 게 전혀 없었어요. 기독교농민학원에 그런 기술을 배우려는 사람들이 있었고, 이런 처지에서 바로 서인근 선교사님이 앞장서 몸소 우리를 가르쳤던 것입니다.

저는 서인근 선교사님으로부터 받은 은혜가 따로 있습니다. 제가 결혼한 게 1962년인데, 그때 차라고는 버스밖에 없었어요. 택시도 없었지요. 제가 충북 청원군 남이면에 살았는데, 거기서 결혼할 상대가 살고 있는 충남 당진까지 가려면 시간도 많이 걸리거니와 차편이 많지 않아 오가는 일이 쉽지 않았습니다. 차가 있더라도 비포장도로라 한 번 가려면 하루 종일 걸리던 때였습니다. 서인근 선교사님은 그런 곳까지 저와 아내를 태워 두 번이나 다녀왔습니다. 제가 감히 부원장님께 부탁할 수도 없는 처지였는데, 당신이 먼저 아시고 저를 차로 결혼식장까지 데려가주셨습니다. 결혼식을 예배로 하니까 교회에 실어다주고 결혼식에 참석하셨을 뿐만 아니라 3일 후에 다시 와서 저와 아내를 태우고 청원으로 오셨습니다. 그러니 두 번 왕복을 하신 것인데, 그런 서인근 선교사님을 저는 평생 잊지 못해요. 그리고 선교사님의 사모님은 요리를 가르치셨기 때문에 아이들을 데리고 우리가 사는 청원 집까지 와서 함께 도와주셨습니다. 이런 은혜는 제 평생에 잊을 수 없는 일이라고 생각하고 있습니다.

삼애동지 모임은 1년에 한 번 정도 있었는데, 그때마다 선교사님이 참석했어요. 참석해서 관여하시고, 또 우리 삼애동지들이 하는 일에 어떻게 하면 도움이 될까 하는 뜻을 가지고 실제로 많은 도움을 주셨지요. 삼애동지회는 1년에 한 번 회장이 소집했고, 바쁜 사람은 참석하지 못했지만 총회 때는 기독교농민학원이 본부라서 그리로 모였습니다.

나라가 잘 사는 길은 내가 배운 기술이나 힘으로 되는 것이 아니라 하나님의 은혜로 복을 받아서 잘 될 수 있는 것이라고 배웠습니다. 그럼에도 기술을 무시할 수 없다고 하여 낮에 농장에서 일하고 밤에는 공부하며 극기 훈련도 많이 했어요. 그런 것으로 봐서 기독교농민학원이 농촌에 상당히 기여했다고 봅니다. 농촌 발전에 기독교연합봉사회가 기여한 바가 크다고, 저는 자신 있게 말할 수 있습니다.

좌담회도 열어 농촌의 문제점을 파악하고, 앞으로 이런 문제를 어떻게 하면 해결할 수 있겠는가 하는 토론을 선생님들과 밤늦게까지 벌였지요. 기술도 기술이지만 내가 이 어려움을 극복하고, 동네 사람들이라든지 농사 짓는 사람들에게 본이 되는 농사를 해야 했어요. 실패해가면서 큰소리를 칠 순 없지요. 특용작물에는 기술이 필요하잖아요. 오이 같은 것도 재배하고, 이렇게 하니까 따라오는 거예요, 그걸 보고. 말로 먼저 하는 것이 아니라 몸으로 실천을 보인 것이지요. 그렇게 하면 성공해 돈을 벌 수 있다는 것을 깨달았지요. 사람들이 생각을 바꾸어 협조하며 따라왔지요. 그래서 농촌에 영향을 끼쳤습니다.

농사지으면서 힘 안 드는 사람이 없거든요. 때려치우고 싶은 때가 한두 번이 아니었는데, 그때마다 이걸 버티고 나가겠다는 자신감이 생긴 건 믿음 덕이에요. 믿음이 없는 사람은 그런 생각을 할 수 없어요. 내가 사랑한다는 하나님이 세상 전체를 주관하시잖아요. 살고 죽는 문제, 흥하고 망하는 것을 주장하시잖아요. 그러니까 첫째는 하나님 사랑이에요. 그리고 농촌을 떠나 도시에 사는 사람은 농촌 사랑을 모르지요. 농촌에서 하는 노동과 도시에서 하는 노동에는 어마어마한 차이가 있다고 생각해요. 농촌을 사랑한다는 것은 하나님 사랑과 노동 사랑이 병합되어야 한다는 것이 삼애 정신이에요. 그게 없이는 뭔가 불평불만으로 인해서 쓰러지고 만다는 얘기이지요.

선교사님이 우리나라 농촌에 처음 들어올 때와 사역을 마치고 나갈 때 농촌의 형편은 하늘과 땅 차이만큼 크다고 생각합니다. 그 당시 선교사님이 기여한 바가 컸다는 것을 우리 눈으로 확인할 수 있었습니다. 이건 누구도 부인할 수 없을 겁니다.

김종환 목사는 자신의 결혼식을 기억하며 서인근 선교사의 은혜를 평생 잊을 수 없다고 했다. 기독교농민학원 제자를 보살핀 서인근 선교사의 힘은 어디에서 나왔을까? 그 힘의 근원은 "너는 마음을 다하고 뜻을 다하고 힘을 다하여 네 하나님 여호와를 사랑하라"(신 6:5), "너희 안에 이 마음을 품으라 곧 그리스도 예수의 마음이니"(빌 2:5)라고 하신 말씀에서 확인할 수 있겠다. 구원하시는 예수의 마음은 곧 세상을 창조하신 하나님의 사랑인데, 서인근 선교사는 그 마음을 품고 살았을 것이 확실하다. 김종환 목사는 서인근 선교사로부터 받은 사랑을 주변에 전하기 위해 더욱 힘을 길렀을 테이고 이후 목사가 된 것이 분명하다.

이렇게 강조하는 것은 당시 주님을 받아들이지 않은 사람이 과연 얼마나 각자의 고난을 이겨냈을지 의문이 들기 때문이다. 특히 1960년대 한국 상황은 정치적으로나 경제적으로 매우 어렵고 불안정한 사회였다. 이런 사회에서 복음이 큰 역할을 했을 것이다.

한편 김종환 목사는 서인근 선교사의 '자금줄'을 언급했는데, 여기에는 상당 부분이 미국으로부터 지원받은 현금과 가축이 포함되었다. 이런 사정은 서인근 선교사가 미국 연합감리교회 동아시아 선교 책임자와 미국의 목장 주인에게 보낸 서신에서도 드러난다.

이뿐만 아니라 그때 사회상을 엿볼 수 있는 대목이 있다. 바로 '박사'라는 존칭이다. 당시 목사까지도 박사로 불렸고, 심지어 이승만 대통령도 박사로 불리길 바랐다.

이영자 사모의 회상

김종환 목사의 아내 이영자(李英子) 사모는 충남 당진 출신으로 기독교농민학원 단기반을 수료했고 청년 김종환과 결혼했다. 앞서 이들의 결혼식을 소개한 대로 그녀는 서인근 선교사의 수고에서 곧 주님의 사랑을 느껴졌을 터이다. 특히 이영자 사모는 서인근 선교사의 아내 서매지 선교사로부터 서양 요리를 배웠다. 그녀가 드린 감사를 들어보자.

그때는 우리 한국에 빵 문화가 지금마냥 크지 않았어요. 빵을 찔 줄 모르고 할 때인데, 빵 만드는 것을 많이 배웠지요. 빵뿐만 아니라 카레라이스도 가르쳐줬어요. 삭막한 시골 오지에도 잘 찾아와주셨고요. 선교사님 사모님은 제가 다니던 산골 교회까지 오셨습니다. 돌도 많고 산골이라 이름이 '돌로돌'이에요. 오래전 일제강점기에 이런 동네에 세워진 교회이고 교인 수도 얼마 안 되는데, 자녀들을 데리고 직접 예배에 참석하셨습니다. 미국의 형편과는 크게 다름에도 전혀 개의치 않고 저희 집에 들러 쉬시곤 했습니다. 선교사님의 이런 모습을 통해 사랑을 느낄 수 있었습니다. 특히 소를 대부해주셔서 우리가 부자로 잘살게 되었어요.

쌀이 절대적으로 부족했지만 주식인지라 '한국 빵'이라고 할 수 있는 떡을 쌀로 빚어 먹던 시절이었다.[5] 한편 소를 대부받은 것은 가축대부사업의 하나로 서인근 선교사가 맡아 시행한 주력 사업이었다. 이 사업은 농촌이 부촌으로 발돋움하는 데 큰 힘이 되었는데, 당시 소는 농가의 큰 자산이기도 했다.

이런 상황에서 여성 선교사가 당시 한국 여성과 함께하며 일상에 긴요한 빵 등을 만드는 방법을 알려주는 것은 쉽지 않았다. 그 행위 자체는 어렵지 않을 것이지만 가르치려는 마음을 세우는 것이 쉽지 않다는 말이다. 행위가 아니라 입으로 시인하여 구원에 이른다고 한 말씀이 이와 통할 것이다. 서매지 선교사의 활동은 그만큼 가치가 있었고, 그 활동을 통해 한국 여성들은 큰 도움을 받았다. 남존여비(男尊女卑)와 같은 가치관 속에 살고 있던 한국 여성들을 찾아 함께한 사역은 그들에게 큰 지지가 되었을 것이다.

이영자 사모

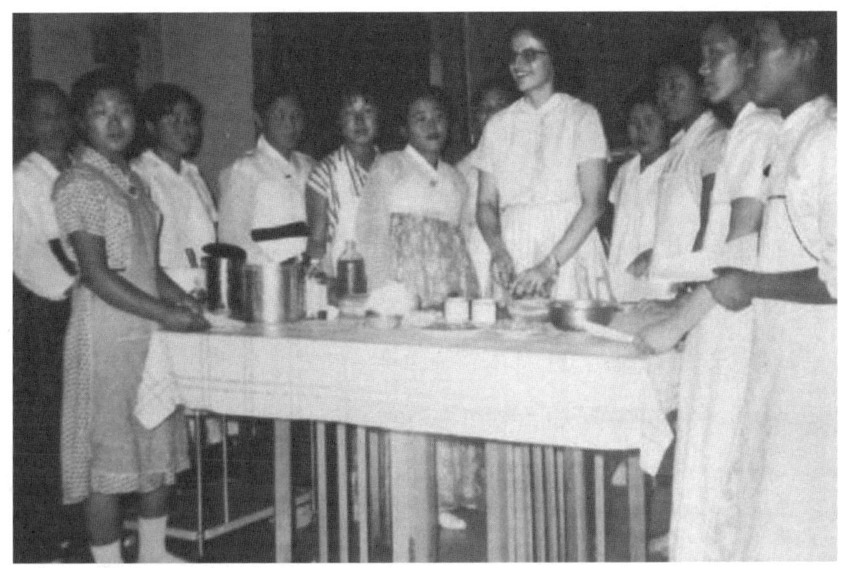

한국 여성들에게 간단한 서양 요리를 가르치는 서매지 선교사(1950년대 중반)

이영자 원장의 회상

이영자(李英子) 원장은 1959년에 태어나 1978년에 기독교연합봉사회 서무회계직으로 일을 시작하여 1985년까지 근무했다.[6] 1991년에 기독교연합봉사회 산하 산내종합사회복지관 총무부장이 되었고, 1998년부터 이곳의 부설 어린이집 원장을 맡았다. 2000년부터 원장으로서 용두어린이집을 이끌고 있다.

이영자 원장

이영자 원장은 서인근 선교사에 대해 평소 형식을 따지지 않는 분으로 기억했다. 자신이 할 일에 충실히 임했고, 물자를 철저히 아꼈으며, 사무실에서 격식을 요구하지 않았다. 그녀의 세심한 관찰 내용을 들어보자.

서인근 선교사님은 사택 레밍턴홀에 사시다가 이사를 가셨는지 평소 사용하던 물건을 사무실로 가져와 우리더러 쓰라고 하셨어요. 그만큼 검소하셨지요. 어느 날 댁에서 쓰던 걸 가지고 오셨는데, 그 당시 우리도 가정에서 쓸 정도가 아닌 물건인데 선교사님은 그게 아까우셨던 거예요. 진짜 오랫동안 몇십 년을 쓰신 것 같은데 그것을 들고 오셔서 "이거 사용할 수 있으면 사용하세요."라고 하셨어요. 어떤 때는 쓰던 볼펜도 가져오시고, 또 주방에서 쓰던 그릇도 가져오셨는데, 선교사님 입장에서는 버리기에 너무 아까웠던 것 같아요.

평소 행동은 소탈하셨고, 남한테 피해를 안 주셨습니다. 아침마다 예배를 드렸는데, 기도를 유창하게 하지 않으셨어요. 기도하다가 생각이 나지 않으면 멈추고, 그렇게 잠시 가만히 계시다가 생각나면 조금 하시고… 이러면서 기도를 마무리하셨습니다. 이러한 식의 기도가 그냥 그분의 삶 자체를 보여주는 것 같아요. 그래서 선교사님한테 배운 것이 '유창한 기도라고 다 좋은 기도가 아니다.'라는 것이었습니다.

출근해서 아침 예배를 함께 드리고, 타자기가 든 가방 하나 메고 집무실로 들어가셨습니다. 선교사님의 사택이 사무실 가까이에 있었어요. 그때는 타자기를 썼어요, 컴퓨터라는 게 없었으니까. 당신 방에서 조용히 타자를 치고, 볼일을 보러 나갔다 들어오시곤 했습니다. 그런 부분에서도 직원들에게 전혀 불편함을 주지 않으셨습니다. 그리고 직원들한테 뭔가 요구도 별로 안 하셨어요. 개인적으로 사적인 것 하나 부탁하신 일도 없었어요. 당신 일은 철저히 당신이 직접 하셨습니다.

제 기억으로도 본인이 여기저기 다니면서 티를 내지 않고 활동하셨는데, 예를 들면 아들의 결혼식도 사택에서 매우 검소하게 했어요. 어느 해 봄이었는데, 선교사님의 가족과 직원들이 사택 정원에서 조촐하게 치렀어요. 그런데 미국에 다녀오시면 당신 능력으로 모금해 가져온 돈이 참 많았어요. 당시 제가 회계 업무를 봤기 때문에 기억합니다.

늘 성품이 조용하셨어요. 그냥 필요한 말씀만 하셨습니다. 조용하고 직원들에게 배려도 많이 해주시고, 우리가 생각해도 정말 검소하셨습니다. 치장하지 않고, 남에게 보이기 위한 건 전혀 없었던 것 같아요. 그리고 변함이 없었던 것 같아요. 감정의 기복으로 큰소리로 말씀한 것이 기억에 없습니다. 참 편안했어요. 직원들도 선교사님한테 결재를 받거나 엄한 지시를 받지 않았던 것 같아요. 그때 직책은 제가 잘 모르겠는데, 다른 부장님한테 결재를 받았고, 선교사님이 직접 결재하시지는 않았어요.

서인근 선교사가 결재에 관여하지 않은 것은 당시 기독교연합봉사회의 고문으로 있었기 때문일 것이다. 이영자 원장이 전하는 서인근 선교사의 일상은 형식주의와 신앙지상주의를 극복한 모습이라고 하겠다. 웨슬리(John Wesley)가 성서적 기독교란 바리새주의(형식주의)와 율법무용론(신앙지상주의) 모두를 극복하고 마음의 종교와 그리스도인의 거룩한 삶 모두를 포괄하는 것임을 분명히 밝힌 것처럼[7] 서인근 선교사는 그런 삶을 살았을 터이다.

쓰던 물건을 아끼는 서인근 선교사의 마음은 동서양을 막론하고 본이 되는 생활 습관이라고 생각한다. 어느 나라에서나 물자를 아끼는 것이 미덕으로 치부되는 시절이다. 한편 자신의 일을 다른 직원에게 떠넘기지 않은 것은 서양의 독특한 문화라고 할 수 있다. 당시 한국 사회상을 돌아보면 기관의 부서장이 얼마든지 부서 직원을 사적으로 부리는 것이 통용

되던 때라 서인근 선교사의 행실이 더욱 돋보였을 것이다.

서인근 선교사가 그의 자녀와 함께 살았다는 점에서 그의 순수함을 엿볼 수 있다. 그만큼 가족과 함께 지내는 중에 자기 관리가 철저했을 것이다. 최근 해외 선교지에서 선교사들 간 지역 분쟁으로 여러 문제가 발생했는데, 이는 선교사들의 선교 지역이 한쪽으로 치우쳐서이고, 여기에는 가족의 생활이나 자녀 학업 같은 이유가 깔려 있기 때문이라고 윤은수는 지적한 바 있다.[8]

한상업 사무총장의 회상

한상업(韓相業) 사무총장은 1956년에 태어나 1981년에 기독교연합봉사회에 들어와 2004년부터 사무국장을 맡았고, 2007년에 직제가 바뀌어 사무총장으로 오늘에 이르고 있다. 기독교농민학원의 총무가 실무를 총괄했듯 한상업 사무총장은 기독교연합봉사회를 실무적 차원에서 이끌어가고 있다. 서인근 선교사가 한국 농촌을 일구다시피 하고 목원대학교의 운영에 크게 기여했음에도 그의 업적이 제대로 평가받지 못한 것을 한상업 총장은 안타까워했다.

한상업 사무총장

특히 서인근 선교사가 한국에서 소임을 마치고 귀국할 때 기독교농민학원 졸업생들이 십시일반으로 감사 헌금을 모아 드렸는데, 이것을 HPI 본부에 돌린 것이 귀감이 되었다고 말했다. 그 일화를 들어보자.

그간에 최용규 장로님이 말씀하신 것을 들어보면 서인근 선교사님은 6·25 전쟁 전에 오시기로 했는데 전쟁 때문에 입국이 연기되었다고 합니다. 서인근 선교사님은 한국에 오신 후에도 여러 차례 미국에 가셔서 한국의 실정을 알리고, 많은 자원을 모아 배에 싣고 오셨습니다. 사업을 진행할 때마다 많은 자원이 필요하잖아요. 그때마다 미국의 각 교회에 호소했다고 합니다. 지금 우리가 한 것처럼 '1달러 운동'같이 "여러분, 1달러를 기부하시면 한국이 삽니다." 이렇게 해서 사업에 필요한 자원을 선교사님이 요청해 목장을 운영하거나 대부사업을 하는 데 필요한 자원을 확보했습니다. 서인근 선교사님은 미국에서 왔고, 배민수 목사님이 미국에서 유학하셨기 때문에 서로 미국에 가셔서 자원을 요청하는 데 특별한 통로가 있었을 것이고, 이 자원을 가져와 기독교농민학원을 운영할 수 있었습니다.

제가 1981년에 입사한 후, 문영준 목사님은 저하고 몇 년간 근무하다가 퇴임하셨고, 선교사님은 그 이후 1989년까지 계셨어요. 그때 제가 기억하기로는 서인근 선교사님이 사역을 마치고 돌아가신다고 하여 대전 중구에 있는 고려부페에서 송별회가 열렸습니다. 관련 직원들이 참석하고, 저는 참석하지 못했습니다. 함께하던 최용규 장로님이 문영준 목사님과 만나면 항상 말씀하시던 일화가 있습니다.

기독교농민학원 졸업생들이 미국으로부터 많은 지원을 받았고, 잘살게 되었잖아요? 선교사님이 미국에 돌아가실 때 최용규 장로님이 기독교농민학원 졸업생들한테 "당신들이 서인근 선교사를 통해 지원받아 잘살게 되지 않았느냐, 가시는 분에게 뜻있는 선물을 좀 하자."라고 하셨답니다. 능력이 되는 분들이 소를 한 마리씩 내놓았고, 그때 소 여덟 마리가 모아졌다고 합니다. 이것을 돈으로 바꾸어 순수한 마음으로, 미국에 돌아가서 사용하시라고 선교사님께 드렸다고 합니다. 선교사님은 미국으로 돌아가서 이 돈을 HPI에 기부했는데 이것은 HPI로부터 지원을 받은 것을 다시 HPI에 반환한 셈이지요. 선교사님은 한국에 있는 사람들이 모아 줬다면서 자금을 HPI에 기부했습니다. HPI는 이 돈을 어디에 지원할까 고민하다가 중국에 지원했는데, 그때 우리나라는 중국과 수교가 안 되었잖아요? 그러니까 지원된 걸 나중에 국가안전기획부가 알고 어떤 연유로 지원했는지 확인까지 했다고 합니다. 나중에 중국에서 사용된 내역을 통보받고, 그 일로 초청받아 미국에 다녀오셨다는 말씀을 들을 때는 가슴이 뭉클했습니다.

최용규 장로님이 계시면 더욱 생생하게 들을 수 있었을 텐데, 작년(2020년)에 돌아가셔서 안타깝습니다. 최용규 장로님이 1978년에 퇴임하고 목원대학교 사무처장으로 가셨는데 이 무렵 서인근 선교사님은 교육사역에 매진하셨습니다. 목원대학교 운영의 정상화는 물론 장학사업 부흥을 이루셨습니다.

서인근 선교사님이 1989년에 미국으로 돌아가신 이후에도 저희하고는 연락이 되어 관계가 끊어지지 않았습니다. 우리 기독교연합봉사회 직원들과 연락은 직접 잘 안 되었지만 문영준 목사님과는 연락이 되었고 메일도 주고받으셨는데, 2020년 7월에 돌아가셨습니다. 참으로 안타까운 것은 한국 농촌을 살려냈다고 해도 과언이 아닐 정도로 큰 활동을 하신 분인데 서인근 선교사의 사역이 자료로 남아 있지 않다는 점입니다.

앞에서도 언급했지만 HPI는 서인근 선교사의 사역과 밀접히 관련하고 있어 이에 관해서는 뒤에 상세히 다룰 것이다. 어쨌든 HPI의 지원을 되갚은 일화는 성서가 전하는 교훈에서 얼마든지 찾아볼 수 있다. “지혜로운 자는 그의 지혜를 자랑하지 말라 용사는 그의 용맹을 자랑하지 말라 부자는 그의 부함을 자랑하지 말라”(렘 9:23), “자랑하는 자는 주 안에서 자랑하라"(고전 1:31)라는 말씀이 그것이다. 아마도 서인근 선교사는 이런 말씀을 빌려 삼애동지회 회원들의 선물을 하나님께 바쳤을 터이다. 그래서 "율법에 관한 단순한 지식은 순종과 함께하지 않으면 어떤 가치도 없다."(롬 2:25 참조)라고 했을 것이다. 한상업 사무총장은 2020년에 소천한 서인근 선교사를 그리며 그의 흔적이라도 남겨 후세에 전할 수 있길 간절히 바랐다.

농촌과 대학을 일구며 선교에 치중한 서인근 선교사

서인근 선교사와 함께했던 사람들은 속이 꽉 찬 것을 드러내 보이지 않고 쉼없이 열정을 쏟는 서인근 선교사의 활동을 그리워하고 있다. 그가 품은 사랑 때문일 것이다. 기독교의 가장 큰 주제는 사랑이고, 기독교는 바로 이 사랑 안에서 전파되고 전파될 터이다. 그래서 앞선 믿음의 선배 변선환 목사는 "사랑은 자기중심성을 남김없이 비울 때까지 멈출 수 없는데, 이는 자기를 한없이 연장하는 양적 팽창이 아니라 질적 성숙을 추구하기 때문이다. 나아가 이웃을 사랑한다는 것은 이웃이 된다는 것을 말한다."[9]라고 했다.

서인근 선교사는 나라 형편이 가장 어려울 때 한국에 와서 누구든 구별하지 않고 사랑을 중심에 두어 농촌지도자를 세우고 농촌을 일구며 선교에 치중했다. 이뿐만 아니라 목원대학교가 어려움에 처했을 때 주님의 부르심을 받아 교육사역에도 몸과 시간을 아끼지 않았다. 안으로는 말씀으로 무장함으로써 그의 생활 자체가 전도가 되게 하고, 밖으로는 함께하는 사람을 섬기며 선교사역을 이끌었다.

서인근 선교사의 활동에서 주목하려는 것

서인근 선교사의 활동을 접하거나 전해들은 사람 중에는 그의 삶이 평범하다며 선교사라면 그 정도 사역하는 것이 당연하다는 사람도 있을 것이다. 이것이 서인근 선교사의 활동에 대한 지나친 과소평가라고는 생각하지 않는다. 여기에서 필요한 것은 어떤 소명을 받았기에 그런 헌신의 마음을 유지했는지, 선교사역을 이끌어간 내력을 한층 깊게 살펴보는 일이라고 생각한다.

교회에 가는 사람이 성서를 집에 두고 빈손으로 집을 나서지 않듯, 선교사의 사역을 인간적으로만 바라보아서는 안 될 것이다. 선교사역을 온전히 이해하기 위해서는 신앙 안에서 그 신앙을 바탕으로 살펴야 하기 때문이다. 안타깝게도 서인근을 비롯한 선교사에 관한 연구가 너무도 부족하다. 실제로 윤경로는 한국에 개신교 복음이 전래된 지가 120년 가까이 되었지만 복음을 전해준 선교사들에 대해서는 아직도 그 자료가 제대로 정리되지 못한 실정이라고 했다.[10]

아펜젤러(亞篇薛羅, Henry Gerhart Appenzeller)의 전기를 지은 그리피스(William E. Griffis) 목사[11]는 한국교회가 세계 선교 역사상 유례없는 성장과 발전을 이루었다고 했다.[12] 그럼에도 이들 선교사에 관한 연구가 태부족인 것이 사실이다. 이와 관련하여 옥성득은 "한국 서울에 거주하는 정식 선교사로 북감리회 경우 스크랜턴(1884년 10월 4일), 아펜젤러(1885년 1월) 순이고… 아펜젤러는 정동제일교회와 배재학당 설립자이고, 스크랜턴(施蘭敦, William Benton Scranton)은 시병원과 상동감리교회 설립자이다. 그러나 시병원은 일찌감치 사라졌고 상동교회도 정동교회에 비해 세력이 약했다. 더욱이 배재 출신들은 감리회에서 상당한 영향력을 행사해왔다."라고 하면서 "이제라도 스크랜턴을 한국 감리회 첫 선교사로 복원해야 한다."라고 했다.[13] 이와 마찬가지로 서인근 선교사도 잊혀서는 안 될 터이다. 선교사의 활동에 연구와 관심이 상응하지 못하고 있고, 그들의 활동이 오늘날 온전히 전해지지 않고 있다. 초기 몇몇 선교사에 관한 연구는 있지만, 특히 1950년대에 들어와 활동한 선교사에 관한 연구는 거의 찾아볼 수 없다. 그 이유가 선교사의 사역이 만족할 만한 성과를 거두지 못해서일까?

이런 사정은 미국에서도 마찬가지였다. 선교사는 미국의 해외 진출 역사에서 매우 큰 비중을 차지함에도 학자들은 자세히 살펴보지도 않은 채 선교사를 이상한 종교적 열정에 사로잡힌 사람들이라고 받아들이며 그들을 학문적 연구 대상에서 제외시켰다. 1970년대 이후에야 해외 선교에 관한 연구가 본격적으로 진행되었는데, 이는 선교사업 자체에 대한 관심에서라기보다 그것이 자기들 전공 공부에 도움이 되기 때문이었다.[14]

선교사에 관한 본질적인 문제를 파고들지 못한 점도 지적되고 있다. 예컨대 류대영은 "왜 선교사들이 한국이라는 미명(未明)한 나라에 자발적으로 왔는가?", "그들의 종교적, 사회적, 교육적 배경은 어떠한가?", "그들은 어떠한 신학과 세계관을 가진 사람들이었는가?" 등을 온전히 탐구하지 못했다고 지적한다.[15] 이런 실상을 염두에 두어 이 평전은 다음 몇 가지 물음에 답을 찾으려고 한다.

첫째, 서인근 선교사는 어떠한 배경과 어떠한 과정을 거쳐 한국에 파송되었을까? 서인근 선교사의 믿음의 자질을 비롯한 성품은 그의 독특한 점인데, 여기에는 미국 감리교의 성향이 크게 작용했을 것이다. 류대영에 의하면 1784년 볼티모어 크리스마스 회의에 모여 미국 감리교가 처음 결성될 때 채택한 교리강령은 웨슬리가 미국 형제들을 위해 준비해준 25개 조항이었다고 한다.[16] 즉 교리보다는 경험과 실천을 중요시하는 감리교회의 특성 때문에 20세기 초에 이르기까지 이 강령이 미국 감리교회의 교리강령으로 자리 잡고 있었다는 것이다.[17] 이런 사실에 기반을 두어 그 구체적인 배경을 따져보아야 할 터이다.

둘째, 서인근 선교사는 한국에서 선교사역을 어떻게 펼쳐나갔고, 그 성과는 어떻게 나타났을까? 아울러 당시 사회상은 어떠했을까? 한국의 선교 초기에 비해 서인근 선교사가 들어와 활동한 1950년대 이후 선교사에 관한 연구가 일천한 것은 이들의 활동이 초기 선교사에 비해 약해서일까? 이런 의문을 풀기 위해서라도 서인근 선교사의 선교사역을 깊이 들여다보아야 한다.

셋째, 서인근 선교사는 선교사역의 힘을 어디에서 가져오고 그 힘을 어떻게 사용했을까? 선교 초기에 비해 서인근 선교사가 활동할 무렵에는 한국인 동역자가 많아져 선교 양상이 이전과 달랐을 것이다. 그만큼 한국에 복음을 전파하는 데 필요한 자생력이 생겼다고 이해할 수 있다. 그렇다면 선교사역의 기반이 되는 힘이 어떻게 달라졌는지를 규명함으로써 서인근 선교사의 선교사역을 더욱 깊게 이해할 수 있을 것이다.

넷째, 서인근 선교사의 활동이 다른 선교사의 활동에 비해 색다르거나 부족한 점이 있다면 무엇일까? 부족한 점을 집어내 그의 사역에 흠집을 내려는 것이 아니라 그의 사역을 바로 보자는 데 의미를 두어 살펴보려는 것이다.

다섯째, 서인근 선교사의 사역을 알리는 소중한 자료를 어떻게 확보할까? 서인근 선교사에 관한 독립 자료는 그가 은퇴 이후 미국 교회에서 간증한 자료가 대부분이고, 여기에 미국 연합감리교회 아카이브의 서신이 더해지고 있다. 서인근 선교사에 관한 자료는 주로 기독교연합봉사회 이사회의 회의록을 비롯하여 이들 사업에 곁들여진 조각 자료에 불과하다. 이 조각 자료들이라도 잘 꿰어야 할 것이고, 특히 새 자료를 발굴·소개하는 데 힘쓰고, 나아가 관련 자료 중 오류를 바로잡아 정리·소개하는 데 각별한 신경을 써야 할 것이다.

2장

출생에서 한국 입국까지

1926-52

지극히 높으신 이의 성도들이 나라를 얻으리니
그 누림이 영원하고 영원하고 영원하리라

-다니엘 7:18

서인근 선교사는 1926년에 태어났고, 선교사로서의 준비를 마치고 1952년에 한국에 들어왔다. 본명은 '딘 루이스 쇼웬거트'(Dean Louis Schowengerdt)이다. 그의 성을 쇼-윙거(「농민생활」, 1967년 6월호), 숀거르트(토레이 2세 선교사의 전기 『내 사랑 황하를 흘러』), 쇼웬거트,[1] 쇼위거트(기독교대한감리회 역사정보자료실)로 읽기도 한다. 서인근이라는 한국 이름은 그의 성을 음역한 것이다. 성 '쇼웬거트'를 보면 서인근 선교사의 선대가 영국에서 건너오지 않고 독일이나 네덜란드쯤에서 미국에 들어왔을 것으로 짐작된다. 아마도 독일계가 더 정확할 것이다. 그가 태어난 캔자스주의 주요 인구 집단에서 독일 계통이 우선적으로 꼽히기 때문이다.[2]

서인근이라는 이름을 누가 지었는지도 궁금하다. 서인근의 어질 인(仁) 자와 뿌리 근(根) 자를 보면 '어진 뿌리'라는 뜻으로 읽을 수 있다. 이런 한국 이름을 가진 것을 서인근 선교사나 우리는 자랑으로 여길 수 있어야 한다. 이런 점에서 한국 사람이 외국에 나가 그 나라의 이름을 갖는 것을 주체성이 없다며 빈정거려서는 안 되겠다.[3]

미국 캔자스주 출생

서인근 선교사가 태어나서 한국에 들어오기 전까지 정황을 따라가보자. 서인근 선교사는 어린 시절 '딘'으로 불렸다. 딘은 1926년 3월 30일 미국 캔자스주 브라운카운티 리저브시티 레서뷔농장에서 태어난 것으로 그의 간략한 '약력 보고'에 소개되고 있다. 리저브시티는 캔자스주와 네브래스카주의 경계에서 남쪽으로 약 2.4킬로미터 떨어진 곳이고, 2010년에 실시한 조사에서는 인구가 84명으로 나타났다. 딘의 출신과 관련해 주에서부터 점강(漸降)하여 그의 부모가 경영한 농장까지 살펴보겠다.

캔자스주는 미국 본토 한가운데에 위치한다. 캔자스라는 이름은 주를 가로질러 흐르는 캔자스강에서 따온 것이다. 이 강은 캔자스주 서쪽에서 동쪽으로 길게 흐르고 길이는 272킬로미터이다. 이는 대전에서 강릉까지 자동차로 가는 276.9킬로미터에 버금가는 거리이다. 캔자스강은 리퍼블리컨강과 스모키힐강이 합류하는 정션시티에서 시작되는데, 맨해튼 근처에서 빅블루강과 만나 동쪽으로 흘러 캔자스시티에서 미주리강으로 흘러들어간다. 1850년대에 캔자스는 전국적으로 노예제에 맞선 분투(奮鬪)의 상징이 되었는데, 이는 캔자스가 1854년에 준주(準州)[4]가 되는 과정에서 노예제를 반대하는 북부 사람들과 노예제를 지지하는 남부 사람들 간의 충돌이 지속되었기 때문이다. 캔자스는 전체 토지의 90퍼센트를 농업에 사용할 정도로 주 경제의 대부분이 농업과 목축업이고, 특히 밀농사를 많이 짓는다. 대평원에는 토네이도가 자주 발생하여 '토네이도의 길'로도 불린다.

1917년 미국이 제1차 세계대전에 참전하면서 캔자스주에는 전쟁 물자를 생산하는 큰 공장이 들어왔고, 필요한 식량을 확보한다는 명목으로 밀 생산이 크게 증가했다. 아울러 1939년 제2차 세계대전이 일어나면서 캔자스주의 농산물과 광물이 각광을 받았다. 2000년에 실시한 미국 인구 조사에서 캔자스주의 인구는 268만 8,418명으로 1990년에 비해 8.5퍼센트 증가했고, 인구 순위를 따지면 50개 주 중에서 32위로 나타났다.

브라운카운티는 캔자스주의 105개 카운티 중 하나이고, 주의 중앙 북부에 있는 페리호(Perry Lake)보다 더 북쪽에 위치하는데, 이는 캔자스주 동북부의 최극단이다. 이곳의 인구는 1910년부터 줄고 있는 것으로 나타나 2018년에는 9,598명으로 집계되었다.

레서뷔농장은 서인근 선교사 부모가 가업으로 운영해온 곳일 터인네, 이에 관한 자료를 접하지 못해 상세한 설명은 불가하다. 다만 여러 가축을 비롯해 과일과 채소를 길렀을 것으로 추정하고 있다. 이러한 환경에서 자란 딘이 대학교에서 농학을 전공하고, 이를 기반으로 농업선교사가 된 것은 지극히 자연스러운 길이었다고 할 수 있다.

군대에서 한쪽 눈 실명

딘은 1944년 육군에 입대하여 기초 훈련을 받았는데, 훈련 마지막 날 왼쪽 눈에 파편이 박혀 병원에서 치료를 받았으나 시력을 잃었다. 이 사고에 관해서는 김홍수[5]와 연규홍[6]의 문헌이 자세히는 아니지만 언급하고 있다. 그가 입대하던 당시 미국 상황을 알아봄으로써 딘의 실명을 둘러싼 상황을 엿볼 수 있다.

딘의 눈에 사고가 생긴 그해는 제2차 세계대전이 벌어지고 있던 시기이다. 6월 연합군은 노르망디 상륙작전을 실행했고, 이에 맞서 소련군이 독일을 상대로 최대 규모의 공격을 시작했다. 11월에는 미 대통령 선거가 있었고, 이 선거에서 민주당 루스벨트(Franklin Delano Roosevelt) 후보가 4선에 도전하여 쉽게 당선되었다. 미국에서 네 번 연속 대통령에 당선된 것은 그가 처음인데, 전쟁이라는 특수한 상황이 있었기에 루스벨트 정부가 국민의 절대적인 성원을 받았던 것이다. 그는 이미 초선 때 1930년대의 대공황을 타개하기 위하여 뉴딜정책(New Deal)[7]을 추진한 전력이 있다. 미국 내 정치는 안정되었을지 몰라도 두 번째 세계 전쟁이 발발했고, 1945년 8월 미국이 일본에 원자폭탄을 떨어뜨림으로써 전쟁은 종결되었다. 이러한 어수선한 상황 속에서는 군에 있던 딘은 정밀한 치료를 받는 데 어려움이 있었을 것으로 짐작된다.

어떤 훈련 중 눈에 부상을 입었는지는 확인할 길이 없으나 이 사건으로 딘은 하나님을 만나 서원을 했을지도 모른다. 이와 같은 불의의 사고는 그에게 큰 고난이었을 것이 분명하다. 하지만 그는 이를 복으로 승화시켰다. 고난이 곧 복이라는 말씀은 성서에서 얼마든지 찾아볼 수 있다.

> 사랑하는 자들아 너희를 연단하려고 오는 불 시험을 이상한 일 당하는 것같이 이상히 여기지 말고 오히려 너희가 그리스도의 고난에 참여하는 것으로 즐거워하라 이는 그의 영광을 나타내실 때에 너희로 즐거워하고 기뻐하게 하려 함이라 너희가 그리스도의 이름으로 치욕을 당하면 복 있는 자로다 영광의 영 곧 하나님의 영이 너희 위에 계심이라(벧전 4:12-14)

이뿐 아니라 "만일 그리스도인으로 고난을 받으면 부끄러워하지 말고 도리어 그 이름으로 하나님께 영광을 돌리라"(벧전 4:16)라는 말씀도 있고, "그러므로 하나님의 뜻대로 고난을 받는 자들은 또한 선을 행하는 가운데에 그 영혼을 미쁘신 창조주께 의탁할지어다"(벧전 4:19)라는 말씀도 있다. 즉 하나님께 택함받은 자는 고난을 통해 오히려 하나님께 영광을 돌려드린다. 그러니 딘이 한쪽 눈을 실명한 것은 하나님과의 관계에서 복된 사건으로 해석할 수도 있을 것이다. 굳이 성서를 펴지 않더라도, 실학을 펼친 정약용 역시 "즐거움은 괴로움에서 나오니, 괴로움의 뿌리이다. 괴로움은 즐거움에서 나오니, 즐거움은 괴로움의 씨앗이다."[8]라고 했다. 이러한 점을 보더라도 고난을 잘 이겨낼 때 복으로 가는 길이 열리는 것을 확인할 수 있다. 같은 이유로 철학을 하는 사람들도 "행복은 지양된 고통에서 생겨난다."[9]라고 했다.

한쪽 눈을 실명하면 일상에서 어떤 어려움을 겪을까? 한 기사는 실명에 따른 상실감과 일상의 어려움을 다음과 같이 소개하고 있다.

> 축구 선수 김은중은 한쪽 눈이 실명인 사실에 대해 "중학교 때 공에 맞아서 눈을 다쳤다. 시력이 서서히 떨어지니까 잘 몰랐던 거다. 그러다가 2년 만에 병원 가니까 수술을 당장 해야 한다고 하더라. 축구 선수로 장담을 못 하겠다고 하더라. 저에게 더 자극제가 되었던 것 같다."라고 말했다. 이에 동료 안정환은 "아픈 것을 구단에 얘기 못 했을 거다. 아프다는 것을 알면 안 뽑는다."라며 힘들었을 상황에 공감했고, 또 다른 동료 김성주는 "그야말로 인간 승리의 표본이다."라며 놀라워했다.[10]

이와 같은 어려움을 겪은 딘은 한쪽 눈 실명을 영적으로 받아들여 신체적 어려움을 이겨냈을 것이다. 딘의 실명 같은 상황은 아니지만 '한국의 스펄전'으로 불린 길선주 목사가 장로 시절에 한쪽 눈이 보이지 않음에도

지방을 순회하며 전도 집회를 인도한 일이 있다.[11]

이렇게 사건에서 환경을 다루는 이유는 "어떤 사상도 당대적 환경의 제한을 벗어날 수 없고, 그만큼 사회 환경적 조건에 대한 의식을 갖지 않고는 유의미한 해석이 될 수 없다는 경계심이 절대적으로 필요하다."[12]라는 말처럼 모든 사건은 환경을 따지기 때문이다.

어쨌거나 한쪽 눈을 실명한 딘은 글씨를 읽는 데는 어려움이 없었으나 시야가 좁아졌기에 걷기가 불편하고 운전이 쉽지 않았을 것이다. 한쪽 눈이 실명하면 거리 감각이 크게 떨어지는데, 이런 상태에서 자동차를 운전하는 것은 몹시 위험한 일이다. 그럼에도 딘이 상대가 그의 실명을 눈치채지 못할 정도로 자동차를 잘 몬 것은 나름 방안을 강구한 결과라고 볼 수 있다.

준비된 농업 전문가로서 선교사 훈련

딘은 농장을 운영하는 부모를 두었기에 농업에 남다른 이력을 지닐 수 있었다. 어려서부터 보고 들은 것이 농사였기 때문이다. 그는 1945년 9월에 캔자스주립대학교(University of Kansas) 일반농학과를 입학해 농업경제학 전공, 축산학 부전공으로 1949년 6월에 졸업했다. 그리고 곧바로 대학원 농업경제학과에 입학하여 1950년 초에 학업을 마쳤다. 이후 한국에 농업선교사로 파송될 예정이었으나 6·25전쟁이 일어나 캘리포니아에서 대기해야 했고, 그동안 아일리프신학교 과정을 마쳤다.[13] 이런 점에 비추어 그가 대학교에서 농학이나 축산학에 몰두한 것은 가업을 잇기 위해서가 아니라 이미 농업 전문 선교사의 길을 생각했기 때문으로 보인다.

딘은 1950년 7월부터 1년간 아일리프신학교에서 수업을 받았다. 아일리프신학교는 미국 연합감리교회에 소속된 대학원 과정으로 진보주의적 신학 성향이 강한 것으로 알려졌다. 딘은 이 기간에 선교사로서 갖추어야 할 신학적 지식을 쌓았고, 아마도 이때 한국의 감리교 선교 역사를 다룬 스톡스(Charles D. Stokes) 선교사의 박사학위 논문을 접했을 것으로 추정된다.[14] 스톡스 선교사는 그의 논문 "History of Methodist Missions in Korea, 1885-1930"(1885-1930년 한국에서의 감리교 선교 역사)에서 "1920년 이후 10년간은 전체적으로 만족할 만한 것은 아니었지만 한국교회에서 사회사업이 여러 가지 형태로 시작되고 있었다."라고 했다.[15] 이때 사회사업은 사회관[16]과 공중위생 및 아동복지를 위한 센터를 운영하는 것이다. 이 같은 논문 내용을 서인근 선교사가 읽었을 것이고, 그래서 한국에 관심을 가졌을 것이다. 스톡스의 박사학위 논문에서 다룬 당시의 사회사업을 좀 더 자세히 살펴보자.

사회사업은 두 가지 의미를 담아 사용되었다. 한 가지는 앞에 언급한 것처럼 독지가의 자선사업을 비롯해 정부가 국민의 건강을 위해 시행하는 위생사업 등을 꼽을 수 있고, 다른 한 가지는 미국에서 들어온 '소셜 워크'(social work)를 말하는 것으로 빈곤, 중독 등으로 어려움을 겪는 사람을 위해 전문가가 개입하는 활동을 일컫는다. 실제로 감리교 선교부는 1921년 서울에 태화여자관을 열어 여성 중심으로 사회사업을 펼쳤다. 한국의 대학교에서 사회사업학과가 처음 문을 연 것이 1947년인데, 이는 '소셜 워크'로서의 사회사업이 서서히 일어난 시기라고도 하겠다. 소셜 워커와 관련된 전문화된 선교사의 활동을 정확히 소개한 문헌을 읽어보자.

산업자본주의의 시장경제적 상황에 적용한 사회봉사 기관들의 공통된 특징은 전문화였다. 이러한 변화를 가장 극명하게 보여주는 예가, 가난한 사람을 도와주는 일 그 자체가 전문화되어 사회사업가(social worker)라는 직업이 생겨나고 있었다.[17]

물론 소셜 워커는 지금의 사회복지사와 구별되어야 할 것이다. 당시의 소셜 워커에 비하면 오늘날의 사회복지사는 훨씬 광범위한 활동을 펼치고 있는데, 이는 그만큼 사회복지 영역이 확장되었기 때문이다. 우리나라에서는 1980년대 초반까지 현재 대학에 있는 사회복지학과의 명칭이 사회사업학과였다.

딘이 선교사로 사역을 시작한 과정은 결코 쉽지 않았을 것이다. 다른 선교사의 기록을 통해 당시 선교사들의 사정을 엿볼 수 있다. 예컨대 언더우드 선교사는 "저는 개혁교회 선교부에 두 차례나 신청했으나 그들은 새로운 사업을 시작할 자금이 없다고 했습니다. 또 장로교에도 두 번이나 신청했으나 소용없는 일이라는 답변만을 들었습니다."[18]라고 했다. 선교사는 사역과 생활에 필요한 재정과 정직성이 담보되어야 했다. 딘은 이런 사정을 이미 알고 각오했을 터이다.

딘은 선교사의 길을 서원하고 나아가 한국에 파송되는 과정에서, 먼저 들어온 언더우드(元斗尤, Horace Grant Underwood) 선교사나 아펜젤러 선교사와 한국을 바라보는 시각을 달리했다. 먼저 아펜젤러 선교사의 입장을 알아보자.

아펜젤러는 한국에 오기 전에 그리피스의 *Corea, the Hermit Nation*(은자의 나라 한국, 1882)을 읽었고, 그리피스는 일본의 시각에서 한국을 바라보았기 때문에, 미국이 일본을 개항하고 개화시켰듯이, 일본이 강화도조약을 앞세워 조선이 개항하게 만든 것을 지지하면서 일본이 조선을 개화시켜줄 것을 기대했다. 일본을 통해 제물포에 도착한 아펜젤러 역시 동일한 시각을 가지고 있었다.[19]

자신은 문명과 복음의 수혜자인 반면 조선인은 미개인이요, 우상숭배자에 불과하다는 시각이 엿보인다. 이 같은 이분법적 사고는 아펜젤러뿐 아니라 언더우드에게도 있었다. 그러나 딘은 이런 점에서 자유로웠다. 미국과 한국의 상황은 아펜젤러와 언더우드가 선교사로 활동할 때와 크게 달라져 있었고, 딘은 이렇게 변한 상황으로부터 큰 영향을 받았기 때문이다.

한편 딘은 한국에 들어오기 직전 모교에서 강의를 맡았다. 1950년부터 1951년까지 1년 남짓 모교인 캔자스주립대학교에서 교수로 재직하며 후진을 양성했다. 다시 언급하지만 이 시기는 6·25전쟁이 끝날 즈음이었다. 딘이 어떤 계획을 갖고 강의를 했는지 정확히 알 수 없으나 아마도 캔자스주의 사정에 따라 농업과 축산을 염두에 두었을 것이다.

결혼과 서매지 선교사의 이력

결혼은 동서양을 불문하고 각자 인생에서 매우 중요한 일이고, 특히 한국에서는 '먼 장래를 내다보며 세우는 큰 계획'이라는 뜻의 '백년대계'(百年大計)라고 했다. 앞으로 가정을 이끌어갈 것을 생각하면 결혼은 신중히 결정하고 실행해야 한다.

딘은 1947년 8월 와메고제일연합감리교회(First United Methodist

Church Wamego)에서 마조리(Marjorie Jane Knostman)와 결혼했다. 한국으로 파송되기 3년 전이다. 와메고는 캔자스주의 서부에 있는 도시이고, 〈오즈의 마법사〉(The Wizard of Oz)[20]의 주인공 도로시의 고향이기도 하다. 그래서 이곳에는 한적한 거리에 자리 잡은 작은 오즈박물관이 있다고 한다.

두 사람은 1943년 캔자스주 볼드윈시티에 있는 베이커대학교(Baker University) 감리교 청년연구소에서 처음 만났다. 그들은 딸기 소다를 나눠 마시며 서로를 알았고, 각자 평생의 짝을 찾았다고 확신했다. 신앙심이 깊고 청순한 마조리는 사춘기를 지나 이성에 눈을 뜨기 시작한 딘을 황홀하게 했고, 딘이 장래를 계획하는 데 힘이 되었다.[21] 이런 사실은 서인근 선교사가 사역을 마치고 귀국하여 와메고제일연합감리교회에서 한 간증을 통해 소개된 것이다.

결혼 당시의 딘과 마조리(1947년)

두 사람의 인연을 제공한 베이커대학교는 1858년 미국 연합감리교회 베이커(Osmon Cleander Baker) 감독에 의해 주에서는 첫 사립대학교로 설립된 곳이다. 베이커대학교는 2014년에 목원대학교와 학술교류 협약을 체결하기도 했다. 이런 사정은 서인근 선교사가 1983-87년에 목원대학교 이사장으로 활동한 것과 관련되어 보이는데, 이 부분은 나중에 더 상세히 다루겠다.

우연일까? 두 사람에게는 공통점이 몇 가지 있었다. 둘 모두 고등학교 시절 농구를 즐겼고 딘은 차석, 마조리는 수석을 차지할 정도로 둘 다 뛰어난 학생이었다.

한 가지 살펴볼 점이 있는데, 선교사가 배우자를 선택하는 기준은 다른 사람들과 무엇이 다를까 하는 점이다. 예컨대 윤성범 목사는 딸에게 "나는 너를 통해서 세상이 변화되는 꿈을 꾼다. 한 여성이 새로워지면 세상이 새로워진다."[22]라고 하며 신사임당 같은 아내와 어머니가 되기를 교육했다. 마조리 역시 이런 교육을 받지 않았을까. 지금도 그렇지만 당시에도 선교사를 따르려는 여성이 드물었기 때문에 마조리는 결혼하기에 앞서 큰 용기를 내야 했을 것이다.

그러면 마조리를 아내로 받아들이는 딘의 태도는 어떠했을까? 언더우드 선교사의 경험을 통해 딘의 사정을 엿볼 수 있겠다.

> 1888년 가을, 언더우드와 필자[언더우드의 부인 릴리아스 호튼 언더우드(Lillias Horton Underwood)]는 약혼을 했다. 사실 언더우드는 미국을 떠나기 전에 다른 여자와 약혼했었다. 그러나 그녀는 선교에 대한 흥미가 없었고, 약혼자에 대한 관심도 없었으며, 광범위하고 위대하고 영감을 주는 삶에 대한 이상도 없었다. 그녀는 외국 개척 선교사의 삶에서 일어나는 값진 곤경을 삶 속에서 대면하기를 원하지 않았기 때문에 약혼자와 함께 가기를 거절했다.[23]

언더우드 선교사는 첫 약혼자가 자신의 선교사역을 내조할 수 없다고 판단하여 약혼을 파기했다. 문명이 뒤처진 외국에서 생활하는 것은 분명 큰 부담이므로 선교사의 삶은 보통 사람과 달라 남다른 각오가 있어야 한다. 이런 점에서 선교사의 결혼은 세상 사람들의 결혼과 다르다.

한편 마조리는 선교사로 한국에 들어와 서매지(徐梅枝)라는 이름을 썼는데, 아마도 서인근 선교사의 이름을 지은 사람이 함께 지었을 것으로 추정된다.

마조리는 1940년에 캔자스주립대학교에 입학해 1944년에 졸업하고, 바로 대학원에 진학해 1948년에 졸업했다. 마조리는 대학원생일 때 딘과 결혼한 것이다. 마조리는 1952년 딘과 일본에 도착해 몇 달을 지냈는데 그해 10월에 딘은 한국에 들어가고 그녀는 1953년까지 일본에 남아 효고현(兵庫縣)에 있는 사립 간사이가쿠인대학(關西學園大學)에서 영어 담당 교수로 재직했다. 마조리는 딘이 한국에 들어간 2년 뒤인 1954년에 미국 연합감리교회의 교육과 사회사업 선교사로 한국에 파송되었다.

그녀가 사회사업학과에서 공부하지 않았다면 한국에서 펼친 그녀의 사역은 자선사업 정도에 그쳤을 터이다. 사회사업이 자선사업과 다른 점은 전문적 지식이나 기술의 적용 여부라고 볼 수 있다. 당시 한국 대학교에 사회사업학과가 처음으로 등장했다는 점을 생각하면 그녀의 역할은 매우 중요했다. 한국 사회복지의 역사에서 서매지 선교사의 활동은 재조명되어야 할 것이다.

한편 서인근 선교사는 한국에서 선교사역을 마치고 귀국한 뒤 서매지 선교사에 관하여 다음과 같이 회상했다.

> 마조리 가족은 100년이 넘는 역사의 일부였습니다. 처음에는 그녀의 할아버지 해리(Harry), 그다음에는 그녀의 부모 빌(Bill)과 루스 노즈만(Ruth Nozman)이었습니다. 빌은 합창단에서 노래했고 심지어 목소리를 거의 잃을 뻔한 그 나이에도 10개 찬송가를 외웠습니다. 그 찬송가들은 가장 인

기 있는 것들이었습니다. 1943년 마조리는 고등학교 3학년이 되기 전 여름에 내가 사는 캔자스주 북동쪽에 있는 예비감리교회의 청소년수련에 참석했고, 그때 나는 그녀를 만났습니다.[24]

서인근 선교사가 서매지 선교사와 결혼하여 함께 선교사역을 감당하기 위해 갖춘 덕목은 어떤 것들이 있을까? 이 덕목을 언급하기 전에 서인근 선교사와 서매지 선교사가 모든 일상에서 일치 단결했음을 강조해야겠다.

첫 번째 덕목은 성서의 말씀을 따르는 순종이다. 말씀에는 복음이 담겨 있고, 순종은 내 능력을 앞세우지 않은 채 부족함을 인정하는 데서 시작되는 것이다. 순종할 수 없는 처지에서도 각자 바른 행실로 순종을 이루어야 하는데, 이는 각자의 능력을 내세우기보다 말씀에 의존했기에 가능한 일이었다.

두 번째 덕목은 모든 사람을 똑같이 섬기는 일상이다. 두 선교사는 지위나 부(富)에 상관없이 모든 사람을 공경하며 받들었고 이는 그들에게 매우 자연스러운 일이었다. 이들 앞에는 강자나 약자가 따로 없었고, 그럼에도 늘 약자에게 먼저 눈을 돌렸다.

세 번째 덕목은 청지기로 사는 삶이다. 청지기는 내 것이 아니라 남의 것을 충실히 지키는 사람이다. 시간을 비롯하여 물질까지도 하나님의 것이라 생각하며, 잘 지키고 아끼고 사용했다. 이러한 두 선교사의 성품은 실제로 기독교연합봉사회의 이사회 회의록이나 사업보고서를 통해 엿볼 수 있다.

미국 감리교와 한국에 온 선교사 계보

교육 환경과 가정 환경은 사람이 자신의 길을 잡아가는 데 중요한 역할을 한다. 미국 감리교의 선교사들도 마찬가지였다. 여기에서는 문헌[25]을 통해 미국 감리교가 선교사들에게 강조해온 바를 요약하고 미국의 감리교에 대해 알아본다.

> 미국의 북감리회 해외선교본부에서 일했던 존스(George Heber Jones)가 1910년대에 밝힌 바에 의하면 선교사 지원자는 반드시 폭넓은 교육에 더하여 전문적인 훈련도 받아야 했다. 예컨대 일반 선교사는 대학 교육을 받아야 하고, 여기에 신학이나 의학 등 필요한 전문성을 갖추어야 했다.(46쪽)

> 신앙 선교단체가 많아지면서 이와 관련된 성경 학원이나 성경 교단이 생겨났는데, 이곳은 비학문적이고 실천적인 교육을 하는 비정규 교육기관이었다.(47쪽)

> 많은 중산층 젊은이들은 계층적 불안감 이외에 종교적인 불안감도 가지고 있었다. 이들은 성경을 읽으며 기도하는 가정에서 자라고 복음적인 교회의 주일학교에서 신앙을 훈련받은 사람들이었다.(54쪽)

> 사회 계층에 대한 걱정이 중산층 젊은이들로 하여금 사회적, 경제적으로 성공하고자 하는 마음을 품게 한 것과 마찬가지로, 하나님 앞에서 신앙적

자의식이 강했던 젊은이들로 하여금 자신의 믿음을 확신시켜줄 무언가를 찾게 만들었던 것이다.(55쪽)

주류 교단이 선교사에게 요구했던 학력과 경력은 하층 계급을 배제시켰고, 선교지에서 육체적 고난을 견딜 수 있는 체력, 현지 언어를 배울 수 있는 능력 등의 기준은 나이 많은 사람을 배제시켰다. 결국 대부분 신참 선교사들은 25세부터 30세 사이 중산층 젊은이들이었다.(56쪽)

미국 감리교 선교본부는 해외에 파견할 선교사의 교육을 위해 학교를 비롯한 여러 기관을 운영했는데, 선교사가 갖추어야 할 지식의 폭이 넓었기 때문이다. 이런 사정은 굳이 선교사가 아니더라도 당시 목회자들의 설교에서도 찾아볼 수 있다. 물론 선교사가 된 이들은 재능이 타고나거나 부모의 남다른 양육으로 성장한 경우가 적지 않지만, 언어와 문화 학습 등 노력을 들여 공부해야 할 것이 적지 않았다.

감리교의 특성은 감리교의 역사를 통해 이해할 수 있다. 이를 그리피스 목사가 요약한 것이 있어 소개한다.

가장 오랜 신약 본문에 근거한 헬라어 신학이 다시 태어나고 모든 사람의 손에 성서가 쥐어지자, 이어서 가장 위대한 프로테스탄트 종교개혁이 시작되었다. 1518년에 설교를 시작한 스위스인 츠빙글리가 그 지도자였다. 사도들의 단순한 가르침에 따라 개혁되어, 교회의 직분과 성례로 통제되는 평신도로 구성된 이 교회는 유럽의 여러 개혁교회 중 하나가 되었다.[26]

츠빙글리(Huldrych Zwingli)는 칼뱅(Jean Calvin)에 앞서 루터(Martin Luther)와 함께 종교개혁을 주도했다.[27] 종교개혁이 진행되던 중에 로마가톨릭으로부터 프로테스탄트가 분열해 나왔는데, 그 상황은 다음과 같다.

> 1597년에 아펜첼 사람들은 둘로 나뉘어, 반은 기독교 신앙의 라틴적인 중세 단계에 머물고 나머지 반은 그리스적이며 원시적인 혹은 개혁된 질서를 택했다. 후자는 정치적으로 프로테스탄트라는 이름이 붙었는데 그것은 사려 깊은 사람들이 샤를 5세의 자의적이고 로마적인 방식에 저항했기 때문이다. 그러한 기원으로부터 (독일계) '미국 개혁교회'가 생겨나 발전했다. 이것은 이탈리아에 있는 인간적 집단이 아닌 성서에 뿌리박은 유럽 여러 나라의 개혁교회 중 하나, 즉 같은 그루터기에서 자란 여러 교회 중 하나였다. 이러한 거대한 인간 정신의 운동들 가운데 개인의 경험적 신앙에 근거한 감리교회는 가장 훌륭하게 발전된 모습 중 하나이다. 칼뱅의 귀족적인 지성만으로는 결코 충분하지 않았기 때문에 하나님은 자신의 말씀을 더 널리 전파하기 위해 따스한 성품을 가진 존 웨슬리(John Wesley)와 찰스 웨슬리(Charles Wesley)를 세상에 보낸 것이다.[28]

결국 감리교는 장로교와 다른 분위기의 길을 걷게 되었다. 장로교는 루터와 츠빙글리의 개혁을 이어받은 칼뱅의 엄격한 성서중심주의를 강조한 반면 감리교는 한층 자유주의 입장에 섰다. 장로교의 신학은 프린스턴 신학과 웨스트민스터 신학으로 이어지고, 감리교는 웨슬리 신학을 이어왔다. 이런 점에 비추어볼 때 딘은 선교사로 자리매김할 무렵 자유주의 신학 분위기의 영향을 받았다고 하겠다. 이런 사실은 이후 딘이 선교사로 활동하는 중에 곳곳에서 나타난다.

장로교가 당회, 노회, 총회 3단계로 조직된 것과 달리 감리교는 구역회, 지방회, 연회, 총회로 구성되는데, 이 체제는 1905년과 1918년 양년에 걸쳐 완성되었고 북감리회와 남감리회로 분립되었다가 1930년에 하나가 되었다.[29] 1930년에는 미국 감리회 조선연회와 남감리회 조선연회가 합동하여 자치하는 기독교조선감리회가 창설되고,[30] 1916년부터 전문잡지 「신학세계」가 발간되면서 자유신학의 길이 열렸다.

서인근 선교사의 '계통'을 알아보기 위해 한국에 들어온 감리교 선교사의 계보를 살펴보자. 몇 가지 문헌[31]을 활용하여 그 계보를 정리했다.

1. 1885년 아펜젤러가 감리교 첫 선교사로 입국했으나 바로 정착하지 못하고 일본으로 철수하고, 두 달 후에 다시 들어왔다.[32] 특히 아펜젤러 선교사는 스크랜턴 선교사 가족과 감리교 개척 선교단을 꾸려 일본을 거쳐 한국에 들어왔는데, 당시 미국 감리교는 신설된 한국선교회 관리자로 매클레이(R. S. Maclay) 선교사,[33] 협동 관리자로 아펜젤러, 회계로 스크랜턴을 임명하여 한국에서 추진될 선교사업의 관리 체제를 구성했다.[34] 선교단은 1886년에 배재학당을 창설하고, 1887년에 정동감리교회를 창립했다. 아펜젤러 선교사는 1887년에 단독으로 마가복음을 번역하고,[35] 1902년 성서번역위원회 회의 참석차 목포로 가는 길에 군산 어청도 인근 바다에서 세상을 떠났다. 아펜젤러 선교사는 배재학당 교장을 지내며 1922년에 창간호로 나온 문예 동인지 「백조」의 발행인을 맡기도 했다.[36]
2. 1886년 벙커(房巨, D. A. Bunker) 선교사가 입국했다. 1884년 갑신정변으로 헐버트(Homer B. Hulbert)와 길모어(George W. Gilmore)의 입국이 지연되어 이들 모두는 1886년에 들어왔다. 벙커 선교사는 1886년부

터 1896년까지 육영공원 영어 교사로 활동했고, 이후 배재학당 교사와 교장을 맡았다. 1887년에 광혜원 의사 엘러스(Annie Ellers)와 결혼한 후 1905년에는 재한복음주의 선교단체 통합공의회를 조직하여 교회연합운동을 주도했다. 벙커 선교사는 서인근 선교사가 1950년 캘리포니아에서 대기하고 있을 때 그의 생활을 지원했을 뿐만 아니라 한국의 사정에 관하여 많은 정보를 전해주었다.

3. 1887년 올링거(F. Ohlinger) 선교사가 북감리교 소속으로 입국하여 다음 해에 출판사를 설립하고 1891년부터 출판사업을 시작했다. 그는 중국에서 17년간 활동한 선교사였는데 한국에 들어와 처음에는 아펜젤러의 배재학당 사역을 도왔다. 올링거보다 1년 앞서, 고등학교만 졸업하고 20세에 입국한 존스(G. H. Jones) 선교사와 함께 사역하며 이화학당 교사 벵겔(M. Bengel) 선교사와 결혼했고, 이후 인천에 영화학교를 설립했다.
4. 1889년 맥길(W. B. McGill)이 스크랜턴의 뒤를 이어 의료선교사로 한국에 들어왔다. 1889년 펜실베이니아 의과대학을 졸업하고 바로 한국에 들어와 셔우드(Rosetta Sherwood Hall)가 오기까지 의료 활동을 전개했다. 1892년 올링거 선교사와 원산에서 시약소와 서점을 운영하며 전도했고 서적 판매원으로도 활동했다. 하디(河鯉泳, R. A. Hardie)와 원산구세병원을 설립하고 순회 전도를 하며 평양까지 진출했다. 1903년에 공주 개척 선교사로 파송되었고, 1년 후에 샤프(Robert A. Sharp) 선교사 부부가 합류했다. 1905년 맥길 선교사가 귀국하면서 그 뒤를 이어 샤프 선교사가 담당자가 되어 영명학교의 모태가 되는 '천당집'을 짓고 남녀 학생을 교육했다.
5. 1891년 홀(William James Hall) 선교사가 입국했다. 장로교와 성공회

신자인 부모 밑에서 1860년에 태어난 그는 1874년 감리교 부흥회에 참석해 감리교에 입교했고, 평양에서 전염병에 감염되어 1894년에 별세했다. 1897년 부인 홀(許乙, Rosetta Sherwood Hall)이 입국해 시각·청각장애인 교육의 창시자가 되었고, 남편을 기념하는 기홀(記笏)병원을 평양에 개원했다. 1906년 「한글맞춤법」에 따른 점자법을 제작하고, 1907년 최초로 청각장애인 학교를 설립했으며, 남편의 전기를 지었다. 아들 홀(Sherwood Hall)은 1928년 해주에 폐결핵요양원을 개설하고, 1932년 크리스마스 실(seal)을 발행했으며, 자서전 『닥터 홀의 조선 회상』을 냈다.

6. 1897년 콜리어(高永福, Charles T. Collyer) 목사가 선교사로 들어왔다. 그는 영국에서 태어나 대학교를 졸업하고 중국 상해에서 대영성서공회의 선교사로 활동하던 중 미국 남감리회 소속인 스미디(L. Smithy)와 결혼하여 남감리회 소속으로 바뀌었다. 1895년에 미국으로 이민하고, 윤치호와 친밀한 관계를 맺었다. 1897년 첫 남감리회 선교사로 내한한 리드(C. F. Reid) 선교사와 선교사업을 개척했는데, 이 무렵 한국에 선교 인력이 부족해 미국 북감리회 선교사는 남감리회의 한국 진출을 환영했다. 이렇게 남감리회의 한국 진출은 중국을 거쳐 이루어졌다.

7. 1898년 의료선교사 하디가 1890년 캐나다 토론토대학교 의과대학 YMCA에서 독립 선교사로 파송되어 한국의 부산과 원산에서 의료선교사로 활동하던 중 남감리교 선교회 회원이 되었다. 특히 하디 선교사는 1903년에 성령의 능력에 의지하지 않고 활동한 것을 고백함으로써 평양 부흥운동의 시작이 된 원산부흥운동의 주역이 되었다.[37]

8. 1900년 힐만(Miss Mary R. Hillman) 선교사가 입국했다. 그 직후부터 1906년까지 인천에서, 1907년부터는 밀러 양과 강화, 삼산, 교동, 연안,

해주에서 순회하며 복음을 전했다. 여자사경회를 조직하고, 매일학교(Day School)를 지도했다. 힐만 선교사는 1916년 원주 선교부로 전임(轉任)했고, 1925년 서울로 옮겨 조선예수교서회의 번역 일을 도왔다.

9. 1907년 앨버트슨(Millie May Albertson)이 여선교부 선교사로 들어왔다. 스크랜턴 대부인이 운영해온 여자성경학원을 맡아 부인성서학원으로 바꾸어 운영했다. 이는 1921년 북감리회와 남감리회 여선교부의 연합을 통해 감리교협성여자신학교로 발전하고, 이후 감리교신학대학이 되었다.

10. 1907년 리드(李慰萬, W. T. Reid)가 내한하여 평양부흥운동에 이어 1909년 백만명구령운동을 개성에서 처음 발의했다. 남감리회의 스톡스(都瑪蓮, Marion B. Stokes)와 갬블(甘保利, Forster K. Gamble)이 산에 올라가 기도한 것이 이 운동의 모태가 되었다. 세 선교사는 평양부흥운동의 열기가 1년 만에 급속히 식은 것을 안타깝게 여겨 재부흥을 꾀한 것이다.

11. 1920년 남감리교 조선연회장 램버트(Bishop Lambuth)[38]는 동만주와 시베리아에 거주하는 교포를 위해 크램(奇義男, W. G. Cram)[39] 선교사를 관리자로, 양주삼을 총무로 임명하고 정재덕을 선교사로 파송했다.

12. 1921년 쇼(徐煒廉, William E. Shaw) 선교사는 미 육군 군목으로 활동하다가 선교사업에 뜻을 두어 한국에 들어왔다. 평양, 영변, 만주, 해주에서 전도사업에 몰두하고 1941년 미국에 돌아간 후 1947년 다시 한국에 와서 6·25전쟁 이후에는 유엔군 군목으로 활동하며 남하한 교역자의 구호를 위해 애썼다.[40] 1955년 감리교대전신학교에 목자관(Shepherd Hall)을 준공하여 전국의 교역자 누구나 수양관으로 이용하게 했다.

13. 1937년 버컬트(卞豪德, Burkholder) 선교사가 내한했다. 같은 해 10월, 한국 선교사로 있던 동창생 쿡(Ruth Cook)과 결혼했다. 1938년 2월 철원에서 전도사업을 이끌고 1940년 10월 귀국했다가 1947년 재차 내한하여 원주와 강릉에서 전도사업을 펼쳤다. 6·25전쟁으로 귀국했는데, 이때 벙커 선교사와 함께 캘리포니아에 대기하고 있던 서인근 선교사에게 한국의 사정을 알려주었다. 1953년 3차 내한하여 부산과 서울에서 전후 복구사업에 힘썼고 1954-69년에는 여주, 수원, 이천에서 전도사업에 힘쓰며 기독교연합봉사회 이사로도 참여했다. 특히 그는 주변 목회자를 대전감리교신학교 장학생으로 끌어들이기도 했다. 1975년에 은퇴하고 다음 해에 귀국했다.

14. 1940년 스톡스 선교사가 내한했다. 1월 한국 선교사로 임명되었으며, 6월에는 도애련(Arlene Amstutg)과 결혼하고, 그해 7월 12일 선편으로 미국 샌프란시스코를 출발하여 한국에 도착했다. 태평양전쟁이 발발하면서 선교사 철수 계획에 따라 서울에 도착하자마자 미국으로 돌아가야 했다. 1947년 4월 박사학위를 받고, 11월에 내한하여 한글 공부를 하며 북한 지역에서 월남한 사람들을 돌보았고, 1950년 전쟁 직전까지 원주에서 선교사업을 펼쳤다.[41] 6·25전쟁 중에는 피난민 수송과 구호사업에 힘을 쏟고, 전쟁고아 구제를 위해 1952년 3월 충북 음성에 고아보호시설 향애원을 개원했다. 1952년 6월 안식년으로 미국으로 돌아가 1년 동안 머물면서 한국의 참상을 미국 교회에 알리고, 1954년 1월 대전에 도착해 농촌교역자 양성을 위한 신학교 설립을 추진하여 오늘의 목원대학교로 발전한 감리교대전신학교를 설립했다. 스톡스 선교사의 교육사역을 서인근 선교사가 이어받은 점을 보면 스톡스 선교사는 서인근 선교사의 멘토였을 것으로 짐작된다.

이렇게 간략히 작성한 감리교 선교사들의 계보를 살펴보면 몇 가지 특징을 발견할 수 있다.

첫째, 한국에 들어온 선교사 대부분이 한곳에 머무르기보다는 여러 지역을 선교지로 삼아 활동했다. 이뿐만 아니라 선교사는 각자의 역량에 따라 사회사업을 부가적으로 실시했다. 즉 선교사 자신이 필요한 곳이라면 서슴없이 나섰고, 이 과정은 선교회의 부름에 따른 것이었다.

둘째, 이들은 일제강점기와 해방, 6·25전쟁으로 귀국과 내한을 반복하며 한국에 들어와 선교사로 활동했다. 이때 선배 선교사가 후배 선교사에게 경험을 통해 도움을 주었다. 이러한 도움은 선교회의 방침이기도 했지만 무엇보다도 선교사 자신의 의지가 가장 크게 작용했을 것으로 보인다. 그러나 그 의지는 하나님이 예비한 길이었고, 하나님의 은혜로 가능했을 터이다.

셋째, 모든 선교사는 함께 활동하는 동역자를 잘 만나 그의 사역에 힘을 얻었다. 여기에는 모국에서 온 선후배 선교사의 관계가 가장 크게 작용했겠지만 한국인의 동역도 큰 힘이 되었을 것이 분명하다. 이런 사정은 "선교사가 전면에 나서기보다 토착 전도인을 앞세우는 것이 효과적"[42]이라고 한 점에서도 엿볼 수 있다. 그래서 김용주 목사는 자신의 목회 경험을 바탕으로 "하나님의 사람은 사람을 잘 만나야 한다."[43]라고 강조했다.

서인근 선교사에게 영향을 미친 사람과 사건

평범한 청년 딘이 선교사가 되는 과정에서 크게 영향을 미친 인물, 사건, 사회상은 무엇이었을까? 예컨대 언더우드 선교사는 그의 전기에서 어려서부터 선교사가 꿈이었는데, 선교사를 자원하는 학생 모임에서 한국에 관한 문헌 자료를 접하고, 앞선 선교사들로부터 한국에 관하여 감명 깊게 들으며 한국에서 사역할 것을 결정했다고 밝혔다.[44]

그러면 딘은 그의 어머니로부터 어떤 교육을 받았을까? 아마도 딘은 그의 어머니와 함께 성서를 읽고, 어머니로부터 이스라엘 민족에 관한 이야기를 듣고, 영적 진리에 친숙해졌을 것이다. 가정의 질서도 엄격하고, 신앙의 성장을 위해 필요한 말씀이 잘 공급되었기에 딘은 '세상 것'에서 벗어나 성령의 충만을 확고히 했다. 여기에는 딘의 독일계 증조부의 신앙이 내리 전해져 큰 힘이 되었을 것으로 짐작된다.

딘은 이후 한국에 와서 진실로 흙을 사랑하는 사람이 되었다. 성서 말씀처럼 각 사람을 향한 성령의 도우심으로 보이지 않는 영원한 것들을 보는 시야도 넓혔을 것이다. 이 외에도 딘은 다음과 같은 구절을 마음 깊이 새겼을 것이다.

> 오직 우리 주 곧 구주 예수 그리스도의 은혜와 그를 아는 지식에서 자라 가라 영광이 이제와 영원한 날까지 그에게 있을지어다(벧후 3:18)

딘이 감리교에서 신앙을 다졌다면 장로교에서보다 성서에 덜 엄격한 자세를 취할 수 있겠지만 분명한 것은 그가 예수를 구세주로 받아들여 예수의 은혜와 예수를 아는 지식을 갖고 있었다는 점이다. 그런데 그 지식은 어떻게 확보할 수 있을까? 이는 인문학에서만은 얻을 수 없는 것으로, 거짓된 일상을 지양하며 각자에게 주어진 하나님의 일을 우선시할 때 얻게 되는 경험 지식이다.

내가 복음을 전할지라도 자랑할 것이 없음은 내가 부득불 할 일임이라 만일 복음을 전하지 아니하면 내게 화가 있을 것이로다(고전 9:16)

복음이 "그리스도가 죽음으로써 인류를 구원한다는 기쁜 소식"이라고 할 때 이는 장차 내가 받을 환란이라고도 할 수 있다. 고진감래(苦盡甘來)처럼 환란을 겪지 않고 받은 복음은 진정한 복음이라고 할 수 없을 것이다. 그렇다면 이 소식을 남에게 전하기 전에 내가 먼저 해석해 받아들여야 한다. 이런 점에서 전도는 다음 성서 구절처럼 내가 먼저 일상에서 본을 보여야 온전하게 진행되는 것이다.

너희는 유대인이나 헬라인이나 종이나 자유인이나 남자나 여자나 다 그리스도 예수 안에서 하나이니라(갈 3:28)

이방인을 비롯해 모든 사람은 어떤 처지에서도 차별받지 않고 한 형제가 되어야 한다. 이러한 생각은 어려서부터 성서를 익힌 딘의 몸에 배었고, 이후 선교사가 되어 이를 자연스럽게 행동으로 드러내게 되었다. 한편 딘이 감리교 신앙으로 양육된 점을 생각하면 성서의 엄격함을 넘어 자유로운 사고 역시 허락되었을 것으로 짐작된다. 아펜젤러가 그랬듯[45] 서인근 선교사도 예리한 유머감각이 있어 재미난 이야기를 좋아하고, 사물의 즐거운 측면을 찾아냄으로써 자신과 상대를 홍겹게 하곤 했다.

딘이 선교사로 서원하는 데 결정적 영향을 미친 사람이나 사건을 확인할 방안은 없다. 딘을 지도한 사람이 누구인지 역시 분명히 알 수 없다. 앞에 다룬 딘의 선배 선교사나 보고회에 기록된 선교 관련자 그리고 서매지 선교사 정도가 그에게 영향을 준 인물이라고 추측할 수 있다. 무엇보다 군대 훈련 중 당한 한쪽 눈 실명이 그에게 영향을 미친 가장 큰 사건일 것이다. 실명이라는 고난이 결국 복으로 작용했지만, 만일 그가 신앙으로 준비되지 않았다면 오히려 그에게 열등감을 불러일으켜 안 좋은 결과를 낳을 수도 있었을 터이다.

입국 지연과 당시 한국 상황

한국에 처음 발을 내디딘 선교사는 1832년에 들어온 네덜란드 선교회 소속 귀츨라프(Karl Friedrich Gützlaff)였고, 이후 1866년 영국의 토마스(Robert Jermain Thomas) 선교사가 미국 상선 제너럴셔먼호를 타고 입국했다.[46] 1884년에 미국 북장로교 선교부가 언더우드를 한국의 첫 목사 선교사로 임명했는데, 이미 1860년대 한국에는 로마가톨릭 신자가 5만여 명에 이르고 신부가 11명이었다.[47] 당시에는 박해도 심했다. 예컨대 흥선대원군이 집권하면서 1866년 병인박해에 최소 8,000명에서 최대 2만 명이 순교한 것으로 추정된다.

한편 일제의 탄압이 심해지면서 1940년 가을에 미국 선교 사상 초유의 집단 철수가 한국을 비롯한 여러 극동 나라에서 일어났다.[48] 선교사들은 본국으로 철수했고, 해방 이후에야 다시 선교지로 입국할 수 있었다. 일제 말기에 강제 추방되었던 각 교파 선교사들이 다시 한국을 찾았고, 철수했던 선교부도 재차 들어오기 시작했다. 1946년 해방 후 처음으로 재입국한 선교사로 북장로회의 플레처(A. G. Fletcher), 코엔(R. C. Coen), 램프(H. W. Lampe), 애덤스(E. Adams), 보켈(H. Voekel), 로드(H. A. Rhodes), 블레어(W. N. Blair)가 있다. 감리교회 선교사로는 미군과 함께 온 윌리

엄스(F. E. C. Williams) 목사를 비롯하여 1946년 아펜젤러, 빌링스(B. W. Billings), 베커(L. H. Becker)가 들어왔다.[49] 그럼에도 이런 상황에서 한국교회는 더욱 부흥했다. 린튼(印敦, William Alderman Linton) 선교사가 1946년 미국 후원자에게 보낸 편지를 읽어보자.

> 한국교회들은 제가 상상한 것보다 훨씬 더 부흥된 것 같습니다. 그러나 교회의 분열이 있습니다. 38선 이남에 있는 장로교는 남북이 합해질 때까지 우선 남부총회를 조직했는데 총회의 힘은 지방 노회에 비하면 비교적 약한 것 같습니다. 군산노회와 충남노회가 나뉘었으므로 이제 노회는 12개가 됩니다. 남부총회는 서울에 신학교를 세우려 하고 있습니다만 결코 순탄하지는 않습니다. 전국에 신학교들이 여기저기에서 생겨납니다.[50]

1950년대에 들어서 선교사의 사역 환경에 적지 않은 변화가 있었다. 대표적으로 6·25전쟁을 들 수 있다. 이 전쟁은 북한과 남한 사이의 내전으로 시작해 유엔군과 중국군이 참전하여 국제 전쟁으로 확전되었다.[51] 6·25전쟁으로 교회가 겪은 환란은 근대 세계 기독교사에서도 비슷한 예를 찾아볼 수 없을 만큼 비참했다. 수많은 신도가 끌려가고 교회당이 불타는 아픔도 컸지만 그보다 더한 것은 민중의 마음에 얼룩진 비탄과 허탈감, 자포자기였다. 이 때문에 극단적인 신비주의 신앙이나 일시적 위안, 신앙의 이질화 현상, 무속화가 기승을 부렸으며 기존 교회는 피난민으로 구성된 교회 성장을 자위거리로 삼았다.[52]

전란 직후 서울을 탈출한 일부 교역자는 1950년 7월 대전에 모여 대한기독교구국회를 조직해 국방부, 사회부 등과 협력하여 선무(宣撫, 점령지 주민에게 정부의 본뜻을 이해시켜 민심을 안정시키는 일), 구호, 방송사업,

지원병 모집에 앞장섰다.[53] 특히 이 시기에 사회복지사업이 민간 차원에서 이루어졌는데, 예컨대 1951년 밀스(V. J. R. Mills) 선교사에 의해 조직된 기독교아동복리회(CCF)는 고아사업에 주력하여 미국 교인들의 헌금을 각 시설과 기관에 지원했다.[54]

딘은 미국 연합기독교감리회 세계 선교부 파송 선교사로 한국에 들어오게 되었으나 6·25전쟁으로 입국이 지연되었다. 즉 딘은 1950년 감리교 선교위원회로부터 대전의 기독교연합봉사회에서 사역하라는 임무를 맡았는데, 6·25전쟁 때문에 출발이 지연되어 캘리포니아에서 대기하던 중 1952년 7월쯤 일본에 와서 지내다가 1952년 10월 한국에 혼자 들어왔다. 한국에 들어오기 전 미국과 일본에서 대기하는 동안 언어와 신학을 공부할 수 있었다. 이런 사정은 1884년 갑신정변으로 벙커, 헐버트, 길모어 선교사의 입국이 1886년까지 지연된 것과 같은 상황이라고 하겠다.[55]

한국에 들어오는 일정이 지연되면서 서인근 선교사는 본국에서 한국어와 신학을 공부했다. 만약 일본에서 대기했다면 한국어를 익히는 것이 한결 수월할 수도 있었겠지만 미국에 있었기에 신학에 더욱 매진할 수 있었다. 아울러 한국어를 배울 때 한국인들의 도움을 적지 않게 받았다.[56] 이렇게 입국이 지연되면서 서인근 선교사는 토레이 2세 선교사를 극적으로 만나 킹스베리 선교사와 의수족에 관한 기술을 익혔다. 선교사들은 일본에 대기하는 동안 대체로 한국어를 공부했는데, 이는 각 선교부의 지역본부가 일본에 있었기 때문이다. 예컨대 언더우드 선교사는 일본에서 이수정(李樹廷)을 만나 한국어를 공부했다.[57]

당시 한국은 전쟁으로 하루 앞을 내다볼 수 없는 상황이었다. 1950년대는 고난의 시기였다. 게다가 당시 전쟁으로 북한군 안에서는 목사부터 죽인다는 말이 돌기도 했다.[58] 이런 사정은 선교 초기와 크게 다른 면이라고 하겠다. 1800년대 후반에는 일본과 강화도조약(1876), 미국과 조미수호통상조약(1882)을 맺어 쇄국정책에서 벗어난 때였고, 서서히 문호를 열면서 미국 개신교 선교사가 들어오는 계기가 마련되었다.

특히 6·25전쟁은 휴전 이후에 남은 가족들에게 사상 문제를 제기하면서 또 다른 사회문제를 낳았다. 철수했다가 돌아온 선교사는 자신의 사역에 한층 적극적으로 개입했다. 전쟁이 끝나고 국가를 재건하려는 바람이 불었는데 기독교의 지원이 적지 않았다. 실제로 1952년 1월 한국기독교교회협의회는 선교부의 협조를 얻어 교육과 문화, 사회의 후생, 농촌, 경제, 산업 등 여러 부문에 걸친 광범한 재건사업을 추진했다. 그럼으로써 세계 교회가 기독교세계봉사회, 국제선교협의회, 기독교국제연합위원회 등의 기관을 통하여 한국을 원조할 수 있는 기틀을 마련했다. 많은 구호물자가 교회를 통해 들어와, 전쟁으로 인하여 황폐한 나라의 빈민과 전재민에게 분배되었다.[59] 사회복지사업 관련해서는 기독교 이름을 내건 고아원과 자선기관이 설립되었는데, 1953년 7월 휴전 당시 전쟁 아동을 위한 시설은 440개에 달했고 수용된 어린이는 5만 3,964명이었다.[60] 당시 한국 사회복지는 곧 아동복지라고 할 정도로 전쟁에 피해를 입은 어린이를 돌보는 일이 우선이었고, 이를 외원기관이 앞장서 지원했다. 그래서 당시 외원단체는 '제2의 보사부'라고 일컬어졌다.[61]

한국에 들어오며 서인근 선교사는 어떤 각오를 했을까

서인근 선교사가 한국에 들어오며 각오한 바가 궁금하지만, 이를 알기는 쉽지 않다. 그가 각오한 것을 남긴 문헌이 없다는 점도 있지만 그가 자신의 삶 가운데 그 각오를 쉽게 드러내지도 않았기 때문이다. 다만 당시 한국이 처한 정치, 경제, 사회, 문화 환경을 생각하면 그가 사역에 필요한 자원을 끌어올 방안을 강구하고, 이에 필요한 지혜를 구했을 것으로 짐작된다.[62] 이런 고민을 해결하기 위해 선배 선교사의 경험에 의존하기도 했을 것이다. 이는 한국행을 결정하는 과정에서 나타났다.

서인근 선교사는 한국에서 사역한 선배 선교사의 주도로 열린 미국 순회강연을 접했다. 이것이 그에게 어떤 결심을 하게 했을까? 뉴욕의 「인디펜던트」(*The Independant*) 편집자 홀트(Hamilton Holt)가 1912년 선교 상황을 다음처럼 소개했다.

> 선교사들이 여전히 교육의 대부분을 담당하고 있다. …기독교는 만개하고 있다. …한국에는 현재 약 205명의 외국인 선교사들이 있는데, 그들 대부분은 미국의 장로교인과 감리교인이다. 또한 한국에는 807개의 교회와 신앙을 고백하는 20만 명의 그리스도인이 있다. 교회에는 외국 선교사들뿐 아니라 약 400명의 한국인 목사가 있다. 이들 역시 350개 학교에서 1만 5,000명의 한국 소년소녀들을 가르치며 15개의 병원에서 봉사한다.[63]

한국에 파송된 선교사의 각오는 각기 달랐겠지만 그들은 기본적으로 다짐한 바가 있었다. 류대영은 한국에 선교사로 나서는 일은 사실 목숨과 인생을 건 행위였다고 한다.[64] 즉 선교사로 떠나오지 않고 미국에 머물렀다면 그들은 더 안락하고 전도양양한 길을 걸었을 것이다.

한국에 온 선교사들의 신학은 미국에 있던 복음적 주류교회의 목회자나 지도자들과 다를 바가 없었다. 그러나 선교사들은 미국에 있는 동료에 비해서 매우 특이한 상황과 입장에 놓여 있었다. 그들은 미국이 아니라 '광야'에 있었으며 새로운 교회를 만들어나가야 하는 형편이었다. 따라서 선교사들은 자신들의 신앙과 신학을 훨씬 더 심각하고 적극적으로 적용할 수 있는 위치에 있었던 것이다.[65]

초기 선교사들이 한국에 바로 들어오지 못하고 일본에 잠시 머물러 준비하는 중 각자 맞닥뜨린 사정을 살펴보면 입국 당시 서인근 선교사의 심정을 엿볼 수 있다. 예컨대 일본에서 한국 사역에 임명된 선교사들의 첫 회의가 도쿄 시내 아오야먀(青山)에 있는 매클레이 선교사의 서재에서 열렸다. 여기에는 매클레이 외에도 아펜젤러 부부, 스크랜턴 부부, 여성해외선교부 스크랜턴 대부인, 한국인으로는 이수정과 박영효가 참석했다. 이들은 시편 121-122편을 읽고, 찬송가 547장 〈내 지킬 본분은〉을 불렀다고 아펜젤러 선교사의 회의록에 기록되어 있다.[66] 당시 봉독했던 시편 121편을 『파트너 쉬운성경』으로 읽어보자.

내가 눈을 들어 산들을 바라봅니다.

나의 도움이 어디에서 옵니까?

나의 도움은 여호와로부터 옵니다.

하늘과 땅을 만드신 그분으로부터 옵니다.

여호와께서 여러분의 발이 미끄러지지 않게 하실 것입니다.

여러분을 지켜 주시는 그분은 졸지 않으십니다.

정말로 이스라엘을 지켜 주시는 그분은 졸지도 주무시지도 않습니다.

여호와는 여러분을 지켜 주십니다.

여호와는 여러분의 오른편에 있는 그늘이십니다.

낮에 태양이 여러분을 해하지 못하며,

밤에 달이 여러분을 해하지 못할 것입니다.

여호와는 여러분을 모든 재앙으로부터 지켜 주십니다.
그분은 여러분의 생명을 보호하십니다.
여호와는 여러분의 들고 나는 것을 지금부터 영원토록 지키십니다.

선교사들은 함께 시편을 읽으며 각자 나아가는 길에서 하나님을 의지할 때 하나님께서 이들의 길을 밤과 낮을 가리지 않고 총총히 보살펴주심을 확신하고 있다. 비록 선교사역의 길이 험난할지라도 하나님의 영원한 약속을 염두에 두어 앞으로 펼쳐질 선교 여정을 구상했을 것이다.

한편 이들은 찬송가를 부르며 두려움을 몰아내고 마음의 평안을 유지했을 것이다. 이 선교사들이 각오한 바를 일일이 다 지적할 수는 없지만 최소한 기복(祈福)에 의하지는 않았을 것이 분명하다. 평소 교인이 지닐 수 있는 기복신앙과는 거리가 먼 신앙으로 다져졌을 것이기 때문이다. 여기에 찬송가 595장 〈나 맡은 본분은〉 가사를 적는다.[67]

나 맡은 본분은 구주를 높이고
뭇 영혼 구원 얻도록 잘 인도함이라

부르심 받들어 내 형제 섬기며
구주의 뜻을 따라서 내 정성 다하리

주 앞에 모든 일 잘 행케 하시고
이후에 주님 뵈올 때 상 받게 하소서

나 항상 깨어서 늘 기도드리며

내 믿음 변치 않도록 날 도와주소서 아멘

달리기 선수가 출발선에 섰을 때 긴장하는 것처럼 이 선교사들 역시 한국에서 실시할 사역을 앞두고 찾아온 불안감을 몰아내기가 쉽지 않았다. 오직 하나님의 부르심을 따라 나선 길에 서서 하나님을 찬송하며 자신을 바쳐 사역할 것을 거듭 서원했을 것이다. 서인근 선교사 역시 한국에 들어오는 길에 설레는 마음을 다독였을 것이다.

3장

기독교연합봉사회

1949-89

망령되고 허탄한 신화를 버리고
경건에 이르도록 네 자신을 연단하라

– 디모데전서 4:7

서인근 선교사의 사역을 온전히 이해하기 위해서는 기독교연합봉사회를 둘러보아야 한다. 서인근 선교사는 기독교연합봉사회에 파송되어 활동했고, 특히 기독교연합봉사회 부설 기독교농민학원을 주도하여 이끌었기 때문이다. 1950년대 한국 농업과 축산업을 온전히 이해하기 위해서는 기독교연합봉사회라는 관문을 통과해야 하며, 이 관문의 문지기로 서인근 선교사를 꼽는 데는 이견이 없을 터이다.

기독교연합봉사회는 1949년 3월과 10월 대구에서 각기 발기인 모임과 이사회를 구성하고, 1950년 3월 충남 대덕군 회덕면 중리에 자리를 잡았다. 지금의 대전조차장역을 서쪽에 둔 대덕구 법1동 남부와 중리동 북부의 일부 지역이다. 한편 기독교연합봉사회의 정확한 설립일을 살펴보면, 영문으로 작성된 "기독교연합봉사회 재단법인 사무 진행 상황 보고서"에는 재단법인 신청일이 1954년 10월 30일로 되어 있고, 허가일은 1955년 2월 7일로 되어 있다. 재단법인 기독교연합봉사회의 제1차 이사회 회의는 1952년 6월에 열렸는데, 이는 재단법인 허가를 받기 전이었다. 어쨌든 기

독교연합봉사회는 재단법인이고, 주력 사업이 기독교농민학원이었음을 이사회 회의록을 통해 알 수 있다.[1]

서인근 선교사는 기독교연합봉사회에 '맞춤 선교사'로 파송되었다고 할 수 있다. 기독교연합봉사회가 농촌의 지역사회 개발에 중점을 두어 설립되었고, 서인근 선교사는 미국 대학교에서 농학과 축산학을 공부한 전문가였다. 이 장에서는 기독교연합봉사회가 설립된 1949년부터 서인근 선교사가 사역을 마치고 귀국한 1989년까지를 살펴보려고 한다.[2] 기독교연합봉사회 이사회 회의록 내용을 바탕으로 서인근 선교사의 사역 상황과 그 위상을 확인할 수 있다.

기독교연합봉사회 설립

1940년대에 기독교를 배경으로 한 외국 원조단체들이 내한하고, 일제 말 한국을 떠났던 선교사들이 돌아와 선교 활동을 재개했다.[3] 이 무렵 한국의 교회와 신학교는 분열과 갈등을 봉합하지 못한 처지였다. 한국교회는 1939년 조선신학교 설립 기성회가 조직됨으로써 총회 승인을 얻은 새 평양신학교와 은연중에 대립했고, 이 문제는 1950년 4월 대구에서 열린 총회에서도 해결을 보지 못했다.[4] 이런 분위기에서 선교사들은 새로운 선교 과제를 찾으며 선교부 간 연합사업을 구상했는데, 이는 기독교연합봉사회의 설립으로까지 구체화되었다.

연규홍은 『기독교연합봉사회 50년사』에서 기독교연합봉사회의 이사회 회의록을 빌려, 기독교연합봉사회는 8·15해방과 더불어 전쟁 후에 홍수처럼 밀려오는 온갖 사상과 풍조, 궁핍, 불우 같은 여러 가지 어렵고 어지러운 상황에서 한국의 교회와 도시, 농촌의 부흥에 목적을 두었다고 했다.[5] 기독교연합봉사회 설립에는 네 교단이 참여했으며 그중 장로교가 주축을 이루었다. 장로교는 1912년 총회가 조직될 때부터 「웨스트민스터 장로교회 헌법」을 사용했는데,[6] 1934년에 1차 개정을 했지만 이전과 내용은 대동소이했다. 1950년대 분열 이후 현재 100개 이상의 교단이 1961년에 개정된 장로교회 정치를 사용하고 있다.[7]

기독교연합봉사회 창설을 위해 1949년 3월 대구 장로교 선교부가 발기인 모임을 열었다. 이때 미국 장로교 선교부에서 파송된 애덤스(安斗華, Edward Adams), 미국 감리교 선교부에서 파송된 쇼(徐偉廉, Willams E. Shaw), 캐나다 선교부에서 파송된 스코트(徐高道, William Scott), 구세군[8]에서 파송된 로드(魯吾道, Herbert A. Lord), 이렇게 네 교단 선교부 대표가 참석했다.[9] 이 모임은 사회개발 차원의 활동으로 기독교연합봉사회를 설립하기로 했다.

이처럼 서로 연합하려는 움직임은 "평안의 매는 줄로 성령이 하나 되게 하신 것을 힘써 지키라"(엡 4:3)라는 말씀처럼 하나님의 주권에 의한 것이라고 보는 게 마땅하다. 이 같은 연합은 초기 선교에서도 나타나는데, 실제로 한국에 파송된 미국, 캐나다, 호주 3개국 네 교단의 선교사가 1889년에 '장로교선교연합공의회'를 조직했다.[10] 이뿐만 아니라 1951년에는 장로교, 감리교, 구세군, 성결교에서 선출된 대표들로 구성된 기독교세계봉사회(CWS) 한국위원회가 정식으로 발족했다.[11]

'연합'의 뜻이 무엇인가? 예컨대 언더우드의 외할머니의 아버지 와우(Alexander Waugh) 박사가 교인들 간 연합을 강조하면서 만든 '기본 강령'이 지금도 전해지는데, 그 내용에서 연합의 의미를 엿볼 수 있겠다.

이 위대한 사업의 가장 중요한 목표는 다양한 교회에 속해 있는 하나님 백성의 연합이다. 그러므로 분열을 초래할지도 모르는 요인을 가능한 한 미리 제거하기 위해 본 선교회의 기본 강령을 다음과 같이 선언한다. 우리의 계획은 장로교, 조합교회, 성공회 혹은 다른 어떤 형태의 교회 체제나 행정을 채택하게 함으로써 신실한 사람들 사이에 그에 대한 견해 차이를 불러일으키려는 것이 아니라, 이방인들에게 복되신 하나님의 영광스런 복음을 전파하려는 것이다. 하나님이 이방인들 가운데서 그분의 아들과 교제하도록 부르실 사람들에게, 그들 자신이 하나님의 말씀에 가장 합당하다고 생각하는 교회 형태를 스스로 채택하도록 맡겨야 한다.[12]

믿지 않는 이방인에게까지 하나님의 말씀을 전해야 하는 처지에서 교파가 다르다고 따로 할 수는 없음을 강조한 것이다.

대구에서 발기인 모임을 마치고, 1949년 10월 10일에 기독교연합봉사회가 창립되었다. 여기에 예수교장로회, 기독교대한감리회, 기독교장로회, 구세군이 참여했다. 연합한 네 교파가 이사 21명을 파송하여 이사회를 구성했고, 설립 목적은 기독교 정신을 바탕으로 농촌 지역사회 발전과 주민생활 향상을 도모할 수 있는 모든 봉사사업에 두었다. 위치는 충청남도 대덕군 회덕면 중리 산21번지였다. 이곳은 대전역에서 북쪽으로 약 3킬로미터 떨어진 논, 밭, 임야 총 15만 평이었다. 이 안에 기독교농민학원 중심으로, 실습과 생산을 도모하고 자립 운영을 지향하는 여러 사업 기관이 함께 자리를 잡았다.[13]

기독교의 연합 사례는 이전에도 많이 볼 수 있었다. 1885년 내한한 미국 북감리회와 1896년에 들어온 미국 남감리회는 각자 독립적으로 활동하면서 교육, 문서사업 등에서 서로 협력했고, 이들은 러일전쟁 후 급성

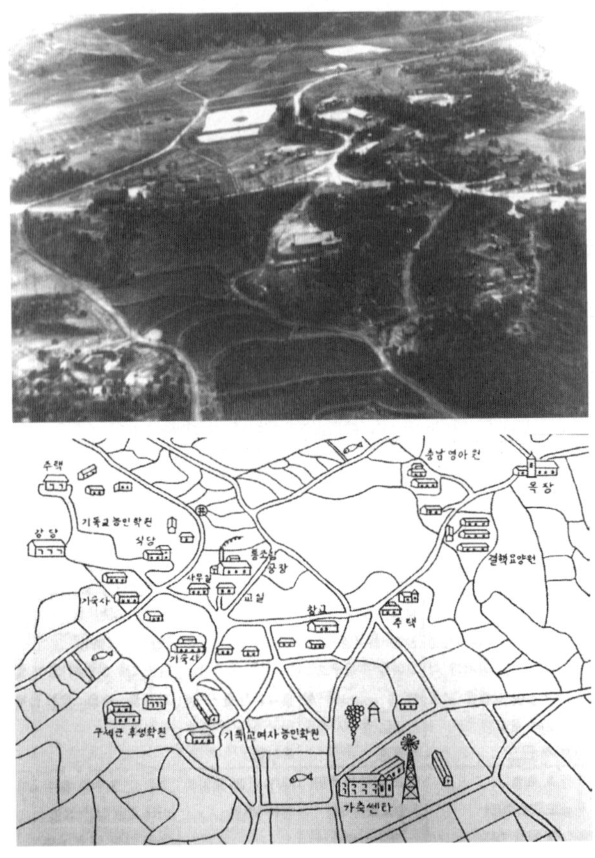

기독교연합봉사회 초기 전경(위)과 지형도

장한 선교사역 가운데 '연합'을 주문하면서 미국 본부에 새 선교사 29명을 충원해달라고 건의했다.[14] 1905년에는 장로교공의회와 감리교 선교부에서 취한 공동 조처에 의하여 6개 선교부 선교사 약 150명이 모여 '재한 복음주의 선교단체 통합공의회'(The General Council of Evangelical Missions in Korea)를 조직했다.[15] 이에 따라 충청북도는 북장로교, 충청남도는 북감리교가 맡았다. 이 같은 교회의 연합 사업이나 연합 활동은 장로교의 언더우드와 감리교의 아펜젤러를 비롯한 대부분 선교사가 추구하는 바였다.

초기 기독교연합봉사회는 교육부, 산업부, 교도부라는 조직을 두고 기타 기관을 운영했다. 그러나 기독연합봉사회가 설립된 이듬해 6·25전쟁이 일어나 운영이 중단되었고, 이후 재개하는 데는 시간이 걸렸다. 이때 전쟁에 의한 부상자가 늘면서 의수족 관련 사업이 추가되고, HPI가 지원하는 가축대부사업이 부가되어 기독교연합봉사회의 몸집이 커졌다. 구체적인 기관과 사업은 뒤에 다룰 기독교연합봉사회 조직에서 소개하겠다.

기독교연합봉사회는 1952년 6월에 재단이사를 선정하고, 초대 이사장으로 애덤스 선교사를 세우면서 재단법인으로 출발하게 되었다. 1949년에 네 교단의 대표가 기독교연합봉사회를 만들었지만 3년 후에 세워졌고, 공식적으로는 앞서 언급한 것처럼 1955년에 허가를 받았다. 당시 6·25전쟁의 상황을 생각하면 이 정도의 지체는 충분히 납득할 수 있겠다.[16] 기독교연합봉사회는 1950년 4월 대전 삼성동에서 학생 40명을 대상으로 농민학교를 운영했고,[17] 6·25전쟁으로 잠시 중단되었다가 1954년에 재개하여 기독교 정신을 바탕으로 농민학원, 시범농장, 수족절단자 직업교도원, 결핵요양원, 영아원, 고아원을 운영했다.

기독교연합봉사회는 사회사업과 농촌사업 분야의 연합 사업이라는 점에서 과거의 문서, 교육, 의료사업에서 보여준 연합 사업과는 달랐다. 이미 오래전부터 한국에 있던 여러 교파의 선교부가 직접 설립한 기구라는 점에서 외국에 본부를 두고 한국에 파견되어 응급 구호활동을 전개하는 외국 원조단체들과도 차이가 있었다. 이를 규명하기 위해서는 한국 사회의 농촌 현실과 전시의 궁핍한 생활을 비롯해 한국기독교 농촌운동사(農村運動史)와 사회복지사(社會福祉史) 측면에서의 연구가 필요하다.

1950년대 한국교회가 분열을 거듭할 때 연합 사업을 통해 교파 간 일치와 협력을 보여주었다는 점에서 기독교연합봉사회의 교회사·에큐메니컬 운동사[18] 차원의 의의는 매우 크다고 하겠다.[19] 특히 기독교농촌운동은 일제강점기 한국 기독교계가 가장 조직적으로 펼친 사회운동이었는데, 이는 대체로 1920년대 초반부터 1930년대 후반까지 전개되었고, 일제의 탄압으로 중단되었다가 1950년대 기독교연합봉사회에 의해 재개되었다.[20] 요컨대 기독교연합봉사회는 1950년대 한국 농촌을 일으켜 세웠을 뿐만 아니라 꺼져가는 한국 기독교 활동을 다시 점화하는 데 힘을 보탠 것이다.

한편 교회의 연합은 이전부터 있었다. 1905년 9월에 선교부 공의회가 정식 출범하기 전부터 선교사들은 개인적으로나 선교회 차원에서 초교파적 협력과 일치에 관심이 있었다. 일본에서 이미 단일 장로교회를 탄생시켰던 장로교 선교사들이 이 일에 남달리 적극적이었다. 장로교 공의회에서는 '한국의 개신교회들이 쓸 단일 이름'으로 '예수교'를 1904년에 이미 만들어 놓고 있었다. 언더우드 선교사의 표현을 빌리면 이는 '연합된 비교파적 예수교'를 위한 것이었다.[21] 의료, 교육, 문서 영역에서 사업의 효율성을 위해 어떤 형식으로든지 연합하는 것이 필요한 상황이었다.

이 연합이야말로 기독교연합봉사회가 이어받은 정신이었고, 서인근 선교사는 초지일관 이를 적용했다. 그는 농촌지도자와 함께 복음을 근간으로 농업의 과학화를 꾀하고 필요한 재정을 마련하기 위해 힘썼으며, 나아가 이런 사항을 보고서와 「농민생활」에 담았다.

이렇게 기독교연합봉사회가 주도한 농촌운동이 1960년대를 거쳐 1970년대 새마을운동의 기반이 되었다는 의견이 있는데, 이와 관련하여 한규무는 기독교연합봉사회의 농촌운동과 새마을운동 간 연결고리를 희미하게나마 그려볼 수 있는 정도이지 확실히 주장하기 위해서는 더욱 연구가 필요하다고 했다.[22] 따라서 성급하게 기독교연합봉사회의 농촌운동을 새마을운동에 연결 짓기 전에 이에 관한 연구가 따로 필요하겠다. 이에 관한 자세한 내용은 6장에서 살필 것이다.

1954-70년은 기독교연합봉사회의 성장기라고 할 수 있는데, 당시 기독교연합봉사회가 주력한 사업 중 하나가 바로 기독교농민학원 운영이었다. 이 기독교농민학원을 모체로 기독교연합봉사회는 농촌 계몽운동과 지역사회 개발을 추진해나갔다.[23] 이러한 상황에서 농업 전문 지식을 갖춘 서인근 선교사가 함께한 것이고, 기독교농민학원을 활용하여 전국 농촌의 발전에 절실한 지도자를 양성할 수 있었던 것이다. 이런 점에서 서 선교사는 그 시대 상황에 필요한 '맞춤 선교사'였다.

1980년대를 맞아 기독교연합봉사회는 큰 변화를 경험했다. 이는 당시 사회의 변화에 따른 것으로, 1981년 11월 대전 중구에 기독교연합봉사회를 건립하고 1982년부터 새로운 사업을 시작했다. 무엇보다도 회관의 임대 수익은 기존 사업은 물론 새로운 사업을 펼치는 데도 큰 힘이 되었다. 여기에 사회복지법인으로서 정부 사업을 수탁, 실시함으로써 기독교연합봉사회의 변화된 위상은 한층 더 높아졌다.

이와 관련하여 초기 선교사 가운데 한국 농업의 개량을 위해 사역한 사례를 잠깐 소개한다. 한국 농법 개량에 공헌한 캐나다 출신의 펜윅(片爲益, Malcolm C. Fenwick) 선교사는 1889년 9월 혈혈단신 독립선교사로 내한하여 황해도 솔내 같은 곳에서 얼마를 지낸 후 함경도 원산에서 선교와 과수원을 이끈 복음주의 신앙인이었다. 그는 캐나다에 있을 때 1년간 모델 과수원에서 일한 적이 있기에 과수업과 농업에 특별한 흥미를 가지고 있었다.[24]

서인근 선교사 역시 농업과 관련하여 업적을 남겼다. 기독교농민학원의 운영 관련 서류에 서인근 선교사의 존재가 잘 드러나 있다는 사실에서 이를 알 수 있다. 예컨대 한규무는 "언제부터인가 서인근 선교사가 (농민학원) 부원장을 맡은 것으로 나온다."[25]라고 했는데, 실제로 1953년부터 1973년까지 기독교농민학원 직원 명단에는 서인근 선교사가 부원장으로 기록되어 있다.[26] 이뿐만 아니라 서인근 선교사가 HPI의 지원을 받아 가축대부사업을 주관했음을 알려주는 관련 서류도 찾아볼 수 있다. 기독교연합봉사회의 이사회 회의록은 이런 상황을 파악하는 데 소중하고 가치 있는 자료이다.

기독교연합봉사회가 들어설 무렵 대덕군 모습

기독교연합봉사회와 서인근 선교사의 활동상을 이해하기 위해 기독교연합봉사회가 시작될 무렵의 대덕군(大德郡)에 관하여 알아보자. 먼저 이중환이 『택리지』에 소개한 1700년대 충청도의 지리적 특성을 살펴보자.

> 물산의 풍부함은 경상도와 전라도에 미치지 못하지만 산천이 평탄하고 아기자기하며 서울에서 가깝고 남쪽에 위치하여 자연스레 벼슬아치들이 모여 사는 본거지가 되었다. 서울의 명문가들이 너나 할 것 없이 도내에 전답과 살 집을 마련하여 근본을 이루는 터전으로 삼고 있다. 또 서울과 가까워 풍속이 크게 다르지 않으니 선택하여 거주할 만한 최적이다.[27]

아울러 이중환은 "남쪽에 우뚝 선 구봉산과 보문산의 청명한 기상은 한양 동쪽 교외보다 나은 듯하다."[28]라고 했다. 당시 충청도 감영이 공주에 있었고, 여기에 백제 말엽 당(唐)의 유인원(劉仁願)이 웅진도독부를 설치했다. 대전과 세종은 약 22킬로미터, 세종과 공주는 약 21킬로미터, 공주와 대전은 약 34킬로미터의 거리를 두고 삼각형을 이루고 있다. 충청도의 이 같은 자랑으로 세종에 특별자치시가 들어선 것으로 보아야겠다.

한편 아펜젤러 선교사는 1899년에 원주를 거쳐 부산으로 가는 16일간의 여정에서 충청도를 두고 "그리스도인들의 고향이며, 복음과 교육 활동의 중심지이기도 하다."[29]라고 한 바 있다. 이는 기독교연합봉사회가 설립되기 50여 년 전 그리피스 목사가 묘사한 당시의 정황인데, 그리피스 목사는 해변에서 바라본 외양만으로 그 나라의 모습을 판단해서는 안 된다며 항구에서만 연구한 것 또는 느지막이 일어나 외출하는 관광객과 같은 입장에서 그 민족을 판단해서는 안 된다고 강조했다.[30] 여기에 그는 한국이 무엇보다도 농업국이며 촌락으로 이루어진 나라이고, 백성 10명 중 9명은 농사를 짓고, 이 농부들은 강건하고 근면한 사람들이라고 덧붙였다. 아펜젤러 선교사는 기독교연합봉사회가 설립되기 전에 충청도를 지나며 신분이 낮은 짐꾼을 통해 한국 사람이 아름다운 자연과 함께 살고 있음을 엿보았다. 이런 충청도의 모습이 외국에까지 알려진 것이다.

그러면 1950년대 충청도의 상황을 『한국사연표』[31]를 통해 개괄해보자. 이승만 정부는 1949년 6월에 「농지개혁법」을 공포하고, 다음 해 4월에 농지 개혁을 시작했다. 기독교연합봉사회 설립을 위한 발기인 모임이 대구에서 열린 것은 이런 사회 상황에서였고, 곧 6·25전쟁이 터졌다. 전쟁 동안 충청도는 경상도나 전라도에 비해 비교적 적은 피해를 입었다. 특히 전라도와 경상도에서는 비상경계가 몇 차례 발령되었지만 충청도에서는 그런 일이 없었다.[32] 전쟁이 나고 이틀 뒤인 27일에 정부가 대전으로 옮겨 20일간 머물고, 7월 16일에는 대구로 내려갔다. 7월 20일 북한군은 대전을 점령했고, 정부는 8월 18일 부산으로 내려갔다. 정부가 여러 차례 피난을 가야 할 정도로 비참한 전쟁 상황에서 기독교연합봉사회가 만들어진 것은 기적과 같은 일이다. 당시 수족절단자 직업교도원을 운영한 토레이 2세 선교사[33]의 딸이 기록한 대전의 실상을 살펴보자.

> 대전은 폐허의 도시였다. 한때 인구 20만의 철도와 산업 중심지로 번성하던 이 도시의 중심부가 미 공군의 폭격을 당했고, 많은 사람들이 죽어서 도랑을 파고 묻었다. 대전 20개 교회 중 7개 교회가 장로교회였고,[34] 이 기독교인들은 빈민을 돕기 위해 애를 쓰고 있었다.[35]

폐허가 되었다는 대전의 모습은 6·25전쟁에 의한 상황일 것이다. 기독교에서는 전쟁이란 주님께 대항하는 최악의 죄이고, 특히 동족 간에 치르는 내전은 승자가 없는 패망뿐이라고 말한다.[36] 성서에서도 "그들(이스라엘 열한 지파)이 베냐민 사람을 에워싸고 기브아 앞 동쪽까지 추격하며 그 쉬는 곳에서 짓밟으매 베냐민 중에서 엎드러진 자가 만 팔천 명이니 다 용사더라"(삿 20:43-44) 하고, 이에 그치지 않고 "이스라엘 사람이 베냐민 자손에게로 돌아와서 온 성읍과 가축과 만나는 자를 다 칼날로 치고 닥치는 성읍은 모두 다 불살랐더라"(삿 20:48)라며 민간에 의한 학살과 갈취가 이어졌음을 보여주고 있다. 6·25전쟁과 이후의 빨치산 토벌 역시 이와 같은 끔찍한 모습이었을 것이다.

또 선교 초기 헌트(韓富善, Bruce Finley Hunt) 선교사에 따르면 청주는 유교의 영향이 강해 기독교가 매우 늦게 자리 잡았다고 한다.[37]

1950년대 충청도의 산업 시설을 살펴보면 한국전력공사의 전신인 조선전업주식회사가 1952년에 착공하여 1957년에 준공한 괴산댐이 있다. 비록 댐의 규모는 작지만 순수한 국내 기술진의 조사, 계획, 설계, 시공으로 이루어진 최초의 발전 전용 댐이었다는 데 의의가 있다. 아울러 정부는 1955년 10월에 충주비료공장을 기공하여 1961년에 완공했고, 1959년 1월에 철도 충북선(조치원-봉양)을 개통했으며, 같은 해 6월에 충북 영동군과 경북 김천시를 잇는 추풍령터널을 개통했다.

한편 뮤지컬 〈부모님 전상서〉는 1950년대 충청도 어느 산골 마을에서 남의 집 허드렛일을 해주고 받은 음식이나 초근목피(草根木皮)로 연명하며, 병든 부모님을 모시고 고달픈 삶을 살아가는 사람의 이야기를 담고 있다.[38] 전적으로 농업에 의존하는 충청도의 어려운 실상을 보여준다.

기독교연합봉사회가 자리 잡은 곳은 대전 시내에서 6킬로미터쯤 떨어진 황량한 언덕배기였다. 당시 대덕군은 1935년 10월부터 1988년 12월까지 존속한 충청남도의 행정구역이었다. 1935년 대전군 대전읍이 대전부로 승격하면서 대전군이 대덕군으로 개칭되었다. 대전 도심이 팽창하면서 점차 대전시로 편입되다가 1989년 1월 대전시가 직할시로 승격하면서 대전직할시로 통폐합되어 자치구로서 대덕구를 이루었다. 이때 진잠면 남선리(지금 계룡시 신도안면)는 논산군 두마면(지금 계룡시)에 편입되었다.[39] 대덕군은 경부고속도로와 호남고속도로가 교차하는 회덕분기점(JC)과 대전의 관문인 대전나들목(IC)이 있어 영남과 호남의 교통 분기점임을 자랑하고 있다. 한편 1948년 남장로교 선교회는 한국에 고등교육기관을 세우는 일을 집중 논의했고, 한국의 교육선교 중심지가 대전이 되어야 함을 미국 선교위원회에 보고했다.[40]

1950년대 대덕군은 근교 농업이 발달했는데, 특히 명물로 포도가 꼽혔다. 신탄진읍의 금강 중심으로 재배되는 포도는 1980년대 초까지도 충청남도 포도 수확량의 절반을 차지했고, 토질이 잘 맞아 알이 굵고 맛이 좋기로 유명했다.[41] 이러한 이유 때문에 1968년에 정부는 농특사업으로 충남 대덕지구 포도 주산지를 조성했다.[42] 한편 킹스베리 선교사가 작성한 "1960년도 마을사업 보고서"에는 당시 대덕군에 40개 교회가 있었다고 나온다.[43]

현재 대덕구에는 기독교연합봉사회가 있던 중리 중심으로 린튼 선교사가 주도해 설립한 한남대학교와 대전야간신학교로 시작한 대전신학대학교가 있다. 대전조차장역[44]과 KT&G가 있어 대덕군의 예전 명성을 유지하고 있다. 국가 보물로 대전 회덕 동춘당, 『예념미타도량참법』 권3-4와 7-8, 대전 비래사 목조비로자나불좌상이 있고, 사적으로 대전 계족산성이 자리하는 등 적지 않은 문화재를 보유하고 있다.

기독교연합봉사회 조직

기독교연합봉사회는 앞서 언급한 바처럼 교육부 외에도 산업부와 교도부를 두어 각 부서가 여러 사업을 이끌게 했다. 그러나 1960년대에 들어와 후생학원, 결핵요양원, 영아원의 사업을 확장하면서 재정의 어려움을 겪고 조직을 조정했으며 이때 수족절단자 직업교도원이 문을 닫았다. 기독교연합봉사회가 가장 크게 확장되었다고 할 수 있는 이 시기의 조직 구조는 오른쪽에 나온 바와 같다.

이사회에 관한 모든 것은 이사회 회의록을 통해 확인할 수 있다. 1950년에 제정된 「기독교연합봉사회헌장」[46]과 이후 1952년부터 열린 이사회의 회의록이 전해지는데 이들 기록을 통해 기독교연합회의 조직과 운

1960년대 조정된 기독교연합봉사회 조직[45]

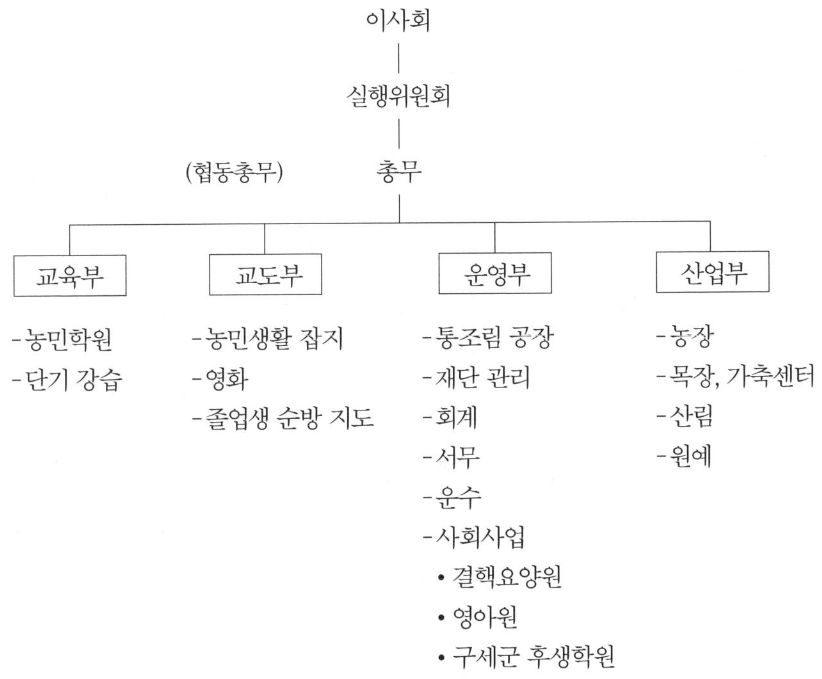

영의 깊은 열정을 엿볼 수 있다.

1950년에 만들어진 「기독교연합봉사회헌장」에는 각 부서의 장이 참여하며 총무가 의장이 되는 운영위원회를 두었다. 당시 부서는 이 헌장의 부칙에 명시되었는데 의수족부, 기독교농촌지도자양성사업, 전시농장(展示農場),[47] 구세군 고아원[48]이었다. 이 운영위원회는 1960년대 조직이 개편되면서 실행위원으로 바뀌었고, 실행위원회의 위상은 총무 위로 올라간 것으로 추정된다.[49] 총무는 기독교연합봉사회를 실질적으로 운영하는 직책이고, 이에 더해 협동총무가 있었는데 한때 서인근 선교사가 협동총무를 맡기도 했다. 기독교연합봉사회는 총무 체제로 운영되었다고 할 수 있다.

교육부는 기독교농민학원을 운영하는 데 주력했고 특히 단기 강습을 실시했다. 예컨대 1958년에는 농촌사업부 산하에 있던 기독교농민학원의 장기 농촌지도자 양성 과정에 57명이 지원하여 25명이 선발되었다. 이 과정은 8개월간 진행되었다. 이때의 모집 요강을 보면 "한국 농촌의 교화와 재건부흥을 위하여 헌신 노력할 수 있는 십자가주의 극정세포(極精細胞)인 농촌지도자 양성을 목적함"이라고 밝히고 있다. 아울러 여자 수강생 모집 요강에서는 "한국 농촌의 교화와 재건부흥을 위하여 헌신 노력할 수 있는 기독교 농촌지도자 양성을 목적함"이라고 밝혀 30명을 선발하여 2개월간 진행했다. 1964년 10월에 기독교여자농민학원을 개원하여 농촌 여자 지도자를 길러냈고, 농촌 생활개선을 목적으로 농촌 가정과와 양재과를 두었으며, 18-30세 초등학교 졸업 이상의 학력을 가진 자를 뽑았다.

교도부[50]는 「농민생활」을 발행하고, 영화를 상영하고, 지역에 흩어져 있는 졸업생을 순회하며 지도하는 데 중점을 두었다. 이 외에도 지역협조사업과 가축대부사업을 실시했다. 지역협조사업은 농촌 지역사회에서 직접 농업 기술을 지도하고 영농자금을 대부 협조하고, 신용조합을 조직 지도하며 농촌경제 자립책을 도모했다. 가축대부사업은 기독교세계봉사회와 각 교회, HPI의 지원을 받아 시행했는데 이때 젖소, 육우, 돼지, 산양, 면양, 토끼, 닭, 양봉 등의 우량 가축이 들어와 이를 농민에게 대부했다.[51] 특히 HPI가 지원한 사업은 서인근 선교사가 전담했는데, 교도부의 주력 사업이 되었을 것으로 짐작한다. 한편 1965년에는 신용협동조합이 조직 운영되었고 이는 충청남도 최초의 신용협동조합이었다. 1971년에는 호주선교회로부터 면양 370마리를 받아 영동군 매곡면에 있는 13만 평에서 인근 주민이 사육하게 하고, 이와 관련하여 이론과 실기를 교육해 농가의 수입 증대에 기여했다.

운영부에서는 회계, 서무, 운수 외에도 통조림 공장을 운영하고 사회사업으로 결핵요양원, 영아원, 후생학원을 운영했다. 조직이 조정되기 전에 사회사업의 일환으로 운영되던 수족절단자 직업교도원이 없어진 것 또한 큰 변화라고 하겠다. 이는 기독교연합봉사회의 실제 수입원의 제한으로 인해 1965년부터 조직을 변경하면서였다. 1961년 10월 기독교연합봉사회 실행위원회 회의록에는 "수족절단자 직업교도원이 다른 방법으로 사업을 추진하기 위해 서울로 이동하게 됨을 서인근 선생이 보고함"이라고 기록되어 있다. 이 수족절단자 직업교도원의 폐원은 기독교연합봉사회의 사업이 대폭 축소되고 외부의 지원이 중단된 데 기인한 것이다.

산업부는 모든 영농을 합리적으로 운영하여 그 이익금을 기독교연합봉사회 운영과 농민학원 학생들의 실습에 사용했다. 또한 농장, 목장, 양돈과 양계, 식품가공공장을 두어 운영했다. 기독교연합봉사회의 운영을 주도한 이사회 회의록을 통해 다음의 몇 가지 상황을 엿볼 수 있다.

첫째, 이사회 회의록을 통해 기독교연합봉사회가 탄생하는 과정을 좀 더 자세히 알 수 있다. 4개 교단의 선교부가 연합하여 기독교연합봉사회를 설립했고, 각 교단은 부담한 비용에 따라 운영에 가담했으며 재정이 어려울 때마다 이들 교단이 책임을 졌다. 서인근 선교사는 회계를 맡아 이를 총괄했다.

둘째, 의수족사업은 토레이 2세 선교사가 내한하기 전에 계획되었다. 기독교연합봉사회 이사회는 토레이 2세가 한국에 도착하기 전에 이미 그가 하려는 의수족사업 지원에 대해 논의한 바 있다. 이는 기독교연합봉사회의 모든 사업이 4개 교단으로 구성된 이사회의 승인을 받아 진행되었음을 보여주는 사례이다.

셋째, HPI의 지원을 받으면서 농촌사업은 한층 열기가 고조되었다. 이는 가축대부사업을 일컫는 것인데, HPI가 기독교연합봉사회와 어떤 관계에서 이 사업을 진행하고, 이 사업에 서인근 선교사가 어떤 위치에서 관여했는지를 이사회 회의록을 통해 자세히 확인할 수 있다. 기독교연합봉사회 이사회 회의록은 1952년부터 작성되었는데, 선교사가 모국의 선교본부에 보내는 보고서 수준으로 사역 상황이 구체적으로 나타나고 있어 그 가치를 더하고 있다.

기독교농민학원

기독교연합봉사회의 주된 사업이던 기독교농민학원에 대해 좀 더 상세히 살펴보자. 기독교연합봉사회의 농촌사업은 배민수 목사가 이끄는 기독교농민학원과 서인근 선교사가 맡은 농장시범사업[52] 두 영역으로 진행되었다.[53] 여기에 미국 장로교에서 파송된 킹스베리 선교사가 농업선교사로 참여했다.[54] 특히 기독교농민학원 운영은 기독교연합봉사회가 교육부에 두어 처음으로 실시한 사업이다.

기독교농민학원은 1950년 기독교복음농민학교로 문을 열었으나 6·25전쟁으로 운영이 중단되었고, 배민수 목사가 부임한 1954년부터 다시 체계적으로 정상 운영되었다. 이후로 계속 운영되다가 1973년에 문을 닫았다. 한규무[55]는 기독교연합봉사회 이사회 회의록에 따르면 1954년 2월 농업학교 기숙사 부지가 선정되었고, 농업지도자양성소 기숙사 건축을 위해 4월경 유엔한국재건단(UNKRA)이 5,000달러를 제공했는데 1954년 8월까지 농민학원에 관한 내용이 나오지 않았다며, 기독교농민학원의 정확한 설립 시점을 1954년 9월에서 12월로 추정했다.[56] 공사를 하고, 여기에 필요한 여러 가지 일을 계획한 일정에 따라 진행하기가 쉽지 않았을 것이고, 이런 피치 못할 저간의 사정으로 개교가 다소 지연되었을 것으로 추정한다. 즉 기독교농민학원은 기독교연합봉사회가 재단법인으로 세워지면서 계획된 것으로 볼 수 있다.

당시 사업 안내 리플릿을 보면 기독교농민학원은 기독교연합봉사회의 교육부에 소속해 1954년에 문을 열었고, 매년 30명씩 농촌지도자 자원자를 교육했다. 이는 기독교연합봉사회가 가장 먼저 시작한 사업이다. 여기에서 거듭 확인할 것이 있는데, 이 같은 사업에 들어가는 재정은 유엔 산하 한국재건단으로부터 지원받은 것도 있었지만 외국의 선교단체가 모금해준 것이 주축을 이룬다는 사실이다. 특히 그 모금은 미국의 기독교 관련 단체와 개 교회를 비롯한 교인의 후원에 힘입은 바가 크고, 여기에 배민수 목사가 적극 관여했다.

기독교농민학원 전경

기독교농민학원의 교육 목적은 신앙의 생활화, 생활의 사회화, 농촌의 현대화였다. 특히 교육 이념은 삼애 정신에 있었는데 "우리는 하나님을 사랑한다. 우리는 농촌을 사랑한다. 우리는 노동을 사랑한다."가 바로 삼애 정신의 구호이다. 교육 훈련으로는 정신 훈련, 기술 훈련, 체력 훈련이 있었고 입학 자격은 만 18세 이상 농촌지도자 자원자로 규정되었다. 1969년에 농목과를 신설하여 농촌 목회자를 30명씩 교육하고, 여름과 겨울을 이용해 단기 강습을 실시했다. 이때는 배민수 목사가 여자농민학원을 만들어 분리해 나간 상태였다. 특히 농한기에 농촌 교회나 부락을 순회하여 지방 강습회도 실시했다.

주요 과목은 성서, 교양, 작물, 축산, 원예, 토양, 비료, 사료, 농업 경영, 농기계, 협동조합, 영농 실습, 농촌사회학, 지역개발학, 농촌목회학, 지도자론이었다. 졸업생에게는 선진국에 가서 실습할 수 있는 기회도 제공했다. 당시 지역개발학과 관련하여 부흥부 지역사회개발위원회 강만춘 간사는 "우리나라의 지역사회개발사업"이라는 제목의 글을 연재했다. 이 연재를 통해 강 교수는 제2차 세계대전 이후 나타난 신생국가가 농촌에서 영농 방법의 후진성, 질병, 문맹, 실업, 영양실조, 교통 불편, 자본 결핍, 고루한 전통과 미신 등의 문제로 곤란을 겪는다며, 이를 위해 농촌을 종합적으로 발전시킬 수 있는 한 가지 방안으로 지역사회개발사업을 소개했다.

한편 1993년 「기연」의 봄호부터 겨울호에 걸쳐 네 차례 연재된 "기독교연합봉사회 소사(小史)"에 의하면 1954년 12월을 시대 변천과 발전으로 인해 현지 실제 지도가 요청되기 시작한 시점으로 보고 장기 농민교육을 지양하고, 단기(1주 단위) 교육 위주인 농촌교도사업으로 방향을 바꾸었다고 한다. 한편 1960년 1월에 열린 기독교연합봉사회 이사회 회의록에 의하면 1960년에는 기독교농민학원의 사업 중 '음영(영화 상영) 및 교도사업'이 농사, 종교, 영화를 수단 삼아 부락과 교회를 순회하며 실시되었다.

1973년 3월 사업의 확장과 시대 변천으로 기독교농민학원은 폐쇄되었다. 가장 큰 이유는 정부가 실시하는 농민교육의 기회가 많아진 때문이었다. 어쨌든 기독교농민학원은 농촌개발원으로 명칭을 바꾸어 단기 강습과 더불어 지역의 현장 방문을 실시했다.[57] 기독교농민학원은 1971년 10월 마지막으로 제20기 22명의 졸업생을 배출했다. 장기 강습 졸업생 수는 총 412명이었다. 그리고 1950-80년 농민학원 총 수료생 수는 정규 강습회 1,445명, 단기 강습회 1,328명, 지방 강습회 9,500명, 순회 교도사업 5만 3,908명이었다.[58]

여기에서 농민생활사 제3대 사장을 맡은 루츠(柳韶, Derter N. Lutz) 선교사가 「농민생활」을 속간하면서 강조한 내용을 들어보자. 루츠 선교사는 속간 인사말에서 다음과 같이 이 잡지의 발행 목적을 강조했는데, 이는 기독교농민학원의 핵심이라고도 하겠다.

> 나의 평생의 소원은 이 나라의 붉은 강토가 푸른 강토로 변하여 농민 여러분이 잘 살 수 있는 날을 보고 죽는 것입니다. 이 나라의 농촌에는 너무나 할 일이 많습니다. 더욱이 전란으로 모든 것이 파괴된 오늘날에 있어서 좀 더 진실하게 땅을 이용하는 방법을 연구하고 증산의 길과 우리 농민의 생활 향상을 위한 여러 가지 방법을 알아내어 곧 실천하여야 하겠습니다. 나는 확실히 믿거니와 이 나라의 농민 여러분의 이마 주름이 펴질 때 이 나라도 생기를 띠고 이 나라의 농민 여러분이 웃을 때 이 나라도 웃고 기쁨과 평화가 찾아올 것을 의심치 않습니다.[59]

1954년에 기독교농민학원이 문을 열면서 6월에 「농민생활」이 속간되었고, 특히 기독교농민학원은 6·25전쟁 이후 피해를 복구하는 데 전력하며 농촌지도자를 교육했다.

개신교의 농촌에 관한 관심은 예전부터 있었다. 예컨대 1903년에 창설된 황성기독교청년회(현 YMCA)는 교육, 계몽, 선교에 목적을 두었고,[60] 1930-40년대 중국 농촌을 위한 활동으로 교육, 가난 탈피, 위생, 이타심 배양을 강조했다. 이는 기독교의 전도와 교육에서도 동일했다.[61] 이뿐만 아니라 선교사 베어드(裵偉良, William Martyn Baird)[62]도 다음 사례처럼 농사에 관심을 두고 한국의 농업에 적극 관여했다.

> 북장로교 선교부는 1890년대 공황기에 재정의 어려움을 겪게 되자 선교사들로 하여금 자발적으로 월급을 줄여 받고 자구책을 마련하도록 요구했다. …윌리엄 베어드는 한 술 더 떠서 적어도 부분적으로 생활비를 스스로 충당해야겠다고 작정했다. 즉 농사에 재능이 있던 그는 한국 정부로부터 약 3만 600평의 땅을 불하받아 경작할 계획을 세우기도 했다.[63]

여기에 선교부는 신문을 발행하여 농업을 따로 다루기도 했다. 실제로 언더우드 선교사는 1897년에 「그리스도신문」을 발행하여 1901년까지 운영했는데, 그 운영 목적은 그리스도의 진리와 선교회의 목적을 보여주는 것이었고, 신문의 한 면을 농업 관련 내용에 할애했다.[64] 농업이 주류를 이루고 있던 시대라 농촌에 중점을 두어야 하기도 했지만, 농업은 옮겨 다닐 수 없는 토지로부터 직접 식량을 얻어야 한다는 점에서 다른 어떤 산업이나 직업보다 기울이는 노력이 남달랐다. 이런 점을 잘 보여줄 문헌이 전해지지 않고 있어 안타깝다,

수족절단자 직업교도원

수족절단자 직업교도원은 기독교세계봉사회(CWS)의 지원으로 시작되었다. 기독교연합봉사회가 이 사업을 실시하기 전, 1952년 10월 세브란스 병원에 수족절단자를 위한 특별 진료소가 문을 열었다. 킹스베리 선교사는 기독교연합봉사회에 합류하기 전에 잠시 이곳 특별 진료소에서 일하며 배웠다. 1952년 7월 부산에서 열린 제2차 재단법인 기독교연합봉사회 이사회 회의에서는 이 사업을 적극 지원하기로 합의했고, 회의록에는 그 이름을 '불구자 지도학교'로 기록하고 있다.[65] 이 직업교도원의 실제 사업은 1953년 7월에 시작되었지만 개원식은 1954년 5월 25일에 있었다.[66] "1961년 하반기 기독교연합봉사회 수족절단자 직업교도원 사업보고서"에 따르면 당시 의수족절단자 관련 사업은 기독교연합봉사회의 직업교도원뿐만 아니라 전주, 대구, 서울에서도 시행되었다. 하지만 직업교도원에서는 의수족을 제공하는 데 그치지 않고 의수절단자들의 경제적 자립과 가정 및 사회에서의 적응을 지원하는 데 목적을 두었다고 밝혔다. 한편 이 사업은 앞에 언급한 것처럼 1961년에 종료되었는데, 토레이 2세 선교사가 1959년 9월에 한국을 떠나면서 존 스틴스마에게 이 사업을 인계한 것으로 알려져 있다.[67]

수족절단자 직업교도원은 기독교세계봉사회의 협조와 기독교연합봉사회 이사회의 청원을 얻어 토레이 2세 선교사가 주도하여 설립한 것이다. 당시 의수족 제작 훈련 시설이 없어 수족절단자들이 의수족을 제작하고 이를 사용할 수 있게 훈련한 사업이다. 100명을 수용할 수 있는 기숙사를 갖추었고, 의수족 사용에 자신이 있을 때까지 훈련을 계속했다. 직업교도원 원생들은 훈련을 받아 사회에 진출하여 생활을 꾸릴 수 있도록 철공, 철럭, 죽제공, 목공, 양재, 양화, 직조, 시계 수리, 축산, 농사, 특수 작물, 수공업 교습을 따로 받았다. 이 훈련을 마친 인원은 10여 년간 총 2,000여 명에 달했다.

여기에서 토레이 2세 선교사가 한국에 들어온 경위를 소개하고 넘어가야겠다. 토레이 2세 선교사의 활동 자체도 중요하지만, 그가 서인근 선교사와 극적인 만남을 가졌기 때문이다. 토레이 2세 선교사의 전기 『내 사랑 황하를 흘러』[68]의 내용을 빌려 정리한다.

토레이 2세 선교사는 1913년에 중국으로 파송되어 활동했는데, 중국이 공산화되면서 1949년에 미국으로 돌아왔다. 그는 39년간 활동한 것을 못내 아쉬워하며 소일하던 중 1951년에 팔다리를 잃은 양민 3,000명의 재활을 위해 한국으로 가라는 미국 장로회 본부의 전갈을 받았다. 전쟁이라는 난리통에 팔과 다리를 잃은 한국인들의 재활을 위해 토레이 2세 선교사는 관련 기관을 찾아다니며 준비했고, 또한 한국에서 함께 일할 사람을 수소문했다. 그때 한국으로 파송이 결정되어 대기 중이던 감리교와 장로교 소속 청년 한 명씩 총 두 명을 소개받았다. 이 신임 선교사들은 농촌선교사로서 한국으로 갈 채비를 하고 있었다.[69] 토레이 2세는 이 두 청년에게 의수족 제작법을 배우게 했다. 이들은 3개월 후면 한국으로 떠나야 하는 상황에서 도저히 불가능할 것 같은 그 짧은 기간에 의수족 제작 기술을 익혔다. 이 두 신임 선교사 중 한 사람이 바로 서인근 선교사이고, 다른 한 사람이 킹스베리 선교사이다. 그러니까 서인근 선교사는 농촌선교사이지만 의수족 제작 기술까지 익혀 한국에 들어온 것이다.

특히 선교사 토레이 2세는 농촌을 일깨우는 것이 한국을 일깨우는 것이라고 믿었는데, 이는 구호사업에서 일자리 제공이 큰 부분을 차지한다는 점을 반영하는 것이다. 예컨대 토레이 2세는 중국에서 활동하며 7가지 방면, 즉 일자리 제공, 식료품 분배, 의복 제공, 종자 분배, 자금 확보, 연료 공급에서의 구호를 강조했다. 당시의 사정이 지금과 크게 다르지 않다는 점이 놀랍다. 청년은 말할 것도 없이 노인의 일자리까지 챙겨야 하는 상황이지 않은가. 그의 딸 존슨(Clare Torrey Johnson)이 낸 전기에는 토레이 2세가 일상에 임하는 태도를 잘 보여주는 이야기가 있다.

> 특히 이름이 알려지면서 일정이 빡빡함에도 방문자를 거절하거나 홀대하지 않았다. 그는 "누가 불쑥 나타나면 매우 낭패스럽고 화가 날 때도 있는 법이다. 나는 매일을 주님 손에 맡긴다. 그리고 나를 찾아와 불편하게 하는 사람들도 모두 주님이 나에게 보내기를 원하시는 사람들이라고 믿는다. 그래서 설사 시간 낭비라고 보일 때마저도 거기에는 나를 위한 교훈이 있다는 생각을 갖고 참을성 있게 친절한 태도를 보임으로써 구세주를 증거하려고 노력한다. 그렇게 하는 것이 비록 내 눈에 보이지 않더라도 어떤 선한 결과를 맺게 될 것이다."라고 했다.[70]

토레이 2세 선교사는 한국에 오기 전, 중국에서 활동할 때 이미 평양 외국인학교에 딸과 아들을 보내기도 했다. 중국에 살며 자녀를 굳이 평양까지 보낸 것은 그 학교에 유독 사랑의 정신이 있어서라고 했다. 그만큼 선교사들은 자녀 교육을 할 때 그리스도인의 품성을 갖춘 사람으로 양육하는 것에 중점을 두었다.

「농민생활」

농촌사역의 한 가지 수단으로 계획된 잡지가 바로 「농민생활」이다. 1928년 한국 장로교 총회 안에 농촌부가 설치되었고, 1929년 6월 평양부 신양리 39번지 기신사에서 창간호가 발행되었다. 「농민생활」은 제15권으로 마감되었다. 1940년에 발행된 제12권 제1호에는 루츠 선교사가 비상시 작물로 완두콩, 감자, 땅콩, 양파를 소개하고 재배 방안을 설명했다.[71] 당시 한국 인구의 90퍼센트가 농민인 상황에서 그들에게 근대적 농업 지식을 전하고 신앙을 지도할 잡지가 필요했다.[72]

「농민생활」은 1943년까지 한국기독교장로회 총회 농촌부와 평양의 숭실전문학교가 주축이 되어 발행했고, 기독교연합봉사회 농촌사업부가 1954년 6월에 속간하여 1959년까지 맡았으며, 1960년 1월부터 1967년 9월까지 기독교연합봉사회 농민생활사가 발행했다. 특히 「농민생활」은 농촌지도자 양성과 농업 기술 소개에 힘쓰고, 의식의 근대화와 농촌 경제개발에 중점을 둔 농촌 계몽을 추구하며 소설과 시 등을 다루어 문예지 성격을 유지하고, 기독교 신앙인이 추구해야 할 가치를 전파한다는 이 세 가지 기본 성격을 바탕으로 발행되었다.[73] 이런 공로로 농민생활사는 1963년 5월 농촌진흥청장으로부터 표창장을 받기도 했다.

이 같은 「농민생활」의 발행 방침은 루츠 선교사로부터 사장직을 이어받은 서인근 선교사의 다음 글에 잘 나타나는데 이를 통해 「농민생활」의 위상까지 엿볼 수 있겠다.

「농민생활」은 중간에 잠시 멈춘 일이 있었읍니다만, 농민 여러분의 기술향상과 생활향상을 위해, 예나 지금이나 다름 없이 힘 쓰고 있읍니다. 모든 분야의 산업이 다 그렇겠읍니다만, 농업에 있어서도, 기술적인 면이나 경영적인 면에서 한계라는 것이 있을 수 없읍니다. 어느 목표 지점에 우리가 도달했다고 하면, 거기서 또 우리는 전진을 해야 뒤떨어지지 않는 농민이 될 것으로 압니다. 「농민생활」은 과거에도 그랬지만 앞으로도 전진을 멈추지 않고, 여러분의 앞장을 서서 힘써 일할 것입니다.[74]

이 잡지를 발행하는 데 비용이 만만치 않아 선교사 루츠는 수시로 본인이 발간비를 보조했다. 그럼에도 서인근 선교사는 늘 이 나라의 평화와 독자들의 가정에 기쁨과 웃음을 채워드릴 것이라고 약속했다. 가정과 이웃의 끊이지 않는 기쁨을 위해서 "쉬지 말고 기도하라"(살전 5:16-17)라고 농촌지도자들에게 당부했다.

한편 대전 삼성동에 자리 잡은 농민생활사가 발행한 「농민생활」에는 농사 관련 정보를 비롯해 한 주간의 농촌사업 관련 소식이나 사업 안내, 농업 전문가의 지식이 실렸고 소설이 실리기도 했다. 이 외에도 "애독자 거래" 코너를 만들어 독자들이 서로 물건 등을 거래하도록 도왔다. 1960년대 초에 발행된 「농민생활」의 가격은 120환이었고, 반 년분과 1년분 구독료는 각기 650환과 1,300환이었다. 매달 발행 부수는 적게는 2,500부에서 많게는 1만 부까지 이르렀다.[75]

1966년 제28권부터 가로쓰기를 실시함으로써 「농민생활」은 편집에 획기적인 변화를 맞는다. 1967년 9월호를 마지막으로 정간되었는데, 정간사(停刊辭)에는 더 이상 재정의 출혈을 감당할 수 없어 속간의 기회를 기다린다고 했다. 한편 서인근 선교사는 농민을 위한 다른 좋은 잡지가 발행되어 안심이라고 말하면서 「농민생활」의 창간 정신이 죽지 않고 기독교

연합봉사회 안에서뿐만 아니라 나라의 각계각층에 살아 움직이길 간절히 바란다고 마무리했다.[76]

사회사업

선교사가 한국에 들어와 사회사업에 치중한 것은 정치적으로나 사회적으로 특별한 이유가 있다.[77] 초기에 입국한 선교사들의 활동은 매우 제한적이었다. 당시 선교사들의 비자에 명시된 신분은 의사나 교사였기에 그들의 사역은 의료 활동을 펼치거나 고아원 성격을 띤 예수교학당을 운영하는 것 등으로 제한되었다.[78] 아울러 6·25전쟁을 겪은 뒤 한국은 후생사업을 비롯한 사회사업이 절실한 처지였다. 선교 초기의 정치 상황에 비하면 훨씬 자유로운 여건이었지만 한국 사회사업의 효시를 이루었다는 점에서 기독교연합봉사회의 위상을 짐작할 수 있다.

기독교연합봉사회는 총 29개조로 구성된 「재단법인 기독교연합봉사회 기부행위규정」을 만들어 사회사업을 실시했다.[79] 기독교연합봉사회의 운영부가 실시한 사회사업은 3장에 있는 조직표에서 보는 바와 같이 결핵요양원과 충남영아원, 구세군 후생학원 운영이었다. 이들 사업을 차례로 살펴보자.

결핵요양원은 1954년 12월 문을 열었다. 이곳에는 경환자만 입원할 수 있었고, 30개의 침상이 있었다. 전쟁이 끝난 뒤에는 결핵으로 어려움을 겪고 요양이 필요한 결핵 환자를 위해 양원사업(養院事業)을 실시했다. 요양처를 제공하고 치료에 힘써 건강을 회복시켰는데 이를 통해 총 600여 명이 요양을 마치고 퇴원했다. 선교사가 운영한 결핵요양원은 이미 북한 지역에도 있었다. 바로 홀(Sherwood Hall)이 주도한 결핵요양원이었다. 그는 1924년부터 1963년까지 조선과 인도에서 의료선교사로 활동했는데 1940년 조선을 떠나 인도로 가면서 자신이 몸담았던 해주 결핵요양원 운영에 대해 바라는 점을 남겼다.

> 우리는 요양원이 확고한 경제적 기반 위에 서서 영구적으로 운영되기를 원했다. 그래서 우리는 출국하기 전에 이에 필요한 조치를 취하기로 했다. 요양원을 후원할 재단을 구성하고 이름은 '호진재단'이라고 지었다. 요양원의 땅, 건물 등 소유물은 결핵병원 요양원으로 계속 사용될 수 있도록 정부에서 책임지기로 했다. 따라서 전과 같이 요양원의 모든 행정은 도지사가 주관하는 이사회에 의해 계속 운영되기로 했다.[80]

결핵은 주거 환경, 영양 상태와 밀접히 관련된다. 선교사들이 세운 결핵요양원은 당시 우리가 겪은 열악한 환경과 가난을 보여준 일례이다.

충남영아원은 감리교 해외구제위원회의 지원으로 1955년 9월에 문을 열었다. 5세 미만 영아 60명을 수용하여 운영되었다. 생후 1개월부터 6세 미만의, 전쟁으로 버려진 유아들을 보호하고 양육하는 데 힘썼다. 원장, 총무, 간호사, 보모들이 이곳에서 아이들을 위해 봉사했고, 영아원 운영 기간에 유아 321명이 국내외로 입양되었다. 서매지 선교사는 보고서에서 "1956년 7월 15일 처음으로 영아 중 1명이 양자로 갔는데, 아직도 아주 보기 좋은 아이들이 많이 있으며 될수록 기독교 신자 가정으로 보내기를 희망하고 있습니다."라고 밝히고 아이들 각자의 새로운 삶을 위해 각별한 노력을 기울였다.[81] 한편 1957년 상반기 사업보고서에 의하면 3세 이상의 영아를 받는 것으로 규정되었음에도 생후 1개월에서 1년이 된 아이를 받았고, 3세가 되면 벧엘고아원[82]으로 이관했다. 이 영아원이 지금의 어린이집으로 발전한 것으로 볼 수 있다.

구세군 후생학원은 구세군대한본영 사회국의 지원으로 1956년 6월에 설립되어 9월에 개원했다. 6·25전쟁으로 발생한 고아를 수용하기 위해 문을 열었는데, 5세에서 18세 미만의 고아를 받았다. 국가 보조를 받았으며, 농사 실습지를 이용해서 식생활 일부를 충당했다. 아울러 장동 미군부대와 결연하여 도움을 받기도 했다.[83] 초기에는 남아 80명을 수용할 수 있는 규모였고, 2000년 대전시 서구 정림동에 원사를 새로 지어 운영되고 있다. 기독교연합봉사회가 처음부터 지금까지 운영하고 있는 유일한 사회복지기관이다.

4장

기독교농민학원 기반 조성

1952-60

복음에는 하나님의 의가 나타나서
믿음으로 믿음에 이르게 하나니 기록된 바 오직 의인은
믿음으로 말미암아 살리라 함과 같으니라

-로마서 1:17

서인근 선교사의 사역에서 1952년부터 1960년까지를 기독교농민학원 기반 조성기로 구분했다. 이 기간은 서인근 선교사가 기독교연합봉사회와 함께하며 농민생활사 사장을 맡기 직전이다. 서인근 선교사는 1952년에 기독교연합봉사회에 몸담아 전시농장을 맡았고, 서서히 적응하여 사역의 기반을 다졌다. 선교사의 사역을 비롯하여 한국 기독교가 선교 초기부터 시대 상황에 끌려가지 않고 변혁과 개선에 앞장섰듯,[1] 그는 한국 농촌의 지역사회 개발에 중점을 두었다.

서인근 선교사는 1957년 6월에 첫 안식년을 미국에서 지내고 돌아와 1961년 10월에 농민생활사 사장에 취임했다. 당시 기독교연합봉사회는 주요 사업으로 수족절단자를 위한 교도 작업, 농촌지도자 훈련, 전시농장 및 고아원 운영을 진행했고, 여기에 1954년부터 속간된 「농민생활」을 발행하고 있었다. 앞서 언급한 바처럼 기독교연합봉사회는 설립 때부터 복음농민학원을 계획했으나 6·25전쟁이 발발하면서 이를 실행에 옮기지 못하고, 1954년에 기독교농민학원이라는 이름으로 문을 열었다. 기독교농민학원 설립은 배민수 목사가 주도했고, 서인근 선교사는 전시농장의 운영 경험을 바탕으로 이에 합류했다.

서인근 선교사는 1950년대의 활동에서 여러 어려움을 겪어야 했다. 그중 하나는 농촌의 빈곤이었는데 여기에는 위생적이지 못한 환경도 포함된다. 이런 사정은 1960년대까지 계속되었다. 아울러 1952년에 한국 장로교회가 첫 분열을 맞았고,[2] 1954년에는 감리교대전신학원이 설립되었다.[3] 특히 감리교대전신학원은 이후 서인근 선교사가 이사장을 맡아 교육 사역을 펼친 주요 현장이기도 하다.

기독교농민학원 기반 조성에 서인근 선교사의 사역을 내세우는 것은 그가 외국으로부터 적지 않은 재정을 끌어왔기 때문이다. 당시 농촌사업은 농지 이용 문제가 불거지고 복음농민학교가 계획대로 운영되지 못해 유명무실한 상태였는데, 서인근 선교사가 들어오면서 문제가 해결되고 사업은 다시 활기를 띠었다. 이는 재정이 뒷받침되었기 때문이다. 서인근 선교사가 기독교연합봉사회에 가담한 1952년 가을부터 그동안 지지부진하던 농촌사업은 속도를 내기 시작했다.[4] 1954년에는 배민수 목사가 앞장서 힘을 보태 복음농민학교를 기독교농민학원으로 탈바꿈하게 하면서 활성화되었는데, 이는 배민수 목사가 상당한 재정을 미국에서 끌어와 뒷받침했기 때문이다.

이 무렵 우리나라에는 기독교농민학원에 견줄 만한 기관이 문을 열었다. 바로 1954년에 설립된 가나안농군학교이다. 이 학교의 사정을 통해 기독교농민학원을 한층 더 충실히 조명할 수 있다. 먼저 당시 한국교회의 상황을 살펴보자.

한국교회의 사정과 신학의 형성

해방 후 한국 신학계는 황무지였다. 일제의 탄압으로 신학교는 황폐되고, 남북 분열과 정치적 혼란으로 교회는 무정부 상태였다.[5] 불안한 사회를 지켜볼 수 있었던 것은 그나마 교회였겠지만, 당시 한국의 신학은 아직 그림이 그려지지 않은 백지 같은 처지였다.

1900년대 무렵 한국교회의 실상을 소개한 문헌이 있다. 성서에 비추어 당시 조선을 설명하는 이 자료를 그냥 지나칠 수 없다. 당시 그리피스 목사는 한국에 와본 경험 없이 아펜젤러 선교사에 관한 책을 썼는데 그 저술에서 한국을 다음처럼 소개했다.[6]

> 전능하신 하나님이 산맥과 바다 사이에 이 민족을 두고 나라를 세우게 하심으로 거주의 경계를 한정하신(행 17:26) 이후, 이처럼 뚜렷한 경계를 가진 한민족의 운명은 어쩌면 미리 예견되어 있었다고 볼 수도 있다. …하나님의 손으로 지음받은 그대로의 이 땅의 거대한 모습은 참 아름답다. …히브리인들이 산이 '달리고' '숫양같이 뛰놀며' '기뻐하고', 산 위의 나무들이 '손바닥을 치는' 것으로 인식하고, 마치 뜻과 목적을 가진 살아 있는 존재처럼 행동하는 것으로 보았듯이, 한민족도 그들의 언덕들을 의인화하고 그 모든 것 위에 위대한 하나의 존재인 하나님(Hannanim)이 있다고 보았다. 이 나라의 그리스도인들은 여호와를 하나님이라고 부른다. …한마디로 하나님의 손으로 지음받은 있는 그대로의 한국, 자연이 풍성함을 가져다준 있는 그대로의 한국은 신명기 8장[7]에 그려진 약속의 땅처럼 영광스러울 정도로 아름답다.[8]

기독교 공동체인 교회는 자신들을 하나님에 의해 소집된 신자들의 공동체로 생각한다. 물론 교회는 여러 공동체와 지방 교회들의 집합이다. 시대와 장소, 문화의 차이, 정치적 이데올로기와 사회 조직의 다양성에도 불구하고 모든 신자를 결합시키는 믿음이라는 공통의 유대감이 있을 때에만 집회, 즉 그 자체의 공동체가 유지된다.[9] 이런 점에서 한국 사회가 안정을 찾는 데 선교사들의 역할은 막중했다.

한국은 앞에서 언급한 글처럼 미국에 소개되었다. 한국에서 활동한 선교사가 미국에 돌아가 집회에 참여함으로써 이러한 소개가 가능했을 것이다.

한국교회는 선교사들의 가르침을 의심 없이 수용했다. 「코리아 미션 필드」(*The Korea Mission Field*)[10]는 1908년 3월호 사설에서 이렇게 선포했다.

> 우리의 표준이 그들의 표준이 될 것이다. 우리의 행동이 그들의 행동이 될 것이다. 우리는 그들의 성경이다.

따라서 이 시기 한국교회의 신학은 곧 선교사의 신학을 의미했다. 한국에 진출한 선교사는 적어도 공식화된 신학적, 교회 정치적 견해를 나타내는 미국 모교회의 대변자들이었다.[11] 신학을 받아들이려는 출발점에 있는 한국교회의 입장에서는 이를 환영하며 맞아들여야 했다.

하나님이라는 용어의 유래를 통해서도 당시 사정을 엿볼 수 있다. 성서를 번역하면서 언더우드는 하나님을 '천주'(天主)나 '상제'(上帝)로 부르자고 주장했고, 게일(奇一, James Scarth Gale)은 '하나님'을 주장했다. 게일은 당시의 논쟁이 마치 전쟁과 같았다고 회고했다. 그만큼 급박한 논의가 필요한 상황에서 상호 대립이 치열했던 것이다. 결국 하나님에 대한 용어 논쟁은 1903년 언더우드가 '하나님'을 수용하여 일단락되었다.[12] 한편 유영식은 한국의 기독교가 크게 발전한 것은 바로 '하나님'이라는 특별한 용어 때문이라고 했다.[13]

이후 30여 년이 지나 서인근이 한국에 들어왔을 때 큰 변화는 없었다. 다만 그리스도인의 수가 늘면서 선교사에 거는 기대가 커진 상황이었을 것으로 추정된다. 선교사로서 사역의 근본이 달라질 것은 없으나 변화된 교회의 상황이 선교 활동을 바라보는 데 착시현상을 불러올 수도 있었던 것이다.

어쨌거나 각자가 주장하는 신학을 단순하게 표현할 수 없었던 것은 그만큼 주장하는 바가 한두 가지에 그치지 않았기 때문이다. 선교 역사 차원에서 볼 때 서인근 선교사가 들어온 1952년은 해방 이후 1946년부터 선교사들이 재입국하던 시기라 '재입국 후발대' 정도라고 하겠다. 특히 해방 직후 한국 기독교는 교회 지도자들이 신사참배에 굴복했던 것을 회복하기 위해 통회(痛悔)와 정화(淨化)를 솔선했고 이는 이후 교회 부흥의 힘이 되었다고도 볼 수 있다.[14]

그러면 잠시 논점을 달리하여 일제강점기 신사참배와 관련하여 서인근 선교사라면 어떻게 대처했을까? 짐작하건대 아마도 서인근 선교사는 함께하는 농민들과 상의했을 것이고, 신사참배에 관한 입장을 결정하는 데 상당 부분 갈등이 있었을 것으로 본다. 이런 추측은 당시 "감리교 선교부는 미국과 한국의 지도자들로부터 자문을 얻은 후에 정부의 해석을 그대로 수용하기로 결정했다."[15]라고 한 방침을 생각해서이다.

기독교연합봉사회가 자리를 잡아가면서 이를 설립한 네 종파, 즉 미국의 장로교와 감리교, 캐나다 선교부, 구세군의 연합에서 나타난 동반 상승 효과는 이름에서부터 드러났다. 물론 이 연합은 미국의 장로교가 주도했다. 기독교연합봉사회(Union Christian Service Center)는 한글과 영어 이름이 잘 짜였고, 각 종파의 형편에 따라 협력이 이루어졌다. 앞서 언급한 바처럼 연합의 효과를 톡톡히 본 것이다.[16] 서인근 선교사는 「농민생활」의 사장직을 맡은 1961년 직전까지 기독교농민학원이 운영하는 사업에 열중하며 선교사역에 앞장섰다.

한국에 파송된 미국 선교사의 특성

선교사로서 서인근을 한층 넓게 이해하기 위해 미국에서 들어온 선교사의 실상을 살펴보자. 1900년대 전후 한국에 들어온 미국 선교사의 특성은 대체로 다음 몇 가지로 드러난다. 다음은 류대영의 문헌을 비롯한 여러 자료의 내용을 바탕으로 정리한 것이다.[17]

첫째, 선교사들은 한국의 서민과 친밀한 관계를 형성했다. 당시 한국 서민 중에는 생계 유지, 좋은 보수를 위해 그리스도인이 되거나 선교사의 조수로 지원한 사례가 적지 않았다.[18] 선교사는 평민 계층과 직접 관계를 맺어 생활하는 것에 거리낌이 없었다. 선교사 대부분이 미국의 백인 중산층이었지만, 이들은 복음에 기반한 신앙뿐 아니라 중산층 특유의 실용적이고 자본주의적인 가치관을 지니고 있었기 때문에 그럴 수 있었다. 이뿐만 아니라 선교사는 한국의 전통과 한국 사회의 어려운 처지를 본국에 충실히 알렸다.

예컨대 선교사 린튼은 미국의 지방 신문에 일본의 압제로 인해 한국인들이 자유를 갈망하고 있다는 사실을 폭로 수준으로 소개했고, 직접 한

복을 입고서 한국의 결혼 풍속을 소개하기도 했다.[19] 한편 선교사들은 왕가(王家)와도 밀접한 관계를 형성하고 이를 적극적으로 활용했다. 한국 조정(朝廷)의 실력자나 고위 관료와 가깝게 지내기도 했다. 특히 당시 교회 설립이 허용되지 않은 상황에서 선교사들은 왕의 눈치를 볼 수밖에 없었을 터이다.

둘째, 선교사들은 자신의 가족에게 각별한 관심을 두었다. 아내와 자녀를 소홀히 하지 않았다. 다음 사례는 린튼 선교사가 안식년을 받아 선교부에 보낸 편지의 첫 부분이다.

> 우리 가족은 이번 여름에 고향으로 돌아가는 큰 계획을 세우고 있습니다. 우리는 고향으로 가기 전에 인도양을 거쳐 유럽으로 가려고 합니다. 어쩌면 우리 가족 전체가 이렇게 모여보기는 앞으로 어려울 것 같습니다. 큰아들은 아마 안식년이 끝나면 미국에 두고 와야 할 것입니다.[20]

이런 사정은 선교사뿐 아니라 보통 미국인의 생활양식일 것이 분명하다. 다만 선교사로서 쉽지 않은 사역 환경에도 가족을 소홀히 하지 않았다는 점이 돋보인다. 당시 한국 정서와는 크게 다른 면이라고 하겠다.

셋째, 선교사들은 지식이 출중했다. 이들은 성서 번역 외에도 한국의 역사, 언어, 문학, 예술, 정치, 풍습, 동식물까지 다양한 분야를 진지하게 연구했고 이러한 능력으로 방대한 분량의 자료를 남겼다.[21]

넷째, 선교사들은 기독교를 전할 뿐 아니라 미국 문명의 전도사가 되어 서구 문화를 전하는 데도 적극적이었다. 이때 선교사들은 유교 비판에 앞장섰을 것이다. 이와 관련하여 중국의 사례를 들어 설명할 수 있겠다.[22] 유교에 대한 서구의 비판은 서양인의 지식 반경으로 중국을 끌어들이려는 선교사들의 노력이 한창인 17-18세기에 특히 두드러졌다. 이는 주로 선교사 번역자들, 중국을 알고 있는 일반 번역자들, 중국에 대한 지적 대변자들의 종교적 태도에 따라서 달라졌다.

다섯째, 선교사들은 한국에 거주하는 외국인 사회에서 경멸받는 무리가 되기도 했다. 이들은 지나치게 안락한 생활, 선민의식, 경직된 세계관과 엄격한 윤리적 기준 때문에 따돌림을 당했다. 일부 선교사는 돈을 벌기 위해 적극적으로 무역상과 같이 장사에 참여했는데, 이를 목격한 보스턴 출신 무역상 타운센드(Walter Townsend)는 미국에 있는 어머니에게 편지하여 더 이상 선교사업에 기부하지 말도록 요청하기도 했다.

여섯째, 선교사의 본분을 이탈한 사례도 있었다. 예컨대 캐나다 출신이면서 초기 미국 북장로회 선교사로 활동한 게일은 "알렌의 이름을 선교사 명단에서 빼야 한다. 그는 한국에 들어올 때부터 1905년 그의 뚜렷한 업적을 이룰 때까지 계속해서 외교관이었기 때문이다."[23]라고 주장했다. 알렌은 선교사로 3년 살았지만 외교관으로는 18년간 활동했다.

한편 선교사의 부인들이 남편 선교사에 대해 남긴 기록을 보면 선교사들의 눈은 매섭고 표정은 엄정했다. 예컨대 정열적이고 독선적인 남편 언더우드 때문에 곤경을 겪어야 했던 부인 릴리아스 언더우드가 남긴 선교사들에 관한 경험을 들어보자.

> 내가 알고 있는 한 대부분의 선교사는 다른 모든 기독교인들과 다를 바 없다. 즉 그들은 진지하기는 해도 불완전한 존재인 것이다. 내가 판단할 수 있는 바에 의하면 모든 선교사는 자기들의 의무가 바로 거기에 있다는 저항할 수 없이 깊은 확신 아래 외국 땅으로 간다. 그리고 어떤 이들은 그 소명에 응답하기 위해서 자기가 희생한다는 느낌을 절실하게 느끼면서…

> 소중하고 유혹적인 것들과 작별했던 것이다. 그러나 선교사들은 다른 사람과 마찬가지로 매우 약하고 부서지기 쉬운 인간의 육체와 본성을 가지고 간다.[24]

선교사의 부인이 본 남편 선교사의 인간상은 선교지에서도 본국에서와 똑같은 인간에 불과했다. 거룩한 사람은 여전히 거룩하고, 의로운 사람은 여전히 의롭다는 것이다. 아울러 로마서 7장에 나타난 인간의 본성처럼 그들이 중국에 있든, 한국에 있든 항상 그대로라고 보았다.[25] 완전히 성화(聖化)하지 못한 사람에게는 으레 결점이 있게 마련이다. 어떤 사람은 우쭐거리며 모든 일을 관장하려 하고, 어떤 이는 성미가 매우 급하다. 또한 이기적인 사람도 있고 소견이 좁아 고집불통인 사람도 있었을 것이다. 그러나 여기에는 오해도 있었다. 이와 관련하여 언더우드 선교사의 부인이 소회를 밝힌 것이 있다.

> 어려운 초창기에 서울에서 활동하던 젊은 선교사들이 오해나 빈정거림을 받은 것은 전적으로 열악한 조건 때문이었다. 선교사라면 응당 초인간적인 자질을 갖추어야 한다는 비현실적이고 고상한 이상에 사로잡힌 본국인이 이것을 알게 되면 놀라거나 괴로워할 것이다. 나(언더우드 부인)는 선교사들이 그렇게 과대평가되거나 오해를 사면 항상 마음이 아팠다.[26]

한국 사람들이 한국에 들어온 선교사를 오해하는 사례가 있다는 것인데, 여기에는 선교사가 한국 그리스도인들에게 끼친 영향도 만만치 않다. 이런 정황을 류대영이 잘 묘사하고 있다.

한국 기독교인들이 선교사들의 가르침을 특히 잘 따르는 사람들이었다는 사실은 선교사들의 가치관이 한국 그리스도인들에게 전수되었으리라는 것을 시사해주기 때문이다. 결론적으로 선교사들과 관계를 맺었던 한국인들은 대체로 물질적으로도 잘살게 되는 경향이 있었던 것으로 보인다. 선교사들은 설교와 여러 다른 매체를 통해 근면, 검소, 부지런함 등을 가르쳤다. …이뿐만 아니라 선교사들은 정직하게 돈을 벌고 성공하는 것은 칭찬할 만한 일이라는 자본주의적 정신을 분명히 밝혀주었다.[27]

여기에는 선교사들이 한국 그리스도인에게 미친 영향이 적지 않게 나타나고 있는데, 어쨌든 선교사의 활동은 본국의 후원 여부에 따라 결정되기 때문에 이들은 활동 반경에 제약을 받을 수밖에 없었다. 예컨대 게일은 그를 파송한 캐나다 토론토대학 YMCA로부터 선교비 지원이 중단되면서 다른 선교 후원자를 찾아야 하는 처지에 놓였고, 이때 그를 불러준 사람이 한국교회의 아버지로 불린 서울의 미국 북장로교 선교사 마펫(馬布三悅, Samuel Austin Moffet)이었다. 그는 마펫의 도움으로 1891년 미국 북장로교 선교사로 이적하고 서울로 올라와 연동교회 중심으로 선교 활동을 펼쳤다.[28]

그렇다면 지금까지 살펴본 선교사들과는 다른, 서인근 선교사만의 특성이 있을까? 서인근 선교사를 만난 사람들은 매우 긍정적인 반응을 남겼다. 그만큼 그는 농촌을 위한 선교사로서 사역을 충실히 수행했고, 교육 분야로까지 사역을 확장했다. 아마도 군대에서 사고로 한쪽 눈을 실명한 것이 크게 작용하여 한층 더 순종의 자세로 상대를 섬기는 삶을 살려고 한 것이 아닐까.

선교부의 치밀한 계획과 활동

선교부를 비롯한 선교사들의 활동은 치밀한 계획 아래 충실히 이루어졌다. 그들의 충실성은 훈련에 의해서라기보다 천성적 기질일 수 있을 것이다. "품성이 바른 사람에게 신앙은 보석처럼 빛을 보게 된다."[29]라고 한 것과 같다. 이러한 신앙의 힘이 선교사들의 계획과 충실한 활동을 즐겁게 이끌어갔을 것이다.

선교부가 선교사를 파송하는 작업부터가 매우 계획적이었다. 선교사 파송은 언제나 치밀한 사전 계획 아래 진행되었다. 예컨대 미국 남장로교 선교부의 전라남도 선교는 목포로부터 시작되었다. 목포가 훗날 자유무역항이 될 것이라고 내다보았기 때문이다. 따라서 1895년에 남장로교 선교부 연례회는 전략적으로 목포에 땅을 구입하기로 하고, 1895년에 입국한 선교사 벨(Eugene Bell)을 담당자로 내정했다. 벨과 레이놀즈(李訥瑞, William Davis Reynolds)는 1896년 제물포에서 배를 타고 목포로 가서 토지 2,500평을 구입했다.[30]

한편 선교부의 치밀한 계획과 활동은 크게 의료와 사회사업 활동 두 가지 측면에서 이루어졌다. 먼저 의료 활동을 겸한 전도 활동을 살펴보면, 1899년 처음으로 전라남도에 진료소를 개설한 선교사 오웬(Clement Carrington Owen)은 의료 활동과 전도 활동을 겸하여 사역했다.

> 오웬은 의사와 목사로서 의료사업과 전도사업을 병행했다. 진료소는 늘 사람들로 붐볐다. 사람들은 대기표를 받아서 기다려야 했다. 나무로 된 대기표에는 '하나님은 사랑이시다'라고 적어놓았다. 또한 진료 후에는 약 봉

투를 주었는데, 그 약 봉투에도 성경 구절을 써놓고 다음에 다시 진료소를 방문할 때는 그 약 봉투를 반드시 가져올 것을 당부했다.[31]

약 봉투를 가져오게 한 것은 거기에 적힌 성서 구절을 암송했는지 확인하기 위해서였다. 선교사들의 일상은 매우 빠듯했던 것이 분명하다. 예컨대 서인근의 치밀한 활동은 보고서를 통해 확인할 수 있다. 대부한 가축의 유형별 상황을 보고할 뿐 아니라 재정 지원을 받기 위해 작성한 사업 제안서에는 그가 실시하려는 사업의 철학까지 담겨 있다.

선교회의 사회사업위원회(Social Service Committee)는 사회사업 활동에 매진했다. 한국에 들어와 있는 선교회마다 사회사업위원회가 가동되었는데, 가장 먼저 미국 북장로회가 1919년에 이를 시작했고, 이후 북감리교부인회와 선교사연합협의회가 뒤따랐다. 특히 1932년에는 선교사 클라크(郭安連, Charles Allen Clark)[32]가 조선예수교서회(현 대한기독교서회)를 통해 『교회샤회사업』[33]을 펴냈다. 이 책에서는 민중의 경제생활, 자선사업, 빈민, 고아와 노인, 환자, 성매매, 금주, 흡연, 동물 대우, 평민의 오락 등을 다루었다.[34]

당시 사회사업은 지금으로 치면 사회복지사업일 텐데, 다만 정부가 할 사업을 교회가 대신한 점이 다르다. 한 가지 짚고 넘어갈 것은 교회의 사회복지사업이 당시 교회사 사료에는 충분히 언급되지 않았다는 사실이다. 이런 사정과 마찬가지로 한국 역사에서 사회복지 관련 사항은 비중 있게 언급되지 않는다. 결국 사회복지가 사회적으로나 정부 차원에서 중요하게 다루어지지 않은 것이다.

선교사의 농업 활동과 가나안농군학교

6·25전쟁을 치른 한국의 1950년대 농촌은 농산물뿐 아니라 가축의 씨가 말라 극빈한 상태였다. 농가의 중심을 되는 소는 말할 것도 없고 닭, 돼지, 염소 등 농민이 의지할 가축이 거의 없었다. 땟거리로 장리쌀을 얻어먹어야 했는데 당시 유행한 증언을 소개한다.

> 장리. '길 장' 자 이자여. 그랑께 요새 같으믄 샛거리라고 하제. 그라믄 이자 봄에 인자 쌀 한 가마니를 가져가믄 가을에 이자 한 가마니 반으로 갚어. 그라믄 현금 딜인 놈허믄 그랑께 장리여. 그래갖고 그때는 뭣한 사람들이 그냥 논 스무 마지기 열 마지기 있으믄 삭 폴아갖고 쌀로 요롷게 장리를 놔분 사람이 많이 있어. 그거이 훨씬 이익이니까. 그른 식으로 해갖고 한 사람들이 많이 있지.[35]

이렇게 쌀로 이득을 보려는 것은 돈으로 '이자놀이'를 하는 것과 같다. 어렵던 한국 상황은 대체로 선교사들에 의해 차츰 변화되었다. 그 대표적인 인물로 앞서 언급한 그리피스 목사를 들 수 있다. 다음은 그가 1910년대 한국의 열악한 생활상을 자신의 저술에 소개한 대목이다.[36]

> 겨울에 구들목이라고 하는 뜨뜻한 바닥에는 춥거나 몸이 젖었거나 관절염을 앓는 사람들이 기뻐하며 찾아든다. 그러나 여름에는 마치 화덕 속에 들어 있는 빵조각 같은 느낌이 든다. 전통적으로 한국의 밀폐된 방에서, 바깥에서 출몰하는 호랑이에 대한 두려움과 방안의 뜨거운 온돌, 유해한 공기

를 견디며 보내는 밤은 비참한 것이었다.(124쪽)

더러운 침실이 있는 불결한 숙박소는 악취가 나서 하이에나의 소굴로도 적합하지 않을 정도였다. 이것은 조선 자연경관의 아름다움과 비교할 때 무척 대조적이었다.(161쪽)

한국에서는 감옥과 같은 여인의 방을 제외하고는 사생활이라는 것이 거의 없었다. 옛 일본에서처럼 외국인들은 계급, 연령, 성별을 불문하고 한국인들의 엿보는 눈을 피할 수 있는 안식처를 가질 수 없었다. 여관에서도 오래되어 너덜너덜하건 새로 바른 것이건 간에 모든 종이 벽에는 침을 바른 손가락으로 뚫은 구멍이 있었으며, 그 구멍 뒤에는 항상 엿보는 눈이 숨어 있었다.(165-66쪽)

한국이 가난하고 열악한 과거에서 벗어난 데에는 선교사들의 공헌이 크다. "이성계가 원(元) 사람으로 나고 자라 고려에서 나고 자란 최영과 가장 큰 차이가 있었다."[37]라는 말이 있지만 선교사들은 그 반대였는데 그들이 비록 외국인임에도 사역에 충실할 수 있었던 것은 바로 신앙이 뒷받침되었기 때문이다. "가난은 임금도 해결할 수 없다."라고 하는데, 농업에서 부를 창출하여 문제를 해결하려고 한 것은 결국 하나님의 은혜가 함께한 결과였다. 당시 서인근이 되새긴 말씀은 "너는 내게 부르짖으라 내가 네게 응답하겠고 네가 알지 못하는 크고 은밀한 일을 네게 보이리라"(렘 33:3)였을 것이다.

이뿐만 아니라 선교사들은 전염병이 발생한 상황에서도 활동을 멈추지 않았다. 1895년 콜레라가 만연할 당시 정부는 사대문에 "예수병원에 가면 살 수 있는데 왜 죽으려 하는가?"[38]라는 벽보를 붙여놓았다. 콜레라와 의료선교사들의 헌신은 서울과 그 근교에 있는 사람들에게 그리스도의 존재와 복음을 알리는 계기가 되어 많은 이가 참 진리를 깨닫고 구원을 얻었다.

한편 농촌에는 자신의 소유를 이웃에게 나누는 전통이 있었다. 관리의 후원을 받아 각지를 돌아다니던 선교사들은 각 동네마다 환대를 베푸는 한국 사회의 모습이 인상적이었다고 기록한다. 어디를 들어가든 그 지방을 책임지는 관리의 노복들이 방문객을 맞아들이고 그 관할 지역의 경계까지 호위한 다음 전송을 해주었다는 것이다.[39] 이는 1950년대 선교사를 대우하던 모습과 많이 달랐던 점이다.

아울러 당시 문헌을 보면 선교사가 농업에 관여한 사례가 매우 드물었음을 알 수 있다. 농촌 지역임에도 선교사의 농사 활동이 소개되지 않은 경우가 많은데, 예컨대 선교사가 전남의 나주, 화순, 보성, 순천에 교회를 세운 기록은 있지만 그곳 농사일에 관여한 사실은 거의 없다.[40] 당시 한국이 농업 위주의 사회였음에도 불구하고 농촌 활동이 중요하게 다뤄지지 않은 것은 유감이다.

선교사에 관한 문헌 중 농업을 상세하게 다룬 경우가 드물지만 그래도 초창기 펜윅 선교사가 원산에서 농장을 운영하며 성경학원을 이끌던 이야기는 전해지고 있다. 성경학원에서는 반나절 동안 농장에서 일하고 반나절은 공부했는데, 성서는 정해진 부분을 완전하게 파악할 때까지 계속 읽었다.[41]

여기서 가나안농군학교에 관해 살펴보면 좋을 듯하다. 가나안농군학교는 김용기 장로가 1954년 가나안농장을 설립한 뒤[42] 1962년에 세운 곳으로, 기독교 농촌지도자를 교육했다는 점에서 기독교연합봉사회의 기독교농민학원과 비슷한 점이 많다. 가나안농군학교를 살핌으로써 기독교농민학원의 위상을 객관화하고, 기독교농민학원이 새마을운동에 끼친 영향을 한층 더 정확하게 파악할 수 있을 것이다.

기독교농민학원, 가나안농군학교, 새마을운동 비교

항목 \ 유형	기독교농민학원	가나안농군학교	새마을운동
시작	1954	1962	1970
운영 주체	기독교연합봉사회	가족	농촌 주민
핵심 가치	하나님, 농촌, 노동 사랑	근로, 봉사, 희생	자조, 자립, 근면
규모	전국	특정 지역	전국
주요 사업	농촌지도자 훈련	영농 후계자 양성, 의식 개혁, 생활 개선	생활환경과 의식 개선
주요 대상	전국 농촌지도자	마을 주민	전국 마을 주민
재정 확보	해외 선교부	자체	국가 지원

가나안농군학교에서 김용기 장로의 두 가지 특성을 생각할 수 있는데[43] 하나는 가족 중심 활동이고 또 하나는 기독교에 기반한 활동이다. 예컨대 김 장로는 1954년에 일곱 가족을 이끌고 경기도 광주군에서 제1가나안농군학교를 시작했다.[44] 아울러 그는 기독교를 받아들인 부친의 영향을 받아 활동 기반을 형성해갔다. 김 장로의 부친은 성서의 이치를 깨우친 사람이었기에, 단순히 먹고살기 위해서가 아니라 하늘의 뜻을 따르기 위해 농사를 짓는다고 여기며 그 일을 기쁘게 받아들였다.[45]

한편 가나안농군학교는 '기술'을 가르치는 곳이 아니라 '의식 개혁'과 '생활 개선'을 보여주는 곳이었다.[46] 특히 가나안농군학교가 강조한 의식

개혁은 군인 정신이라고 할 수 있는데 이는 '농군'(農軍)이라는 단어에도 잘 드러난다.[47] 이후 김 장로는 계속해 삼각산농장, 용인의 에덴향, 황산의 가나안농장, 원주의 신림동산 등을 개척하고 새마을운동에 영감을 제공했을 뿐 아니라[48] 이 운동의 성공을 위해 당시 전국의 153개 시군에 가족 농군학교를 세우자고 강조하기도 했다.[49]

가나안농군학교는 신앙생활을 강조했는데 여기에는 성서 말씀이 기초가 되었다. 예컨대 복민(福民) 생활의 3대 이념인 근로와 봉사, 희생은 각각 데살로니가후서 3:10, 요한복음 13:5, 요한복음 12:24에서 비롯된 것이다.[50] 이 세 가지 이념은 따로 떼어낼 수 없고, 기독교의 삼위일체처럼 셋인 동시에 하나라서 무언가 하나가 빠지면 헛수고에 불과하게 된다.[51]

기독교농민학원과 비교할 때 가나안농군학교는 선교(복음 전파)의 비중이 상대적으로 적었고[52] 아울러 새마을운동에 더 큰 영향을 미쳤다. 1962년 당시 박정희 국가재건최고회의 의장이 가나안농군학교를 방문하면서 새마을운동을 구상하는 데 영감을 얻은 것으로 알려져 있다. 어찌되었든 분명한 건 당시 교회를 비롯한 기독교 조직이 전국의 농촌에 상당한 관심을 쏟고 있었다는 사실이다.

배민수 목사의 활동과 갈등

이제 기독교농민학원 운영과 관련된 배민수 목사의 활동을 살펴보자. 이를 통해 당시 기독교농민학원 부원장이던 서인근 선교사의 활동을 또 다른 각도에서 이해할 수 있을 것이다.

배민수 목사는 서인근 선교사가 부임한 뒤인 1954년에 기독교농민학원 설립을 주도해 초대 원장으로서 1964년까지 운영에 참여했으며, 1965년에 기독교농민학원 여자부를 분리해 기독교여자농민학원 원장을 지냈다. 또한 「농민생활」에 농촌 계몽에 관련한 글을 꾸준히 실었다.[53] 배민수 목사는 평양 숭실학교 출신으로 3·1운동 이전에 동문들과 '조선국민회'를 조직하여 민족운동을 펼치며 항일독립 정신을 고취한 인물이다. 1918년 조선국민회가 발각되었을 때에는 중심인물 12명에 포함되어 3년형을 받기도 했다.[54] 그는 미국에서 박사학위를 받았기에 '목사'보다 '박사'로 불렸다. 1930년대 중반에는 1929년 장로교 총회 농촌부가 시작한 농촌운동을 이어받아 총무로 일하며 농촌선교정책의 중요성을 강조했고[55] 전국 곳곳에 '예수촌'을 만들어 기독교 왕국을 건설함으로써 해묵은 관습을 타파하고자 힘썼다.[56] 1954년 숭실대학교가 서울에 재건될 때에는 법인 이사장을 맡기도 했다.

특별히 배민수 목사는 "남을 살려야 내가 산다."라는 일념으로 살아갔다. 그래서 공동체의 원리이기도 한 '함께'를 강조했다. 이러한 그의 신념은 1958년 1월에 기독교농민학원 원장으로서 농촌지도자를 독려한 다음 글에서 엿볼 수 있다.

> 본 농민학원에서 남녀 지도자를 양성하는 목적은 한국 농촌을 교화하기 위하여 상호부조와 자력갱생운동을 하는 데 있습니다. 그리하여 우리는 정치, 경제, 사회생활을 신앙화하고, 그리스도의 사랑을 실천하기 위하여 농사를 개량하고, 부업을 장려하여 협동조합의 조직 운영, 의식주 생활 개선, 위생 확보, 폐풍교정(弊風矯正), 4H농촌소년소녀운동 또는 체육, 음악, 오락 등을 훈련하여 남한 각도 4만 5,000부락에 남녀 지도자 2인씩 들어가게 함으로써 그 농촌 부락을 부흥, 발전시키려는 것입니다.[57]

배민수 목사는 이런 신앙으로 무장하여 기독교연합봉사회에 몸을 담으면서 동역자로 토레이 2세 선교사를 꼽았을 것이다. 여기에는 서인근 선교사와 킹스베리 선교사를 포함할 수 있겠다.[58] 토레이 2세 선교사는 앞서 언급한 대로 수족절단자 직업교도원을 맡고, 서인근 선교사와 킹스베리 선교사는 농사와 축산에 관여했다. 배민수 목사는 1958년 2월에 열린 실행위원회의에서 농민학원 기숙사 사감 겸 교무를 맡아볼 직원으로 당시 전남 영광에 있던 수원농대 졸업생 김준 씨를 채용하자고 건의했고, 실행위원회는 이를 받아들였다.

한편 배민수 목사와 기독교연합봉사회의 관계는 순탄하지만은 않았던 것 같고, 그가 소천한 후 가족이 연세대학교에 재산을 기증한 건은 아직까지도 의문으로 남아 있다. 이는 조심스럽게 다루어야 할 내용이라고 생각하기에 이 책에서는 드러난 사실 중심으로 기술하겠다. 먼저 『기독교연합봉사회 50년사』를 보면 기독교연합봉사회와 배민수 목사 사이에 갈등이 있었던 것으로 보인다.

> 1964년 무렵 농민학원의 사상적 뿌리였던 배민수 목사는 기독교연합봉사회 농촌사업부 내의 갈등으로 시련을 겪게 된다. 그는 1962년에 미국을 방문하여 1964년 귀국했는데, 이 기간 동안 기독교농민학원 운영을 맡았던 일부 인사들이 배민수 목사에게 농민학원 원장직 사퇴를 요구하고 나섰다. 그는 이에 승복할 수 없었고, 결국 농민학원을 남과 여로 분리하여 여자부(기독교여자농민학원)를 맡는 것으로 타협을 보았다. 배민수 목사는 1953년부터 1964년까지 기독교농민학원 원장직에 있으면서 학원을 위하여 심혈을 기울였으며[59] 이후부터는 기독교여자농민학원 원장직을 맡아서 일했다.[60]

배민수 목사가 기독교연합봉사회와 갈등을 빚은 이유는 자세히 알 수 없다. 다만 기독교농민학원 운영과 관련하여 의견을 조율하는 데 어려움이 있었으리라 추측할 뿐이다. 기독교연합봉사회 이사회 회의록, 실행위원회 회의록, 실행위원과 7인 특별위원회 연석회의 회의록을 보면 기독교연합봉사회 기구 개혁에 관해 이사회와 배민수 목사 간 이견이 컸음을 알 수 있다. 다음은 1964년 1월 기독교연합봉사회 이사회 회의록의 내용이다.

> 농민학원장 배민수 박사는 기구 개혁이 이대로의 결정이라면 본인은 본래대로 돌아가고 봉사회는 봉사회대로 할 수밖에 없다고 발언함. 이 사건도 별도의 위원에 맡겨서 배 원장과 협의하게 하되 임시 총회가 필요하다면 곧 모이는 한이 있더라도 속히 처결해야 한다는 이기혁 목사의 동의로 가결함.

배민수 목사와 이사회 간 갈등을 보여주는 장면이라고 하겠는데, 배민수 목사가 쉽게 물러나지 않았으리라고 짐작할 수 있다. 이후 7인 특별위원회 회의, 실행위원회 회의, 7인 특별위원회 연석회의가 열려 배민수 목사를 기독교농민학원 명예회장으로 추대하고 여자부를 분리하기로 결정했다.[61] 이 일로 인해서 1964년 3월에 열린 기독교연합봉사회 임시 이사회 회의는 1965년부터 실시할 예정이던 기구 개혁을 앞당겨 당해 연도에 실시하기로 잠정적으로 가결했다.

1968년 8월에 배민수 목사가 소천한 뒤 기독교여자농민학원 원장직은 고인의 부인 최순옥 여사가 맡았고, 1972년 11월 기독교여자농민학원은 경기도 일산으로 자리를 옮겼다.[62] 일산으로 옮긴 기독교여자농민학원이 당시 어느 정도의 토지를 연세대학교 측에 헌납했는지는 정확히 알 수

대전에 있을 당시 기독교여자농민학원의 여성들(1960년대 중반)

없으나 2023년 현재 연세대학교 삼애캠퍼스(경기도 고양시 일산동구 중산동) 안에는 삼애교회와 배민수기념전시실이 있다. 다음은 배민수 목사 소천 50주기 기념행사를 취재한 기사 중 일부이다.

> 1954년 대전에 15만 평의 농지를 마련하여 농업 지도자를 양성하는 기독교농민학원과 1964년 기독교여자농민학교를 설립하고 운영했다. 1968년에는 고양군 일산에 5만 6,000여 평의 농지를 마련하여 우리나라 최초의 과수원에 실습 농장인 삼애농업기술학원을 설립했고 그해 8월 25일 향년 72세로 별세했다. 이후 이 땅은 연세대에 농업개발원이 있다는 이유로 유족들의 결정에 따라 연세대학교에 기증돼 오늘에 이르고 있다.[63]

이 기사는 앞의 내용과 달리 배민수 목사가 기독교농민학원과 기독교여자농민학원을 설립하여 운영한 것으로 소개한다. 어찌되었든 배민수 목사는 4년 후 5만 6,000평(경기도 고양군 일산에 있는 농지)에 이르는 자산을 기독교연합봉사회에서 회수해 독립했고, 여자 전용이 아닌 삼애농업기술학원을 설립한 직후 소천한 것이다. 이후 배민수 목사의 유족과 연세대 측은 이 토지를 놓고 갈등을 빚었는데, 다음은 이와 관련한 기사이다.

> 배 목사가 남기신 자산은 급등하지만 그의 뜻은 구현되지 못하고 있다. 따라서 앞으로 배 목사의 정신을 잇는 사업들이 나와야 할 것이다. …이런 가운데 작년 10월 초 연세대 연합신학대학원 게시판에 '삼애 배민수 목사 기념사업'이라는 제목의 공고가 게재되었다. 배 목사가 기증한 일산 부지에 삼애아파트를 건설하여 교육 및 학술 기금을 확보한다는 내용이었다. 우려했던 일이 현실로 다가오고 있는 것이다. …우리 교단이 이 문제에 관심을 갖는 것은 고 배민수 목사의 유지를 잇는 삼애재단 이사회와 유족들이 배민수 목사 기념사업에 관한 권한 일체를 본 교단에 위임했기 때문이다. 또 연세대가 기증자의 취지대로 기념사업을 하지 않아 그의 유언이 17년 동안 시행되지 못하고 있기 때문이다.[64]

1968년 배 목사의 재산이 연세대에 기증된 이후 50여 년이 지난 2019년, 교단과 학교 측은 분쟁 중이다. 여기서 '우리 교단'은 대한예수교장로회통합을 일컫는데, 연세대와 동복형제라고 할 수 있다.[65] 왜 이런 일이 벌어졌을까? 애초 이 재산은 어떻게 마련된 것이고 어떻게 쓰여야 "하나님이 보시기에 좋았더라"라는 칭찬을 받을 수 있을까? 배민수 목사가 집안에서 물려받은 재산이 아니라면 미국 집회를 수차례 다니면서 모금한

게 분명하다. 그렇다면 이 재산은 하나님의 것이므로 당연히 그 용도에 지극히 합당하게 쓰여야 할 것이다.

이런 사례는 사실을 확인하여 매우 조심히 다루어야 하고, 나아가 이를 반면교사로 삼아 기독교연합봉사회를 운영하는 데 참고해야 할 것이다. 이러한 상호 분쟁의 실상은 선교사들 간 관계에서도 별반 다르지 않았는데 이는 선교사역이라는 특수한 성격에 따른 것이라 할 수 있다. 가령 "누가 과연 하나님의 진정한 일꾼인가?" 하는 식의 자격 논쟁이 다툼, 분열로 발전하는 것이다. 감리교 선교회 맥길과 스크랜턴, 장로교의 의료선교사인 알렌과 헤론(John W. Heron) 사이에 있던 갈등을 살펴보면 이런 점이 분명히 드러난다.[66] 이들 갈등의 본질을 들여다보면 선임자와 후임자 사이의 긴장, 영향력 경쟁 등이었다고 볼 수 있다. 그래서 성서는 다음 구절을 강조하는지도 모르겠다.

> 사랑은 오래 참고 사랑은 온유하며 시기하지 아니하며 사랑은 자랑하지 아니하며 교만하지 아니하며 무례히 행하지 아니하며 자기의 유익을 구하지 아니하며 성내지 아니하며 악한 것을 생각하지 아니하며 불의를 기뻐하지 아니하며 진리와 함께 기뻐하고 모든 것을 참으며 모든 것을 믿으며 모든 것을 바라며 모든 것을 견디느니라(고전 13:4-7)

한편 기독교연합봉사회는 1981년에 대전시 중구로 이전하여 오늘에 이르고 있다. 특히 서인근 선교사가 한국을 떠난 1989년까지 이 회관은 기독교연합봉사회가 실시하는 각종 사업에 적절히 재원을 제공했다.

서인근 선교사의 초기 활동과 기독교농민학원의 기반

서인근 선교사의 초창기 활동은 기독교농민학원이 문을 열면서 함께 시작되었는데, 매우 힘든 시절이었다. 기독교농민학원은 1950년에 기독교복음농민학교라는 이름으로 시작되었고 1954년이 되어서야 체계적인 교육이 가능해졌다.[67] 즉 단기로는 3주, 장기로는 3개월(여자)과 9개월 과정이 운영되었다. 혹자는 서 선교사가 토레이 2세 선교사가 이끌던 수족절단자 직업교도원 사업에 관여했다고 하지만 기독교연합봉사회 이사회의 회의록에 그런 기록이 없는 것으로 보아 그는 오직 기독교농민학원 운영에 전념했던 것 같다.

서인근 선교사가 한국에 들어와 사역을 시작할 무렵에는 선교사와 함께 활동하는 한국인도 제법 늘어나면서 사회의 모습이 달라졌다. 예컨대 미국 남장로교 선교부가 공동묘지로 쓰이던 광주 양림동의 언덕을 사들였는데, 이곳은 대부분 시신을 매장하지 않고 나무 위에 걸어놓는 풍장(風葬)을 치렀기 때문에 대낮에도 사람들이 좀처럼 다가가지 않는 죽은 자의 땅이었다. 하지만 선교부의 매입 후 죽은 자의 땅이 산 자의 땅으로 바뀌었다.[68] 이는 선교사들이 기독교의 인간관을 확실하고 분명하게 전했기에 가능한 일이었다. 기독교의 인간관에 따르면 사람은 신의 피조물로, 그분의 은총과 구원이 절실한 죄인이다. 이와 관련하여 칭(Julia Ching)[69]의 주장을 들어보자.

> 성경에서 인간은 항상 전체적 존재로 묘사된다. 인간의 '마음'은 지성과 의지와 감정을 가지고 있다. 인간은 영혼과 몸이 이원적으로 분리되지 않은,

일원적인 존재이다. 인간은 역사의 주인인 신과 계약을 맺은 동반자이고, 가족이나 종족과 같은 관계 안에서 함께 공존한다. 그리스어로 몸은 소마(soma), 영혼은 프뉴마(pneuma)이다. 사도 바울에게 소마나 프뉴마는 형이상학적인 원리가 아니라 살아 있는 나, 즉 '전체적' 인간을 대표하는 인간의 한 '부분'을 의미한다.[70]

서인근 선교사는 매우 검소한 일상을 살았고, 농장 운영에 필요한 재원을 미국으로부터 지원받을 방안을 고민했다. 기독교농민학원의 부원장으로서 재정 부문을 총괄하고 있었기에 원장인 배민수 목사와 자연스럽게 동역 관계를 맺어가며 자금을 확보하고자 미국의 상황을 주시했다.

서인근 선교사의 사역 모습을 몇 가지 짚어보면 다음과 같다. 우선 그는 한국 사회에 깊이 녹아들어 헌신했다. 이는 복음이 함께했기 때문일 텐데, "복음의 능력이 사람을 변화시킨다는 사실과 인종 혹은 문화의 차이를 극복한 그리스도인들 간의 격의 없는 친교를 체험했다."[71]라는 헌트 선교사의 증언이 이를 뒷받침한다. 특히 서인근 선교사는 기독교농민학원의 설립과 운영에 적극 참여했다. 그는 일상을 검소하게 꾸리며 어떻게 해서라도 기독교농민학원에 힘을 보태기 위해 애를 썼다. 예컨대 1년간 안식년을 보내고 1959년에 돌아온 길에 재봉틀 한 대와 전화기를 구세군의 후생학원에 제공했다.[72] 이것이 서인근 선교사가 보여준 잔잔하면서도 속 깊은 사랑일 것이다. 실제로 기독교농민학원의 부지는 배민수 목사가 마련했지만 이후 운영에 필요한 재정은 서인근 선교사가 도맡았다.

덧붙여 그는 주변에 드러나지 않게 일을 했다. 지라르(Rene Girard)[73]에 의하면 대부분 사람들은 눈에 보이지 않는 하나님으로부터의 영광보다 인간에게서 나온 영광을 선호하고, 인간의 영광은 군사, 정치, 경제, 스포츠, 성, 예술, 지성, 세상 권력으로 이루어진 모방적 경쟁 관계에서 이기는 것이 핵심이다.[74] 서인근 선교사는 바로 이러한 '세상 것'을 넘어서 신앙으로 무장된 사람이었다. 끝으로 서인근 선교사의 사역은 말씀을 중심으로 이뤄졌기에 기독교농민학원은 철저히 삼애 정신을 바탕으로 운영되었고 그 열매가 전국의 농촌지도자들에게 나타났다. 이런 실상은 당시 기독교농민학원이 실시한 강습회를 통해 확인할 수 있다. 실제로 1954년 12월에 열린 농촌지도자 양성반 수료생들은 농민생활사가 주최한 좌담회에서 다음과 같은 소감을 발표했다.[75]

> 농민학원은 농군을 양성하는 군대 양성소와 같다. 여기서 배운 군법을 가지고 싸워보다가 안 되면 내년에 다시 올 작정이다.(충남에서 온 서원종)

> 나는 진도에서 혼자 왔다. 책임이 중함을 느낀다. 학교, 금융조합, 우체국 등 여러 기관이 있으나 실행으로 보여주는 곳이 없었다. 다만 몇 사람이라

제1기 전국농촌지도자 강습회 참석자(1954년)

도 붙잡고 가르쳐보겠다.(전남에서 온 정두실)

동생은 현재 미국에서 화공과를 전공 중인데 학교를 마치고 귀국하여 통조림 공장을 시작할 예정이다. 나는 가축을 많이 길러서 그 원료를 제공할 생각이다. 이렇게 해서 남양 방면으로 수출시켜 외화 획득에 만전을 기하고자 한다.(서울에서 온 이순도)

낙망의 끝자리에서 희망을 발견했다. 한국의 엘리야(눈물의 선지자)를 발견했다. 기술을 배우고자 왔으나 정신적 교양까지 얻어 새출발을 하게 되었다. 교회 청년들이 도시로 떠나는 것을 막을 수 있겠나는 자신감이 생겼다. …공수로 왔다가 마치 황금을 안고 가는 듯하다. 예를 들면 류소(루츠) 박사의 공중 질소 이용 방법이라든지 김성제 선생의 삼천관 고구마 수확법 등은 꼭 실천해보겠다.(경북에서 온 박성도)

지금 내 나이 75세이니 큰일 못 하나, 속담에 소년은 손으로 하고 청년은 힘으로 하고 노년은 입으로 한다고 했으니 입으로라도 죽기까지 외칠 각오이다.(충북에서 온 박동표)

농촌지도자 양성반 수료생들의 처지는 다양했지만 이들의 각오는 동일했다. 먹을 것보다는 기를 것을 더 희망했고, 당장 눈앞의 이익을 쫓기보다 장기적인 꿈을 이루기 위해 성서 말씀을 따랐다. 서인근 선교사는 기독교농민학원을 유기적인 생물체처럼 여기며 섬겼고, 하나님의 역사로 봉사자들이 조직되어 운영되었다. 이는 서인근 선교사와 배민수 목사가 동일한 신앙의 가치를 바탕으로 함께했음을 보여주는 것이라 하겠다.

5장

농촌지도자를 기르며

1961-70

또 새 영을 너희 속에 두고 새 마음을 너희에게 주되
너희 육신에서 굳은 마음을 제거하고 부드러운 마음을 줄 것이며
또 내 영을 너희 속에 두어 너희로 내 율례를 행하게 하리니
너희가 내 규례를 지켜 행할지라

– 에스겔 36:26-27

1960년대에 들어와 서인근 선교사는 농촌지도자를 기르며 사역의 새 전기를 맞이한다. 이 시기를 특정한 이유는 1961년에 서인근 선교사가 월간지 「농민생활」을 총괄하는 동시에 기독교농민학원의 획기적인 변화를 꾀했고, 1971년에 기독교연합봉사회가 재단법인에서 사회복지법인으로 바뀌었기 때문이다.[1]

1965년부터 재정 여건으로 인해 기독교연합봉사회 조직이 변화를 겪기도 했다.[2] 이는 기독교연합봉사회의 사업이 확장되면서 재정의 어려움이 발생했기 때문인데, 뒤에서 자세히 살피겠지만 당시 재벌 중심의 경제성장뿐 아니라 정치 상황의 영향도 있었으리라 생각한다.

어려운 시기임에도 서인근 선교사의 활동은 결실을 맺기 시작했다. 특히 그는 미국에서 재원을 끌어오는 데 앞장서며 기량을 발휘했다. 이런 가운데 주변에는 협동조합이 만들어져 여러 사업이 자리를 잡아갔다. 서인근 선교사가 주축이 되어 농민을 위한 월간지 「농민생활」이 발행되면서 HPI를 통한 가축대부사업이 확장되고, 신용협동조합운동이 펼쳐졌다. 이뿐 아니라 기독교농민학원이 농촌에 절실한 지도자를 훈련함으로써 한국 농촌의 모델이 만들어지고 있었다.

서인근 선교사는 차별을 배제한 바울의 인간관을 내세웠는데, 이는 누구나 예수의 십자가와 부활 사건을 믿고 자신의 죄를 고백하면 새롭게 태어날 수 있다는 사실을 보여주는 것이었다. 더불어 그는 받은 은혜를 남에게 나누어주는 것이 그리스도인의 사명이요, 전도자의 임무임을 강조했다.

1960년대 사회상과 한국교회

1960년대 한국 사회는 해방과 전쟁을 거치면서 매우 불안정했다. 우선 정치적으로 살펴보면 1960년에 4·19혁명이 일어나고 이듬해인 1961년에 박정희의 주도로 5·16군사정변이 있었는데 이는 또 다른 독재와 정경유착의 시발점이 되었다. 박정희 정부가 1961년에 시작한 제1차 경제개발계획에 따라 공업화와 수출산업 중심의 경제 발전이 이뤄지고 1970년에 경부고속도로가 개통되었다. 경제개발계획은 어느 정도 성과를 냈지만 소수의 재벌만 특혜를 누릴 뿐 노동자에게는 충분한 보상이 없었다. 이런 실상은 1970년 평화시장에서 일어난 노동자 전태일의 분신 사건에서 드러난다.

1962년에 가족계획이 실시되고, 1963년 서독에 광부가 파견되고 1964년 베트남에 군대가 파병되었으며, 특히 1962년 이후 산업화 과정에서 이농으로 인한 농촌의 공동화와 인구의 도시 집중화가 이뤄지면서 사회구조에 큰 변화가 일었다. 이뿐 아니라 사람들의 의식과 가치관도 크게 달라지면서 서인근 선교사의 농촌사역과 교회에 적지 않은 영향을 미쳤다. 농촌 교회는 농민 감소로 점점 자립이 어려워질 만큼 퇴보한 반면 도시 교회는 몰려드는 사람들로 인해 급속히 성장했다.[3]

한편 선교사들을 통해 서구 문화가 전반적으로 유입되었는데 대표적인 예가 영어 학습 열풍이다. 이는 영어를 배우려는 한국인과 한국어를 배우려는 선교사의 욕구가 맞아떨어진 현상이라고도 볼 수 있다. 예컨대 1960년대 이전부터 랜디스(Eli Barr Landis) 선교사는 낮에는 병원에서 분주하게 일하고 저녁에는 아이들에게 영어를 가르쳤는데, 약 40명의 학생을 네 반으로 나누어 매일 저녁 5시부터 8시까지 일주일에 6일을 8년 동안 그렇게 했다.[4]

대체로 선교사들은 사랑방에서 영어 수업을 진행하면서 영어를 배우려는 한국인들의 열망을 통해 복음의 씨를 뿌렸다.[5] 또한 한국인이 서구의 의학을 공부하려면 영어를 배워야 한다고 강조하기도 했다.[6] 선교사들은 일반적으로 한국의 문화나 풍습이 손상되지 않기를 바랐기에 제사를 제외하고는 복음에 위배되지 않는 한 한국인의 전통을 존중했다.[7] 요컨대 초기 서양 선교사들은 복음을 전하는 동시에 문화 전파자의 역할도 했다.

1960년대 한국교회의 사정은 어떠했을까? 평신도운동이 한국교회의 신학적 배경을 형성한 것은 1960년대에 들어서면서이다.(1963년 「기독교사상」은 평신도 운동에 관한 특집을 마련했다.) 아울러 이 시기에 토착화 신학이 물결을 이루었다. "모든 신학은 그 신학이 위치한 곳에서 그 시대가 제기하는 문제에 답을 시도해야 한다."[8]라는 신념에 부응한 현상이라고 하겠다.

1962년 윤성범은 「기독교사상」에 "현대신학의 과제, '토착화 문제'"를 기고했고, 1963년에는 전경연과 유동식이 신앙과 문화의 양면성과 불가분성으로 논쟁을 벌였다.[9] 자유주의 신학자들은 1962년부터 기독교 토착화에 대한 논의를 제기했는데, 한국교회와 신학의 정체성을 모색한다는 취지였으나 대부분 보수주의 교회 지도자들은 이를 이질적인 신학 이론으로 여겨 거부했다.[10]

1960년대에 기독교의 토착화를 긍정적으로 보는 입장의 신학자들은 두 부류로 나눌 수 있다. 하나는 복음을 한국적으로 새롭게 해석하는 이들이고 다른 하나는 기독교를 문화적인 영역에 국한하여 보는 이들이다. 윤성범, 유동식, 김광식이 전자에 속하고 김정준, 이종성, 한철하, 홍현설 등이 후자에 속한다.[11] 후자에 속한 신학자들은 한국의 역사와 문화를 제대로 이해하기 위해 한국의 문화와 전통의 기반이 되는 무속, 유교, 불교, 천도교 같은 전통 종교를 참고해야 한다고 주장한다.

토착화 신학자들은 한국적 신학의 특수성을 추구한 나머지 이단 종파 운동에 대해서는 신학적인 비판을 제대로 하지 못하는 약점을 드러냈다. 나아가 이단 종파의 잘못된 가르침에 대하여 기독교를 변증하려고 하지도 않았다. 그들은 기독교 진리를 보수하고 변증하려는 동기에서 형성된 전통 교회의 신앙고백을 존중하지 않는 까닭에 이단 종파 운동을 비판할 수 있는 규범을 상실한 것이다.[12]

그러면 일제강점기 선교 상황에서 벗어난 서인근 선교사 활동의 특징은 무엇일까? 무엇보다도 그는 한국인 목회자와 함께 활동했다. 이는 외국에서 들어오는 선교사의 규모에 영향을 미쳤고 더불어 교회가 성장하는 데도 큰 계기를 마련했다. 실제로 한국교회는 20세기 세계 선교 역사의 기적이라고 불릴 만큼 폭발적인 신도 증가의 역사를 경험했는데, 1960년 60만 명에서 1970년 300만 명, 1980년 600만 명, 1990년 1,000만 성도로 급성장했다.[13]

고난 속에 선한 청지기로서 자리 지킴

선교사들은 한국에서 활동하는 데 필요한 재정을 그들의 본국에서 끌어와야 했다. 파송될 때부터 자국 후원자의 재정적 뒷받침이 있었기에 당연한 현상인데, 이는 서인근 선교사가 활동하기 전부터 그러했다. 서인근 선교사는 재정적인 어려움 속에서 쉼 없이 기도하고 나아가 그리스도의 사랑 안에서 연합하며 영성을 발휘했다.

선교를 후원하는 사람들은 대체로 중산층이었고 그중에서도 중산층 여성들이 재정을 비롯한 여러 측면에서 선교에 아낌없이 헌신했다. 이러한 헌신의 가장 큰 수혜자는 선교단체였다. 미국의 선교사 지원과 관련하여 이해하고 넘어갈 것이 있는데, 바로 '해외선교학생운동'(Student Volunteer Movement for Foreign Missions, SVM)이다. 이 운동의 집회와 자원자의 특징은 한국에 온 미국 선교사들에게서 쉽게 발견된다. 그 구체적인 사례가 있어 소개한다.

> 1891년에 베어드 부부가 선교사로서 우리나라에 들어온 것은 맥코믹신학교 시절 D. L. 무디에게 받은 영향 때문이다. 당시 해외선교학생운동(SVM)의 영향이 매우 커서 동급생 중 네 명이 조선의 선교사로서 왔는데 마페트, 기포드 등이었다. 그들은 "모두 다 가자, 모두 다에게로"라는 구호 아래 조선으로 향했다.[14]

평신도 설교자인 무디는 청년의 해외 선교지로서 아시아와 조선에 관심을 두었다. 베어드(裵偉良, William Martyn Baird) 선교사는 평양에 지금의 숭실고등학교와 숭실대학교의 전신인 숭실학당을, 마펫 선교사는 평양 장로회신학교를 설립했고, 기포드(Daniel L. Gifford) 선교사는 내한 초기에 언더우드 선교사의 새문안교회 설립을 도왔다.

한국에 들어온 미국 선교사들이 공통적으로 보여준 신학적 보수성과 개인 구원에 대한 절대적 관심은 사실상 해외선교학생운동의 기본 특성이기도 하다. 이보다 더 중요한 해외선교학생운동의 특징으로는 성서 중심, 부흥회, 감성적 성경공부, 경건주의, 개인 전도를 들 수 있다.[15] 물론 여기에는 눈으로 확인할 수 없는 하나님의 힘이 전적으로 작용했고 평신도선교운동(Laymen's Missionary Movement, LMM)의 영향도 있었다.

이런 가운데 서인근 선교사는 기독교연합봉사회에서 사역을 시작하며 재정 압박을 강하게 받았다. 그 압박은 크게 사업의 확장과 농촌의 관개시설(灌漑施設) 개선이라는 두 가지 과제 때문이었다. 한국에서의 생활문화적 차이와 농민의 시민의식 부족 등으로 그가 겪는 고생은 입에 올릴 수도 없었다. 기독교농민학원과 농장 그리고 후생학원을 포함한 영아원과 요양원 등 기독교연합봉사회의 사업은 점점 확장되어갔다. 예컨대 1955년에 3명으로 시작한 영아 수는 1965년에 178명으로 늘었고,[16] 1960년대 중반 기독교연합봉사회의 자립 운영도는 50.8퍼센트였다.[17] 이런 사실은 기독교연합봉사회 이사회의 실행위원회 회의 자료와 사업보고서에 나타나 있다.

한편 관개시설의 절대적 부족으로 가뭄이 들 때마다 농민들은 하늘을 의지하는 수밖에 없었다. 『한국민족문화대백과사전』에 의하면 1962년부터 1966년까지 우리나라 전체 수리안전답 비율은 42-43퍼센트 수준이었다. 또한 1970년에서야 정부가 토지개량조합을 농지개량조합으로 바꾸고, 토지개량조합연합회와 지하수개발공사를 통합한 농업진흥공사를 발족시켜 전천후 농업용수개발사업과 대단위 농업종합개발을 추진했다. 여기에 드는 비용은 수리개발자금과 차관자금으로 뒷받침했다. 이런 처지에서 기독교농민학원 출신의 농촌지도자는 농사에 전념하기보다 가축에 눈을 돌리고, 하나님께 기도하며 의지할 수밖에 없었을 것이다.

서인근 선교사를 '자원 동원의 귀재'라고는 할 수 없지만 미국을 비롯한 해외에서 자원을 끌어들이는 데 탁월한 역량을 발휘했다. 우선 자원이 그를 따라왔는데 이는 하나님의 은혜와 더불어 그의 타고난 성품의 영향이 컸을 것이다. 또한 상세한 보고서에서 엿볼 수 있듯 그는 탁월한 설득력을 갖추었다.

농민생활사 사장 역임과 농업 경영의 합리화

서인근 선교사는 1961년에 농민생활사의 사장으로 취임한 뒤 1964년에 「농민생활」 발행을 총괄하기 위해 대전으로 옮겼다. 당시 그는 잡지 발행의 3대 방침으로 (1) 책상 위에서가 아니라 현장 취재를 통한 기사 작성, (2) 학자의 글에서 농민의 글, (3) 도시가 아니라 농촌 중심의 잡지를 내세웠다.[18] 이는 농업경제학 전공자다운 경영 철학이라고 하겠다. 이에 앞서 서인근 선교사는 이런 의지를 「농민생활」(1964년 1월호) 별지에 다음과 같이 설명했다.

> 실습지 없는 농업학교가 오늘의 무능력한 농업인을 만드는 일이 많습니다. 또 현장에서 취재하지 않고 책상 위에서 작성한 기사가 헛된 이론만 알리는 경우가 많습니다. 이에 작물, 원예, 축산, 가공 등의 실습과 총 면적 15

만 평의 실습지를 이용한 실험 실습에 의지하여 기사를 만들어 싣고 그 연구의 실적을 여러분과 함께 깨우쳐가기를 원하는 것입니다.[19]

이는 서인근 선교사가 농촌지도자를 기르는 신념이라고도 하겠다. 관념적 주장과 실제적 활동을 구별해야 한다고 할 때, 신학자는 목회를 경험해봐야 하고 목회자는 신학적 입장에서 연구를 멈춰서는 안 된다.

여기에서 서인근 선교사가 활동하던 1960-70년대 한국교회 목회자의 실상을 살펴보도록 하자. 우선 권위주의가 매우 강했을 것으로 추측한다. 대체로 목사들은 박사학위를 받아 교회 안에서는 목사로, 교회 밖에서는 박사로 불리고 싶어 했는데 이런 사실은 목회자 아버지를 둔 딸의 다음 증언에서 확인할 수 있다.

윤성범은 신학대학교의 교수로 있으면서 그의 책상 위에 '목사 윤성범'이라는 명패를 두었고, 흔히 볼 법한 '신학박사 윤성범', '교수 윤성범', '대학원장 윤성범'이라고 하지 않았다. 그럼에도 대부분 목사가 '목회학박사'라고 했다는 것이다.[20]

한편 서인근 선교사는 농민생활사 사장을 역임하며 농업 경영의 합리화를 강조했는데 이는 그가 한국에 들어오기 전부터 부르짖던 것으로, 특히 그가 「농민생활」에 여러 차례 기고한 글을 통해 확인할 수 있다.[21]

(1) 자기의 논밭에서 가꿀 수 있는 작물별로 그리고 부업으로 도입할 수 있는 가축이나 화훼 기타 등을 고려하는 동시에 자기의 영농자금과의 관계를 따져서 그 면적을 책정할 것은 물론이지만 자기의 기술과도 타

합하여야 하며 지난해 시장물가 변동도 머리에 두어서 안전하고도 수지가 맞는 작물로 적지에 심는 일이 있어야 하겠습니다.(1962년 1월호)

(2) 해마다 되풀이되는 말 같지만 과학이 발달된 오늘날에는 무슨 일이든지 그 일에 앞서 계획을 수립하지 않고서는 소기의 목적을 달성할 수가 없다. 농업에서는 더욱 그러하다. 왜냐하면 농업이란 일반인이 갖고 있는 관념과는 천양지차인 산업이기 때문이다. …그러니 우리는 옛말대로 농사는 천하지대본이라는 긍지를 가져야지 누구나 할 수 있는 일, 무식한 사람이나 하는 일이라고 일반이 부르는 그러한 농민이 되어서는 안 되겠고 그러기 위해서 이해의 영농부터 과학적인 근거 밑에 설계를 세워야 하겠다.(1963년 1월호)

(3) 우리 기독교연합봉사회는 십여 년간 기독교농민학원을 통해서 수많은 농민을 건실하게 길러내고 있으며 15만 평의 넓은 농장에서 논농사와 밭농사를 실제 실험, 연구하고 있고 목장과 가축센터가 있어 젖소를 비롯한 여러 가지 가축을 기르고 있으며 과수원, 통조림 가공 시설 등이 완비되어 있으므로 우리 한국 농민이 앞으로 살아갈 길을 애써 연구하고 있다고 생각되므로 이러한 환경 속에 우리가 묻혀서 일한다는 것은 퍽 실감이 나는 일이기도 하여 그 뜻이 많다고 보는 것입니다.(1965년 2월호)

(4) 한 마을을 지나가는데… 가파르게 생겼으나 높지 않은 산에는 나무들이 울창하게 서 있고, 길가의 논에는 보통 벼의 뒷그루로 심는 보리가 파릇파릇 봄의 생기를 받아 자라고 있는가 하면, 한편에서는 보리 바로 옆에, 마늘과 양파를 재배하고 있는 논이 여기저기 보였다. …지금으로부터 10년 전, 6·25전쟁의 상처가 아물지도 못하고 농촌에서는 젊은 일군이 모두 싸움터에서 미처 돌아오지 못했던 시절, 나는 처음

으로 농업선교사로서 한국 땅을 밟았고, 그 당시에는 채소 농사를 전문적으로 짓는 농가도 별로 찾기 힘들 무렵이었으므로 지금 마을에서 볼 수 있는 이러한 조그마한 변화들은 나를 놀라게 만들기도 한 것이다.(1966년 10월호)

(1)은 "경영의 합리화를 꾀하자"라는 제목으로 낸 글로 농산물을 재배하는 것도 중요하지만 판로를 정확히 파악해야 함을 강조하고 있다. (2)는 "계묘년 새해를 맞이하여"라는 제목의 글로 농사에 임하는 태도가 과학적이어야 함을 알리고 있다. (3)은 "농민생활사 이전에 즈음하여"라는 제목의 글로 농작물 재배에서 가공까지 나아간 사례를 소개한다. (4)는 "착실하게 살아가는 사람들"이라는 제목의 탐방기 시작 부분으로, 지난 10년간 변화된 농촌의 모습을 보여준다.

이처럼 서인근 선교사의 주장이나 생각은 그가 어려서부터 부모의 농장 경영을 접하고 대학교에서 농학을 전공한 경험에 기반하고 있다. 특히 그는 농민생활사 사장이 되어 농사에 관한 자신의 의견을 한층 더 강하고 빈번하게 표출했을 것이다. 서인근 선교사는 농업 경영의 합리화를 위해 구체적으로 어떤 일을 하고 또 어떤 어려움을 겪었을까? 관련 문헌을 살펴보며 몇 가지를 추정해볼 수 있다.

첫째, 그는 비 오기를 비는 기우제 같은 제사를 막거나 농사에 필요한 물을 사전에 마련하려고 노력했을 것이다. 서인근 선교사는 농촌 사역을 하면서 기우제 지내는 것을 더러 목격했을 것이다. 그러면서 이런 제사야말로 덜 깨인 사람들의 행위로 보고 가뭄에 대처할 수 있도록 방죽이나 저수지처럼 물을 가두어두는 시설을 강조했을 것이다.

둘째, 농사나 축산에 필요한 기계를 과감하게 도입하고, 특히 축산을 위한 위생 시설을 갖추기 위해 노력했을 것이다. 미국처럼 기계화를 구현하지는 못해도 발전된 농기계 사용을 장려하고, 축산에 필요한 기구와 시설을 마련했을 것으로 본다. 실제로 서인근 선교사는 통조림 공장의 설비를 미국으로부터 조달했다.

셋째, 서 선교사가 이러한 일을 추진하며 주민의 오해나 반대에 부딪힐 때 기독교농민학원 출신의 농촌지도자들이 중재자 역할을 감당했을 것이다. 이런 불협화 현상은 1950년대 중반 조선족이 사는 중국 변방에도 나타났는데, 기우제뿐 아니라 하늘을 노하게 하고 죽은 자의 묘를 파내야 한다며 마을 사람들 간 갈등이 표출되기도 했다.[22] 이렇게 쉽지 않은 상황에서 서인근 선교사는 신앙으로 대응하는 것을 잊지 않았다.

남다른 리더십

리더십은 조직이나 단체처럼 여러 사람이 함께하는 모임의 목적을 달성하기 위해 구성원을 일정한 방향으로 이끌어 성과를 창출하는 능력을 의미한다. 따라서 리더십은 필요한 자원을 확보하고 모임을 이끌어가야 하는 선교사에게 중요한 자질이라 하겠다.

실제로 서 선교사는 "사람이 없다, 사람이 없다."[23] 하는 아쉬움이 가득한 농촌 현실 속에서 기독교농민학원을 통해 묵묵히 농촌지도자를 길러냈고 이들은 나중에 목회자가 되기도 했다. 그는 교회가 인간적인 노력과 능력으로 세워지는 것이 아니라 오로지 주님에 의해 세워진다는 점을 기억하며 앞장서서 주도적으로 사역을 전개하기보다 주님의 동역자로 함께했다. 요컨대 사람을 키우는 것이 가장 큰 선교이고, 이들이 농촌을 대대로 지켜나갈 것이다. 이처럼 선교사들은 성서 번역, 교수, 선교 조직 운영, 찬송가 편찬, 교회 정치 위원 등 다방면에서 리더십을 발휘하며 선교를 진행했다.

서인근 선교사 또한 남다른 리더십으로 기독교농민학원 운영을 총괄했고, 농촌지도자들에게 지시하기보다 그들과 함께 일하고 베푸는 데 힘썼다. 반복하지만 기독교농민학원 졸업생의 결혼식에 교통 편의를 제공한 일화는 두고두고 농촌지도자들의 입에 오르내리고 있다. 그의 이러한 탈권위적이고 헌신적인 리더십은 청년들로 하여금 농촌에 관심을 갖게 했으며 특히 다음 네 방면에서 드러났다.

첫째, 그는 한 가정의 가장으로서 훌륭한 리더십을 발휘했다. 민주적인 가장의 모습은 굳이 선교사가 아니더라도 당시 시민의식을 갖춘 미국인이라면 지극히 자연스러웠겠지만 1960년대 한국 상황에서는 큰 반향을 일으킬 수 있었다.

둘째, 부서 책임자로서의 리더십이다. 그는 자신의 일을 남에게 떠넘기지 않고 묵묵히 정직하게 감당했으며 이는 직원들과 상호 신뢰를 쌓아가는 바탕이 되었다. 또한 여러 사업을 주관하면서 기독교연합봉사회 이사회는 물론 해외에 보내는 보고서도 꼼꼼하게 작성하여 성실한 리더십을 보여주었다.

셋째, 농촌지도자를 섬기는 리더십이다. 당시 농촌지도자를 섬기는 일은 쉽지 않았는데 왜냐하면 당시 농촌은 1960년대 정부의 저곡가 정책으로 인해[24] 청장년층의 농업 노동력 유출을 심각하게 겪었고 동시에 고리채로 큰 어려움 가운데 있었기 때문이다.

넷째, 대학이라는 교육 현장에서 총책임자의 리더십을 발휘했다. 서인근 선교사는 농촌지도자를 섬기며 익힌 리더십을 대학교에서도 그대로 발휘했는데, 이를 기리기 위해 목원대학교는 1999년 그에게 명예박사학위를 수여했다.

삼애 정신 실천과 오지 사랑

하나님을 사랑하고, 노동을 사랑하고, 농촌을 사랑하는 삼애 정신은 서인근 선교사가 활동하는 힘의 원천이었다. 비록 이 정신은 배민수 목사에 의해 선창(先唱)되었으나 서인근 선교사의 마음에 깊이 새겨진 믿음이라고 볼 수 있다. 배민수 목사가 기독교연합봉사회를 떠난 이후에는 서인근 선교사의 역할이 더욱 강화되고 그의 존재감도 커졌을 것이다. 어찌되었든 당시 농촌의 어려운 상황을 이겨내는 데 정신적인 바탕이 된 것은 삼애 정신이었다.

한편 삼애 정신이 굳게 자리를 잡을 수 있었던 것은 서인근 선교사의 보이지 않은 섬김에 힘입은 바가 크다. 서인근 선교사는 삼애동지회를 결성하는 데 힘썼을 뿐 아니라 회원들이 모임을 지속하도록 묵묵히 지원했다. 서인근 선교사의 활동이 더욱 확장된 것은 그가 펼친 오지(奧地) 사랑 때문이었다. 그는 오가는 길이 불편하고 머무는 곳이 누추해도 개의치 않았는데 이러한 태도는 훈련에 의한 것이기도 하지만 어느 정도 타고난 기질에서 기인하기도 했다.

서 선교사의 삼애 정신은 애농구국(愛農救國)의 정신과도 일맥상통한 면이 있다. 하나의 사례로 1958년에 설립된 충남 홍성의 풀무학교를 꼽을 수 있다. 풀무학교는 이찬갑이 풀무공동체를 설계하여 기반을 만들고, 이를 홍순명이 성장시켜 지금에 이르고 있다. 홍순명은 애농구국운동을 펼치며 그리스도인의 농업 사랑을 강조한 일본의 고다니 준이치(小谷純一)의 저술을 번역했는데, 그중 일부를 소개한다.[25]

> '사랑'이야말로 만물을 낳게 하는 하나님의 창조력입니다. 흙을 사랑하는 우리 농민의 애농 정신이야말로 이 한정된 좁은 국토에서 무한한 부를 낳는 원동력입니다. 사람을 사랑하여 땅 위에 밝고 살기 좋은 이상적 농촌을 건설하려는 우리 동지의 물러설 줄 모르는 용맹심이야말로 새로운 조국을 낳는 원동력입니다. 하나님을 사랑하여 하나님의 뜻을 땅 위에서 실현하기 위해 목숨을 터럭같이 가볍게 여기는 우리의 신앙심이야말로 인류 사회를 지상 천국으로 만들어 평화와 행복과 자유로 빛나게 해주는 원동력입니다.

풀무학교는 농업을 일으켜 나라를 세우려는 애농구국 정신이 발휘된 것으로 여기에는 기독교가 기반이 되었다. 이런 점에서 서인근 선교사의 삼애 정신과 풀무학교의 애농구국 정신은 크게 다르지 않다고 볼 수 있다.

가축대부사업과 HPI

기독교연합봉사회가 설립되고 기독교농민학원이 본격적으로 시작된 1954년 이전부터 가축대부사업은 꾸준히 실시되었다. 이후 1958년부터 젖소와 육우, 유산양, 오리, 닭, 토끼, 꿀벌 등이 김포공항과 부산항을 통해 국내에 보급되었다.[26] 특히 서인근 선교사가 1969년에 농림부 장관으로부터 표창장을 받으면서 이 사업은 더욱 확장되었다.[27] 당시 가축은 농촌에서 매우 귀했다. 농민이 생계를 꾸리기 위해 마지막으로 의지할 수 있는 대상이었는데, 왜냐하면 가축으로부터 고기는 물론 털, 젖, 가죽 등을 얻고 힘든 농사일에 가축의 힘을 빌릴 수도 있었기 때문이다.

여기에서 한 가지 짚고 넘어갈 일이 있다. 기독교연합봉사회가 HPI의 가축대부사업을 정확히 언제부터 했는지 확인하는 작업이 필요하다. 아울러 서인근 선교사가 HPI와 어떤 관계를 형성하며 가축대부사업을 실시했는지 살펴봐야 한다. 기독교연합봉사회 이사회 회의록, 실행위원회 회의록, 사업보고서 등에 의하면 기독교연합봉사회는 두 통로를 통해 가축대부사업을 실시했다. 하나는 기독교세계봉사회(CWS)[28]의 지원에 의한 것이고, 다른 하나는 HPI에 의한 것이었다.[29] 이와 관련하여 1968년 6월 기독교연합봉사회 연구위원회 실행이사회가 발표한 자료 일부를 소개한다.

> 본 사업은 한국 전란 후에 모든 가축의 수가 극소수로 감소되었던 1957년에 미국의 각 교회를 중심으로 한 특지가들의 협조와 웨슬리 트럭모턴 박사와 서인근 선교사의 적극적 노력에 의해 발족되어 1961년부터는 본격적으로 미국에서 보내주는 젖소, 산양, 돼지, 토끼, 면양을 받아 대부사업을 해오던 중 1963년부터는 대부한 가축의 수와 지역적 문제로 그 관리를 철저하게 하기가 곤란하므로 본회가 관장하던 한국 전역을 부산 지방(경상남북도), 대전 지방(전라남북도, 충청남북도, 경기도, 서울, 강원도)으로 분할 관리하여 대전 지방은 본회(기독교연합봉사회)가 관리해오고 있습니다. 이 사업을 위해 미국의 교우들과 기독교세계봉사회가 협조해주셔서 1961년부터 1968년 5월 말 현재까지 미국에서 보내온 가축을 받아 대부한 현황은 다음과 같습니다.

1961-68년 5월 가축대부사업 현황

종류	1차 대부	2차 대부	3차 대부	수량
젖소	192	95	12	299
산양	314	10	-	188(MC) 126(UCSC)
돼지	23	10	-	33
토끼	12	10	-	22
닭	1,500	1,500	1,500	4,500

이 자료에 언급한 '특지가'는 '독지가'일 것이고 HPI가 전혀 언급되지 않은 이유는 확인할 수가 없다. 다만 다른 자료에 간혹 'Heifer Inc.'라고 표기된 곳이 몇 군데 있는데 이는 HPI의 전신이라고 하겠다. 한편 연규홍은 HPI가 기독교세계봉사회를 통해 일률적으로 가축대부사업을 관장해 왔으나[30] 미국의 각 교회를 중심으로 한 독지가의 협조와 HPI의 총무인 트럭모턴(Wesley Throckmorton)과 서인근 선교사의 적극적인 활동으로 1961년부터 미국에서 가축(젖소, 산양, 돼지, 토끼, 면양)을 직접 받아 가축대부사업을 하게 되었다고 했다.[31] 따라서 "1961-68년 5월 가축대부사업 현황"은 HPI의 지원에 의한 것으로 보아야겠다. 아울러 이 무렵 한국 정부는 젖소 목장 지원사업을 정책적으로 추진했다.[32] 결국 HPI의 지원에 의한 기독교연합봉사회의 가축대부사업은 1961년부터 본격적으로 이루어졌고, 실제로 서인근 선교사는 1971년 HPI 측과 협정하여 HPI 한국 대표직을 맡아 HPI가 지원하는 한국의 가축대부사업을 총괄했다.[33] 이후 HPI 사업이 침체하면서 기독교연합봉사회는 1982년에 HPI 사업을 분리했다.

늦었지만 여기에서 HPI[34]를 소개하고 넘어가야겠다. 이 HPI에 관한 기존 문헌과 인터넷 백과사전의 내용이 다르게 나타나고 있는데[35] '위키백과'에 의하면 HPI는 대체로 HI로 불리는데 1944년에 푸에르토리코로 가축 17마리를 보내면서 HR(Heifers for Relief, 구제를 위한 가축)이라는 이름으로 시작했다. HPI 창설자는 미국 오하이오주의 농부 웨스트(Dan West)로, 그는 스페인 내전이 일어날 당시에 교회 구제단 직원이었다. 웨스트는 퀘이커(Quaker) 교도[36]와 메노파(Mennoites) 교도[37]와 함께 일하며 굶주린 아이들에게 우유를 지원하는 사업을 관장했다. 이런 일을 하는 중에 그는 1938년 난민 아이들이 우유 한 잔보다 소 한 마리를 원한다는 것을 깨달았다.

HPI는 저개발 국가 농민에게 식생활 개선과 농가 소득 증대를 목표로 가축을 무상으로 기증하는 사업을 실시했다. 이들은 6·25전쟁으로 피폐된 한국 농촌의 축산 진흥에도 큰 도움을 주었다. HPI는 1951년부터 1985년까지 34년 동안 끊임없는 지원과 사랑으로 한국의 농촌 경제가 자립할 수 있도록 중추적 역할을 해왔으며 기독교연합봉사회와 공통된 목적을 가지고 오랜 시간 사업을 함께해왔다.[38] 그러면 가축대부사업의 상황을 일목요연하게 도표로 살펴보자.

여기에서 추정할 수 있는 것은 1951년부터 1971년까지 HPI가 주로 세계기독교봉사회를 통해 가축대부사업을 실시하던 중 기독교연합봉사회가 관여했고, 1971년부터는 HPI의 지원하에 기독교연합봉사회가 사업을 펼쳤을 것이라는 점이다. 이런 성과를 인정받아 HPI는 1971년에 외국 민간단체로는 이례적으로 농수산부 장관으로부터 감사패를 받았고, 이에 기독교연합봉사회도 자긍심을 갖게 되었다.

한편 서인근 선교사는 HPI를 적극 활용했는데, 이는 그가 미국에서 농업 전문 선교사로 초청되었기 때문이다. 그는 미국 HPI 본부에 보낼 보고서를 작성하는 데 남다른 정성을 쏟았고 이는 가축대부사업이 지원을

기독교연합봉사회의 가축대부사업 상황

1950년	6·25전쟁 발발
	기독교연합봉사회 실시 ← CWS ← HPI ← 미국 개별 교회
1952년	서인근 선교사 부임
1954년	기독교농민학원 설립
	기독교농민학원 운영 ← CWS ← HPI
1961년	기독교농민학원 본격 실시 ← CWS ← HPI
1969년	정부의 젖소 농장 지원 정책 실시
1971년	서인근 선교사 HPI 한국 대표
	기독교농민학원 실시 ← HPI
1977년	서인근 선교사 HPI 한국 대표 사임
1982년	기독교농민학원으로부터 HPI 사업 분리

받는 데 큰 힘이 되었다. 여기에 덧붙일 것이 있는데, 연세대학교의 연세유업이 1962년에 HPI로부터 젖소 10두를 기증받아 우리나라에서 두 번째로 역사가 긴 유가공 사업체를 탄생시켰다는 사실이다.[39] 이는 4장에서 언급한 연세대의 농업개발원과 관련되어 있다.

기독교연합봉사회가 HPI의 지원을 받아 실시한 가축대부사업은 매년 그 규모가 커졌다. 예컨대 기독교연합봉사회의 장하원 총무는 1969년 "서인근 선교사 표창장 수여 의뢰 보고"에서 매년 회수, 대부되는 수량을 젖소 100마리 이상, 면양 80마리 이상, 닭 2,000수 이상으로 잡았다.[40] 그러니까 젖소 한 마리를 대부받아 키우면서 젖을 생산하고 새끼를 낳아 대부받은 것을 갚고 계속 규모를 늘려 목장을 이룬 것이다. 특히 젖소는 우리나라 낙농업의 효시가 되었고 경북 안동의 젖소대부사업은 자체적으로 활성화되기도 했다. 그런가 하면 양모 생산의 경우 값싼 양질의 양모가 수입되어 어려움을 겪기도 했다.

현재 HPI는 한국에 헤퍼코리아 본부(Heifer International Korea)를 두고, 지원받은 나라에서 지원하는 나라로 발돋움하는 데 중심적인 역할을 하고 있다. 특히 헤퍼 정신으로 (1) 농업과 목축업 육성, (2) 빈곤 퇴치, (3) 지속 가능성, (4) 건강한 지구 등을 강조하면서 지구의 자원을 공정하게 공유하며 평화롭게 살아가는 전 세계 공동체를 만든다는 미래를 제시하고 있다. 더불어 지속적인 지원과 투자로 농가의 생계 소득을 지속적으로 창출하고, 이를 통한 전 세계의 굶주림과 빈곤 퇴치를 꾀하고 있다.

신용협동조합운동과 한국 농촌의 표본 만들기

신용조합이 충청남도에서 처음 조직된 것은 1965년이고 이는 기독교연합봉사회가 '일하는 교회', '행동하는 교회'라는 기치를 내걸면서였다. 1970년대에 들어서 조합 수가 늘어나 운동에 불이 붙었고 매년 1-2회 강습회가 열렸는데, 그 내용은 협동조합의 의미, 선진국의 협동조합 안내, 조직·운영·관리·기계에 관한 것이었다.[41] 협동조합운동은 기독교 정신을 바탕으로 전개되었고, 특히 성서적 대안으로 경제정의를 지향했다.[42] 또한 창조질서 회복과 생명의 가치 보존, 초대교회 공동체의 나눔, 섬김의 실천, 온전한 인간 회복을 근간으로 다음 몇 가지를 실천으로 구체화했다.

첫째, 사업을 실시하며 진행하는 운동이었기에 목표가 분명했고, 이 목표를 함께 달성한다는 목표 의식도 강하게 작용했다. 더불어 여기에는 기독교라는 종교가 큰 영향을 미쳤다. 실제로 김용주 목사가 강조하듯[43] 1950-60년대 농촌 목회자는 문맹인을 깨우치고 마을을 발전시키는 데 디딤돌 역할을 하는, 존경받는 마을 유지이기도 했다.

둘째, 이 운동이 농촌에서 일어나는 모든 활동의 태반(胎盤)이 되었다. 이는 신용협동조합운동이 농민의 일상과 선순환하며 진행되었기 때문이다. 이 운동은 비교적 이른 시기에 태동한 것이라고 볼 수 있는데, 품앗이 같은 협력과 신용이 강조될 수밖에 없는 농촌의 특수성이 영향을 미쳤으리라 본다.

셋째, 결국 이 운동을 통해 신용이라는 아름다운 정신이 농민 사이에 확산되고 강화되었다. 신용은 서로의 말과 행동을 믿는 것으로, 한 번 이러한 관계가 형성되면 그 파급 효과가 적지 않을 터이다. 특히 농촌에서의 신용은 "콩 심은 데 콩 나고 팥 심은 데 팥 난다."라는 속담처럼 원인에 따른 결과가 분명하게 나타난다.

이러한 운동은 그리스도인의 삶에서 강조되는 가치를 담고 있으며, 데쉬너(John Deschner)가 성서에서 이끌어낸 그리스도인 삶의 규칙이라고도 하겠다. 그 설명을 살펴보자.

> 메소디스트는 맹세하거나 술에 취하거나 노예를 소유하거나 더러운 거래를 하거나 불법적으로 이자를 받아서는 안 된다. 가난하고 병든 자를 돌아보고, 모든 사람을 가르치고 훈계하며, 모든 은혜의 방편을 활용해야 한다. …값싼 것을 필요한 만큼만 먹어야 한다. …사치품, 장신구를 구입하거나 유행을 좇아 세련된 옷, 가구 등을 사들이지 마라. 단지 청결함과 필요성, 적당한 편의성만 고려하라. 무익한 말을 피하라. …금과 값비싼 의류는 기독교인 여성에게 분명히 금지되며, 이 점에 관해서는 어떠한 합리화로

도 기독교인의 신앙고백과 명백한 계명에 대한 고의적 위반을 조화시킬 수 없다.[44]

믿음이야말로 참으로 선하고 거룩한 모든 것의 유일한 근본이다. 이는 "곧 예수 그리스도를 믿음으로 말미암아 모든 믿는 자에게 미치는 하나님의 의니 차별이 없느니라"(롬 3:22)와 "너희도 산 돌 같이 신령한 집으로 세워지고 예수 그리스도로 말미암아 하나님이 기쁘게 받으실 신령한 제사를 드릴 거룩한 제사장이 될지니라"(벧전 2:5)라는 말씀을 통해 확인할 수 있다. 서인근 선교사는 이 같은 신용협동조합운동에서 힘을 얻어 한국 농촌의 표본을 만들어갔다. 한국 농촌의 표본 만들기는 이론을 넘은 실제였는데 여기에는 세 가지 특징이 나타난다.

첫째, 「농민생활」을 발간하고 농촌에 필요한 전문 지식 및 기술을 제공하는 데 힘썼다. 초기에는 평양의 숭실대학교가 기독교 농민의 역할을 대신했지만 해방과 6·25전쟁 이후에는 기독교연합봉사회를 비롯한 기독교농민학원이 앞장섰다.

둘째, 농촌의 부흥은 전문 인력의 현지 순회로 가능했다. 당시에는 "농촌이 살아야 나라가 산다."[45]라는 말이 있을 정도로 농촌의 변화가 사회의 변화에 결정적인 영향을 미쳤는데, 선교부는 책상에 앉아 지시하는 것이 아니라 농촌 각지를 발로 뛰어다니며 현지 지도를 실시했던 것이다.

마지막으로 농촌의 변화는 소리 없이 이뤄졌으며 이는 복음을 바탕으로 했기 때문이다. 기독교의 전도 활동은 요란하게 펼쳐지지 않았다. 때마다 날씨에 의존해야 하는 농사이기에 제아무리 과학적으로 대응한다고 하더라도 그 한계를 벗어날 수 없다. 하나님이 운행하시는 질서를 따르고 하나님의 은혜를 의지하지 않으면 이룰 수 없는 과업인 것이다.

결국 서 선교사는 한국 농촌의 표본을 만들어내면서 1950년대 장리쌀로 대표되는 빈곤의 고비를 이겨낼 수 있었다. 이런 면에서 당시 기독교는 농촌을 일으켜 세우는 데 그 어느 단체보다 앞장섰으며 정부가 못한 일도 감당했다.

그렇다면 1960년대 한국 농촌의 이러한 상황에서 서인근 선교사는 어떠한 태도와 책무로 사역에 임했을까? 그는 벌레가 우글거리는 더러움과 진실한 기독교가 공존할 수 없다고 생각하며[46] 비누와 살충제 같은 근대적인 필수품을 확보하고자 했다. 즉 농촌의 열악한 생활환경이 변화되어야 한다는 점을 충분히 인지하고 대처해갔던 것이다. 물론 그는 비위생적인 것과 미명한 것을 구분했는데, 실례로 농촌의 허름한 환경을 전혀 개의치 않고 함께했다는 점을 들 수 있다.

서인근 선교사는 또한 그리스도인으로서 무장되어야 한다고 생각했다. 기독교를 언급하는 것조차 두려운 상황에서 평양의 선교에 반전을 일으킨 것은 1894년에 일어난 청일전쟁이었다고 하는데[47] 이는 중앙정부의 홀대를 받아 현실에 불만이 많았던 평양 사람들이 전쟁을 맞은 후 의지할 곳이 오직 하나님뿐이라고 생각했기 때문이다. 이렇듯 1960년대 한국 농업은 불모지였고, 도시로 떠나는 사람들이 점점 늘어나는 상황에서 서 선교사는 신앙을 바탕으로 농업의 혁신을 꾀하고 이 과정에서 필요한 재정을 미국의 교회와 관련 기관, 그리스도인들로부터 끌어왔다.

소탈한 시각장애인

서인근 선교사는 함께한 모든 이에게 존경받는 인품의 사역자로 회자되고 있다. 그는 활달한 성격을 가졌으면서도, 자기 의견을 관철하기 위해 몰아붙이기보다 늘 인정을 갖고 합의를 끌어내었다. 처음부터 끝까지 유연함을 보이는 신앙심의 소유자였다. 이런 실상은 웨슬리가 "고통스럽지만 그 고난 속에서 하나님을 바라보며 끝까지 선을 행하는 그런 성품의 가능성이 창조 시 사람 속에 내재해 있더라도 삶에서 실제로 고난을 겪지 않고는 그것을 발전시킬 수 없다."[48]라고 말한 점과 일맥상통하다고 하겠다. 그러면 서인근 선교사는 죄나 고난에 빠진 일이 없었을까?[49] 비록 어떤 죄나 고난에 빠졌다고 해도 우리는 다음 말씀으로 위안을 얻을 것이다.

> 서서 기도할 때에 아무에게나 혐의가 있거든 용서하라 그리하여야 하늘에 계신 너희 아버지께서도 너희 허물을 사하여 주시리라 하시니라(막 11:25)

> 형제들아 사람이 만일 무슨 범죄한 일이 드러나거든 신령한 너희는 온유한 심령으로 그러한 자를 바로잡고 너 자신을 살펴보아 너도 시험을 받을까 두려워하라(갈 6:1)

헬라어 '메타노이아'의 뜻이 '마음의 변화'라는 점에서 알 수 있듯이 세례 요한이나 예수가 전파한 회개의 복음은 죄가 아니라 마음을 근원으로 하고 심판이 아닌 변화를 방법으로 삼는다.[50] 그러므로 회개하는 사람은 새로워진 마음에 따라 자신을 깊이 돌아보는 시간을 갖는다. 물론 이때 반성은 혼자 힘으로 하는 것이 아니라 말씀에 이끌려 하는 것이고, 과오를 뉘우치는 정도가 아니라 회심에 이르는 수준까지 나아가야 한다. 있는 그대로 자신을 말씀에 비춤으로써 성화된 자신의 새로운 면모를 드러내 보이는 것이다.

이런 사정은 선교사로서 그가 품었던 사명과 관련지을 수 있을 것이다. 예컨대 헤이스(Richard B. Hays)[51]는 종교개혁가들이 선포한 내용을 다음과 같이 강조했다.

16세기 종교개혁가들은 하나님의 말씀인 성서가 모든 인간의 전통과 경험을 최후로 판단하는 역할을 수행해야 한다고 선포했습니다. 제멋대로 자신을 내버려둔다면 우리는 끝없는 자기기만과 혼란, 악을 불사할 존재입니다. 그러므로 우리의 불법이 올바로 진단되고 치유받기 위해서는 성서로 돌아가 우리 자신을 성서에 굴복시켜야만 한다고 종교개혁가들은 주장했습니다.[52]

성서로 돌아가야 함은 성서에 하나님의 진리가 들어 있기 때문이다. 서인근 선교사는 영성을 훈련해가며 이러한 진리를 파악하고 성화를 이뤄갔을 것이다. 또한 그의 성품도 얼마간 도움이 되었으리라 본다. 특히 턱없이 안 좋은 여건에 적응할 뿐 아니라 자신과 가족이 모두 무탈하게 생활을 이어가도록 많은 에너지를 쏟아야 했을 것이다.[53] 사역 중에 혹시라도 불거질 수 있는 개인적 욕망을 통제하기 위해서도 하나님이 주신 말씀의 힘을 빌려야 했다. 이런 상황은 마르틴 루터가 창조주 하나님에 관하여 설명한 다음 내용에서도 확인할 수 있다.

하나님은 집이나 배를 만들어 집주인이나 선주에게 넘긴 후 더 이상 관여하지 않는 목수나 건축가가 아니시다. 장인은 자기 일을 마치면 더 이상 자신이 만든 것에 관심을 갖지 않고, 유지 보수에도 신경을 쓰지 않는다. 그러나 하나님은 그렇게 일하지 않으신다. 성부 하나님은 태초에 말씀으로 모든 것을 창조하셨듯 지금도 말씀으로 그것들을 보존하시며 앞으로도 그렇게 하실 것이다. 자신의 작품을 없애기 전까지 그 작품과 함께 계실 것이다.[54]

서 선교사의 삶에서 우리는 "그리스도도 너희를 위하여 고난을 받으사 너희에게 본을 끼쳐 그 자취를 따라오게 하려 하셨느니라"(벧전 2:21)라는 말씀을 떠올리게 된다. 선교사이든 아니든 모든 이가 이 말씀을 받지만 중요한 건 이 말씀을 따르는지의 여부이다. 서인근 선교사는 말씀 묵상과 적용을 조금도 소홀히 하지 않고 기독교연합봉사회를 통해 농촌지도자를 양성했다.

아마도 그는 시각장애인으로서 가질 수 있는 깊은 열등감을 말씀으로 또한 이겨냈을 것이다. 주변 사람들은 이러한 모습에 깊은 인상을 받고 이후로도 오랫동안 회상했으리라.

6장

농촌지도자와 활동

1971-80

스스로 속이지 말라 하나님은 업신여김을 받지 아니하시나니
사람이 무엇으로 심든지 그대로 거두리라

-갈라디아서 6:7

서인근 선교사가 농촌지도자와 함께 활동한 시기는 1971-80년이다. 1971년에 기독교연합봉사회가 재단법인에서 사회복지법인으로 전환하고,[1] 1980년에 지금의 자리로 이전했기 때문이다. 이 시기에는 경제 발전에 힘입어 의식주의 최소한도 충족이 가능해지면서 생활의 미적 수준도 향상되었다.[2] 이 같은 시대상은 교회 발전에도 영향을 미쳤다.

당시 한국교회의 상황에 대해서는 여러 견해가 있다. 예컨대 민경배가 1970년대 한국교회를 민족교회론으로 주장한 것에 대해 옥성득은 당시 민족교회에는 1970년대에 필요한 민주주의나 인권, 자유, 평등의 가치가 들어설 자리가 별로 없었다고 했다.[3] 그러면서 정부 주도의 경제 개발이 민족 중흥을 약속한 것처럼 1970년대 민족교회에서도 소수의 엘리트가 교회 성장을 주도해나갔다고 비판했다. 그럼에도 1970년대 한국교회는 5장에 소개된 것처럼 교인 수가 1960년대에 비해 5배로 증가하여 기독교의 부흥을 예고했다.[4]

정치는 안정되지 않았고, 민주주의로 나아가는 길을 찾아가는 과정에서 국민은 혹독한 대가를 치러야 했다. 이때 일어난 민중신학은 1980년대까지 정치·경제·사회적으로 고난당하는 민중의 삶을 신학적으로 해석했다.[5] 한편 수만 혹은 수십만 신도가 몇몇 교회에 집중되고 특정 지역에 교회가 난립하면서 한국에 세계 제일의 장로교회, 세계 제일의 감리교회, 세계 제일의 성결교회가 생겨나고, 교파를 초월한 세계 제일의 교회까지 나타나면서 여러 문제가 발생했다.[6]

기독교연합봉사회에 기반한 서인근 선교사의 사역으로 농촌에는 변화의 기미가 보였다. 기독교농민학원 출신이 부자가 되어 지도자로 나서는 일도 생겼는데 그 졸업생의 각별한 노력도 있었지만 바탕에는 기독교 신앙이 있었다.

기독교연합봉사회도 재단법인에서 사회복지법인으로 바뀌는 등 많은 변화가 있었다. 이러한 변화는 내부에 의해서라기보다 사회 변화에 따른 것이었다. 한편 기독교연합봉사회가 펼치고 있는 사업에도 큰 변화가 있었는데, 정부가 「사회복지사업법」을 제정하여 사회복지사업을 시행하는 기관이나 시설로 하여금 사회복지법인을 만들게 했다. 기독교연합봉사회는 1973년 4월에 기독교농민학원을 폐쇄하고, 1974년 12월 HPI와 함께 외국 민간 원조단체에 등록했다. 이 와중에도 서인근 선교사는 변함없이 기독교농민학원 출신 농촌지도자들과 한국 농업을 이끌며 그리스도의 참모습을 그대로 보였다. 전경연 목사가 강조한 다음 사례를 통해 그 진면목을 엿볼 수 있다.

> 야고보서를 통하여 입교한 사람이 있다면 그는 바울의 수준에까지 정진하지 않으면 그리스도 신앙이 권태 속에 들어가는 것이다. 그리스도인이라고 자처하면서도 허풍선이와 같이, 사변적인 믿음론을 제창하는 자나 혀

에 자갈을 물리지 않고 실없는 말로 이웃에게 피해를 주는 사람, 경제적 욕심으로 자신의 계획이 모두 되어질 것이라 생각하고 그것을 의지하는 사람, 이 같은 기독교적 인간 실존의 파탄 위기에 직면하여 참된 믿음을 모색해야 한다.[7]

이렇듯 서인근 선교사는 한국 농업과 복음 전파라는 두 가지 사역의 균형을 이루기 위해 노력을 아끼지 않았다. 그래서 서 선교사가 들고 나서는 말씀은 농촌지도자들에게 끈끈한 접착제 역할을 했다.

실존을 넘어 신앙으로

서인근 선교사의 구체적인 사역을 살펴보기 전에 먼저 다루어야 할 개념이 있다. 바로 '실존을 넘어 신앙으로'이다. 실존은 이성에 기반을 두고, 신앙은 영성을 토대로 형성된다. 그래서 실존이나 이성으로는 인문학에 그칠 것이고, 신앙과 영성은 신학으로 나아갈 것이다. 이런 과정이 한국에도 나타났는데, 앞에 언급한 대로 1970년대의 교회 부흥에서 엿볼 수 있다. 정치적으로 불안한 가운데 경제가 부흥하고 교회가 평신도와 함께 불길처럼 일어나면서 실존에 앞서 신앙이 일상의 화두로 등장했다. 사람에게 절망하고 하나님께 의지하여 희망을 얻는 이치인 것이다.

워모크(Mary Wamock)는 실존주의에 관하여 다음과 같이 설명한다.

실존주의자들은 공히 인간의 자유에 관심을 기울인다. 그런데 그들이 관심을 기울이는 것은 자유의 본성이 아니다. 그들이 관심을 기울이는 것은 자유를 경험하고 향유하는 것이다. 실존주의자들은 또한 독자들의 개심(改心)에 관심을 기울인다. 사람들이 단지 자신들의 말을 옳다고 여기거나 설득력 있다고 수용하기만 하는 것이 아니라 자신들의 주장에 흡수·동화되어서 인생관이 완전히 바뀌기를 바란다. 단지 지적으로만 변화하는 것이 아니라 감정적으로, 실천적으로 변화하기를 바란다.[8]

실존주의의 이 같은 면이 신앙과 다른 점은 감정적 변화에 그치고 지상의 삶에 얽매여 있다는 점이다. 실존주의자들은 "실존은 본질에 우선한다."라는 명제를 들어 진리의 객관적 확정성을 거부한다. 모든 사태는 다만 개인의 결단 아래 놓일 뿐이며, 여기서 자유와 책임의 근거가 발생한다. 그래서 또 다른 공통의 전제로 "실존은 주체성이다."라는 주장이 가능하게 된다. 따라서 무엇보다도 실존주의는 휴머니즘이라고 하겠는데, 이는 서구 정신사에서 휴머니즘이 주로 이성과 이성의 업적으로서 학문에 관련되어 있기 때문이다.[9]

이 같은 이성에는 지성이 함께 기능한다고 보고 있다.[10] 지성은 사물이나 현상을 인식하는 정신 기능으로, 지각 작용에 지성이 결여되면 어떤 현상도 개념으로 나아갈 수 없다.[11] 왜냐하면 "개념의 언어는 단지 현상에 결부되어 평가 절하된다."[12]라고 보기 때문이다. 이 같은 지성의 기능을 이성이 통합해준다.[13] 요컨대 지성이 연속된 경험을 감각적으로 바르게 인식하는 데까지 이끌고, 이성은 지성에 의해 얻어낸 결과를 사유함으로써 어느 한쪽으로 치우치지 않고 바른 판단에 도달하게 한다. 결국 지성이나 이성은 실존의 상황을 규명하는 데 힘이 되지만 이는 인본주의에 머물러 신앙의 세계를 규명할 수 없다는 한계를 지닌다.

한편 칸트(Immanuel Kant)는 순수이성을 거론하면서 초월적 영혼론, 초월적 우주론, 초월적 신학의 이념을 소개한다.[14] 이러한 칸트의 입장은 실존과 신앙을 이어주는 다리를 제공한 셈이다. 그래서 칸트의 글을 읽으면 그가 부모의 기독교 신앙으로부터 영향을 받았음을 짐작할 수 있다. 그러나 여기에서 이정훈 교수가 에드워즈(Jonathan Edwards)와 아리스토텔레스의 주장을 들어 강조한 점을 주목해야 한다. 그는 이성이 영성을 지배하는 것이 아니라 영성이 이성을 지배하며 사람이 하나님을 의지하지 않고 칸트가 내세운 실천이성으로 도덕의 원칙 정도는 확립할 수 있다고 말했다.[15]

'신앙'이란 신과 같은 성스러운 존재를 신뢰하고 복종하는 것이라는 사전의 정의를 고려할 때, 기독교에서 신앙은 하나님을 아버지로 고백하고 전능하신 하나님의 주권을 인정하는 것이다.[16] 그래서 앞에 언급한 실존에 머무르지 않고 이에서 벗어나 새로운 삶을 강조한다. 특히 기독교 신앙은 다른 어떤 신앙보다 우월성, 우선성, 근본성, 통일성이 가능하다고 주장한다. 웨슬리는 신앙을 다음과 같이 요약했다.

> 신앙은 하나님께서 사랑의 법을 다시 세우기 위해 계획하신 것입니다. … 신앙은 사람이 원래 창조되었을 때 존재하던 거룩한 사랑을 회복시키는 위대한 수단입니다. 신앙은 사랑을 낳기 위해 하늘 아래 존재하는 유일한 수단입니다. 바로 그런 점에서 신앙은 사람에게 말할 수 없는 축복이자, 하나님 앞에서 말할 수 없는 가치를 가지고 있습니다.[17]

신앙인의 생활은 구체적으로 어떠할까? 다음은 20세기 명망 있는 개신교 신학자인 슈바이처(Albert Schweitzer) 목사의 사례이다.

> 선한 노력이 항상 좋은 결말을 맺은 것만은 아니며 악은 자주 승리해왔다. 슈바이처 박사는 신앙 교리에 대해서는 상당히 자유로웠고 어떠한 교리에 사로잡히는 일이 없었다. 반면 그의 생활은 크리스천의 생활이었다. 신앙이란 어떠한 생활의 첨가물 또는 부가물이 아니고 생활 자체라는 논리이다. 지극히 작은 소자에게 물 한 그릇을 떠주는 그 행위가 곧 신앙이라는 것이다.[18]

그리스도인은 인문학을 넘어 신학으로 나아가야 한다. 인문학의 핵심은 다음과 같은 인문학자의 대담을 통해 이해할 수 있다.

> 모범이라는 것을 아무 데서나 배우는 건 아니지요. 말하자면 고양(高揚)된 차원에서 구현된 모범이 되어야 합니다. 고양이란 '형상적으로 완성된', '형상적으로 호소력을 가진' 모범이지요. 형상적이라는 것은 늘 이월 가치를 가지고 있어요. 그래서 하나의 형상을 보면 다른 형상도 이전의 것으로 파악할 수 있고 내가 내 삶을 형상적으로 구성해가는 데도 도움이 되지요. 형상적으로 고양된 모범에 대한 공부가 인문 과학입니다.[19]

모범적으로 사는 것이 삶의 전부가 아닌 것은 칭찬만으로 인생이 다가 아니기 때문이다. 죄를 지었다고 삶이 끝장나는 것이 아님은 인문학 소양으로 규명할 수 없을 터이다. 이런 점에서 우리가 자칫 인문학의 근간을 이루는 이성에 머무르게 되면 바른 신앙에 정착하지 못하는 경우가 벌어질 것이다. 요컨대 이성이나 지성을 온전히 이해하기 위해서는 하나님의 말씀을 더욱 주의 깊게 알아 신앙을 탄탄하게 이루어야 한다.

기독교연합봉사회의 사회복지법인 전환

1971년 기독교연합봉사회는 재단법인에서 사회복지법인으로 전환했는데, 이는 기독교연합봉사회의 중대한 첫 탈바꿈이었다. 연규홍은 기독교연합봉사회의 선교적 목표와 대상이 농촌 지역과 농민의 교육에서 산업사회의 다원화된 삶의 영역과 계층적 대상으로 확대된 것이라고 했다.[20] 그래서 법인의 사업이 "사회사업을 통하여 예수 그리스도의 정신을 실제로 나타내며 아동복리법 제1조에 해당하는 보호가 필요한 아동을 수용·보호하여 이에 봉사함을 목적으로 한다."라고 한 것을 "기독교 정신을 바탕으로 지역사회를 발전시키고 보호가 필요한 아동을 수용·보호하며 이에 봉사함으로써 그 복지를 도모함을 목적으로 한다."라고 변경했다. 요컨대 사회사업을 앞에 세웠다가 이제는 기독교 정신을 전진 배치하며 지역사회와 아동을 위한 사회복지사업으로 구체화한 것이다.

이렇게 사회복지법인으로 전환한 것은 전적으로 정부가 1970년에 제정한 「사회복지사업법」에 기인하고, 이는 "뱀 같이 지혜롭고 비둘기 같이 순결하라"(마 10:16)라는 말씀의 적용이라고 할 수 있다. 아울러 이런 변화를 위한 시도에서 루터의 사회참여 의식을 돌아볼 수 있다.

> 루터는 공적인 영역에서 통치자가 합리적이고 도시적인 사회복지법을 제정하여 가난 문제를 해결할 것을 강조했다. 그는 교정적 차원의 사회적 지원뿐 아니라 예방적 지원 제도를 발전시키는 일에도 깊은 관심을 가져 한 사람이 거지 신세로 전락하지 않도록 도와주는 것은 이미 거지가 된 사람을 도와주는 것만큼이나 선한 미덕이며 자선을 베푸는 것임을 역설했다.[21]

이는 사회복지와 범죄인 재활에 힘쓰는 교정(矯正)에 관심을 표명한 것이라고 할 만한데, 당시 한국 사회복지의 전개 상황은 다음과 같다.

1971년에 제정된 「사회복지사업법」은 사회복지사업에 관한 기본 사항을 규정하고 그 운영의 공정과 적절함을 기하여 사회복지의 증진을 도모하는 데 목적을 두었다. 아울러 「생활보호법」, 「아동복리법」, 「윤락행위 등방지법」도 함께 규정하고 사회복지 상담, 재해 구호, 부랑인 선도와 직업 보도, 노인 휴양, 인보 무료 숙박, 라완치자 사회복귀사업이 더해졌다. 특히 「사회복지사업법」은 사회복지 위원회, 사회복지 시설 종사자 자격, 사회복지법인 설립, 사회복지 공동모금회 설립에 관한 내용을 담았다. 그러니까 이 법이 제정되면서 사회복지사업을 실시하려는 기관이나 단체는 사회복지법인을 만들어야 했는데, 기독교연합봉사회가 이에 따라 재단법인을 사회복지법인으로 전환한 것이다. 기독교연합봉사회는 재단법인 대신 사회복지법인을 설립하면서 정부의 보조금을 받아 정부가 의뢰하는 사업을 펼치며 재정의 안정을 꾀하게 되었다.

기독교연합봉사회가 재단법인에서 사회복지법인으로 탈바꿈한 의의는 다음 몇 가지로 정리할 수 있다. 첫째, 선교사의 기존 활동 방침이 사회복지사업에 더욱 깊이 녹아들었다. 예전부터 선교사역은 전도에 우선순위를 두고 의료와 교육을 비롯해 사회복지사업을 실시했다. 그래서 사회복지사업을 복음 전파의 수단으로 삼았고, 그러한 정신을 이어갔다. 이 같은 사정은 미국에서 처음 소셜워크가 태동할 때 교회가 주축이 된 사실로부터 확인할 수 있다.

둘째, 정부가 실시해야 하는 사회복지사업에 기독교연합봉사회가 협력하는 일이 제도화되었다. 이는 정부의 보조금 지원과 함께 이루어졌는데, 그만큼 정부도 민간의 능력을 인정한 것이다. 실제로 사회복지법인은 정부가 할 사업을 수탁하여 실시할 때 공공의 조직이나 기관이 미칠 수 없는 곳에 개입할 수 있다는 강점을 지니고 있었다. 이런 맥락에서 1981년에 기독교연합봉사회의 지역사회개발부가 사회복지부로 바뀐 것을 이해할 수 있다.

셋째, 기독교연합봉사회의 자체 사업이 약화되었다. 젊은 사람이 도회(都會)로 나가 살아야 하는 상황을 기독교연합봉사회는 더 이상 막을 수 없었을 것이다. 이런 현상은 기독교연합봉사회가 주력한 농촌 기반 사업을 크게 위축시키고, 기독교연합봉사회의 사업 방향을 바꾸어놓았다.

기독교연합봉사회 사업과 새마을운동

정부가 1970년에 시작한 새마을운동을 살펴보고, 이 새마을운동이 기독교연합봉사회를 비롯한 서인근 선교사의 사역과 어떻게 관련하고 있었는지 살펴보자. 기독교연합봉사회의 대표 사업 중 하나인 기독교농민학원이 새마을운동에 적지 않은 영향을 미쳤을 것으로 추측하는데 이를 확인하려는 것이다.[22] 먼저 새마을운동에 대해 『한국민족문화대백과사전』은 다음과 같이 기록하고 있다.(표현이 어색한 단어를 고쳐 정리했다.)

> 새마을운동은 1970년부터 시작된 범국민적 지역사회개발 운동으로 근면, 자조, 협동 같은 기본 정신과 실천을 범국민적·범국가적으로 추진함으로써 국가 발전을 가속적으로 촉진하는 데 목적을 두었다.
>
> 1970년 초 전국지방장관회의에서 박정희 대통령은 농민, 유관기관, 지도자 간 협조를 전제로 한 농촌 자조 노력의 진작 방안을 연구하라고

특별 지시를 내렸는데 이것이 새마을운동을 기획, 집행한 역사적 발단이 되었다. 새마을운동의 발의 초기에 지식인들은 냉담한 반응을 보였다. 새마을운동은 주로 내무부의 계통적 관료에 의한 효율적인 동원 편제에 힘입어 농촌인의 자각을 일깨우지 않은 채 하행적·일방적·충격적으로 시행되었다. 물론 이와 같은 행정적인 개발 계획은 새마을운동이 진척을 보임에 따라 지역 주민과 상호 협동을 통해 본연의 것으로 발전되어갔다.

새마을운동은 전국적인 규모로 개별적인 자연 촌락을 대상으로 하여 하행 하달된 사업 지침에 따라 밀고 나가는 것으로부터 출발했다. 따라서 일사분란하게 전개되어 목표를 비교적 단기간 내에 성취할 수가 있었다. 주로 내무부 산하의 지방공무원 개개인에게 지역적인 사업 추진을 분배했으며, 이들은 새마을운동의 성취를 서약하는 상징으로 백지사표를 읍면장 또는 군수에게 제출하고 맡은 바 임지로 떠났다.

마을 주민의 동기를 유발하여 소정의 사업을 실천하도록 하는 변화 촉진자로서 기술, 즉 사업 전개 기술을 가지지 못한 일선 공무원들은 "행함으로써 배운다."라는 말뜻처럼 시행착오도 겪으면서 놀라울 정도로 마을지도자의 활용 같은 이른바 집단동학(集團動學)의 실제를 터득하여 사업 전개를 효율적으로 성취했다.

한편 정부 당국에서도 뒤늦게나마 관련 분야 대학교 교수 중심으로 한 전문 집단을 활용하여 새마을운동의 기획 전개를 이론적으로 뒷받침했다. 따라서 일반 개발사업의 기획 전개와는 달리 권위주의적·행정적·목표지향적인 기획과 실천을 우선 명령 하달식으로 발의한 뒤에 이론적·실제적인 뒷받침을 행하고 공무원들을 훈련하는 접근 방법을 취했다. 요컨대 농촌 개발을 사업 목표로 하고 출발한 새마을운동은 기본 사업 목표가 농촌 지역에서 어느 정도 성취되었다고 평가받은 뒤 도시를 비롯한 전국 각

지역의 개발운동을 기본 목표로 삼도록 확대되었다.

1980년 「새마을운동조직육성법」에 의하여 새마을운동중앙본부가 설립됨에 따라서 민간 주도적인 추진 조직으로 정착을 위한 체제건설사업(體制建設事業)이 전개되면서 새마을국민교육의 기획 실시, 새마을운동에 관한 국내외 홍보와 국제협력, 새마을운동에 관한 조사 연구사업 등이 다각적으로 시행되었다.

결국 새마을운동을 통한 국가 발전에 동력을 덧붙이겠다는 것인데, 이를 박정희 대통령이 제안하여 지방에서 공무원이 주도했고, 이후 주민이 자체적으로 마을 개발에 참여한 것으로 볼 수 있다. 실제로 1970년대 농촌에서 진행된 새마을운동은 긍정적인 평가와 부정적인 평가가 공존하고 있는데, 즉 성과의 일정 부분을 인정하면서도 농업과 농촌의 구조적인 문제를 권위주의 체제에서 국민을 동원함으로써 해결하려 했다고 평가받고 있다.[23]

우리가 확인하려는 기독교연합봉사회와 새마을운동의 관련성은 전혀 보이지 않는다. 게다가 '다음백과'에서는 새마을운동과 관련하여 오히려 가나안농군학교를 세운 김용기 장로를 언급한다.

김용기 장로는 1944년 용문산 부근 농민 대표들을 규합하여 농민동맹을 결성했다. 이 동맹을 통해서 일제의 공출, 징용, 징병에 저항하는 운동을 벌이기도 했다. 1955년 경기도 광주군 동부면 풍산리에 가나안농장을 설립했으며 1962년 가나안농군학교를 설립하여 많은 농촌 일꾼을 양성했다. 그리고 전 국민의 생활과 도덕의 개조에 힘쓰는 사회교육 및 정신운동에 힘썼다. 이 공로로 1966년 막사이사이상을 비롯하여 많은 상을 받았다.

그의 농촌운동과 국민정신운동은 박정희 대통령에게 깊은 인상을 남겨 '새마을운동'의 정신적 기초가 되었다.

김용기 장로는 앞서 4장에 언급한 바처럼 박정희 대통령이 시작한 새마을운동은 자신의 가나안농군학교를 견학하면서 얻은 영감에서 비롯되었다고 말했다. 이는 새마을운동의 핵심 가치나 나아가야 할 방향이 가나안농군학교의 영향을 받았음을 보여주는 사례라고 할 수 있다. 다만 가나안농군학교의 기독교 색채를 뺀 것이 큰 차이일 것이다.

그러면 새마을운동을 가장 가까운 곳에서 목격한 고병우의 진술을 그의 책 『새마을운동 이렇게 시작되었다』를 통해 살펴보자.[24] 그는 새마을운동이 정책으로 입안되고 시행되면서 다듬어지고 정리된 운동이라며 창시자로 박정희 대통령을 꼽았다.

> 내(고병우)가 1969년에 일본의 농촌을 시찰하면서 직접 보고 온 사실을 보고하면서 마을 입구에 '아타라시이 무라 쓰쿠리 운도'(新しい村作り運動)라는 플래카드를 걸어놓은 것을 보며 '새마을 만들기 운동'을 하고 있다고 했고, 박정희 대통령은 일본 마을들도 새마을 만들기 운동을 하느냐며 뜻밖의 표정을 지었다.(81쪽)

박정희 대통령이 일본의 마을 만들기 사례를 접하며 놀란 것은 한국에서 진행하고 있는 새마을운동이 자랑스러워서일 수도 있을 터이다. 어떻게 보면 새마을운동은 관이 주도하는 지극히 한국적인 마을 가꾸기였다.

1967년 농어촌에 공장을 세우는 농어촌개발공사를 설립하고, 농어민 소득증대사업 4개년 계획(1968-71)을 세웠다. 농어민 소득증대사업 특별사업을 '농특사업'이라 부르며 1969년부터 경진대회를 열었는데, 여기에서 새마을운동이 배태되었다.(84쪽)

이때 정부가 일방적으로 보조하는 것이 아니고, 농어민이 일정 부분을 투자하게 했다. 이 무렵 참여 농어민은 기술 교육에 높은 관심을 갖고 스스로 독농가(篤農家, 농사를 열심히 짓는 집) 연수원 같은 교육기관을 찾아가 기술을 익혔다고 한다.

농어민 소득증대사업이 본격화되면서 가시적인 사업으로 '새마을 가꾸기 사업'을 시행하고, 이를 총체적으로 '새마을운동'이라고 부르고, 전국적으로 확산시켜 나갔다.(94쪽)

남아도는 시멘트가 극적인 역할을 했는데, 1970년 가을 대한양회공업협회 회장이 대통령에게 시멘트 재고가 많아 공장이 문을 닫아야 할 처지라며 도움을 요청했고, 이에 내무부가 싸게 사서 농어촌 마을당 300포를 나누어주어 총 3만 4,000가구가 사용하게 한 것을 '새마을 가꾸기 사업'이라고 명명했다.[25]

1970년 4월 '한해대책 전국 지방장관 회의'에서 박정희 대통령이 농어촌 주민을 지도하는 공무원에게 현실에 맞게 지도하려는 의지가 필요하다고 강력히 촉구하면서 '새마을운동 선포의 날'로 공식화했다.(107-108쪽)

당시 정치적·행정적 구조의 특성을 감안하더라도 공무원이 권위적으로 앞장서 주민을 이끌었다고 볼 수밖에 없다. 이렇게 문헌 자료에 근거해 볼 때 기독교연합봉사회의 사업과 새마을운동의 관계는 다음 몇 가지로 요약할 수 있다.

먼저 기독교연합봉사회의 사업과 새마을운동의 취지는 어느 정도 맥락을 함께한다고 볼 수 있다. 이는 당시 한국 농촌이 해결해야 할 과제 중 하나가 농업의 혁신이었기 때문이다. 다만 농업 혁신은 새로운 농사법도 중요하지만 농민의 의식도 함께 변화해야 하는데, 기독교연합봉사회 사업은 신앙을 바탕으로 농민의 정신을 함양시켰고 새마을운동은 근면, 자조, 협동을 강조했다. 다만 후자는 지나치게 관이 주도함으로써 그 성과를 내지 못한 것으로 판단한다.

기독교연합봉사회가 추구하는 정신과 새마을운동의 정신은 서로 관련되어 있지만 새마을운동에 한층 더 가깝게 영향을 미친 것은 가나안농군학교라고 할 수 있다. 왜냐하면 "콩 심은 데 콩 나고 팥 심은 데 판 난다. 땅은 절대로 거짓이 없다."[26]라고 하는 새마을운동 측 김준 원장의 '농심(農心)철학'이 기독교연합봉사회 측 배민수 목사가 강조한 삼애 정신과는 거리가 있고, 새마을운동이 탄생하는 데 가나안농군학교가 아이디어를 제공했다고 볼 수 있기 때문이다.

결국 기독교연합봉사회는 새마을운동의 전개에 직접적인 영향을 주지는 않았다고 봐야 한다. 기독교연합봉사회의 사업이 새마을운동과 관련되었다는 주장은 정부가 1972년에 새마을지도자 연수원을 설립하면서 불거졌다. 즉 새마을지도자 연수원의 모태는 1972년 1월 경기 고양의 농협전문대학 안에 발족한 '독농가연수원'이다. 이 연수원의 초대 원장 후보로 당시 국민적 존경을 받던 유달영 교수, 가나안농군학교 김용기 교장이 거명되었다. 김용기 교장은 농민의 정신교육은 정부가 할 수 없다며 거절했고, 기독교연합봉사회의 직원이자 지방 농협의 차장으로서 농촌을 돌며 청년을 지도하고 있던 김준이 발탁되었다.[27] 따라서 엄밀히 따지면 기독교연합봉사회 운영이 새마을운동과 직접 관련된 것은 없다.

신앙에 기반한 농촌지도자 훈련

1970년대에 들어서면서 정부의 산업화 정책은 농업에서 공업으로 옮겨갔다. 이는 큰 사회 변동을 불러일으켰고 사회 곳곳에서 문제가 불거졌다. 많은 사람이 농촌을 떠나 도시로 이동하면서 농촌의 인력이 급격히 줄고 도시에서의 빈곤과 범죄가 급속히 늘어난 것이다. 실제로 당시 대도시 변두리에는 거지가 무리 지어 밥을 얻으러 다녔고, 기차나 버스에 소매치기가 많아 돈과 귀중품을 잃는 일이 다반사였다.

그럼에도 기독교연합봉사회의 농업 전문가인 서인근 선교사는 농촌의 지역사회 개발에 기초한 기독교 지도자 훈련에 중점을 두었다. 농촌 사람들이 도시로 몰려가는 상황에서 적극적으로 대처하지 않으면 무용할 것이라는 판단 아래 신앙으로 무장된 농촌지도자를 염두에 둔 것이다. 서인근 선교사는 "울며 씨를 뿌리러 나가는 자는 반드시 기쁨으로 그 곡식 단을 가지고 돌아오리로다"(시 126:6)라는 말씀을 체험했다. 아울러 YMCA를 비롯한 기독교의 농촌운동은 일제강점기부터 진행되어 당시 농촌을 지키던 지도자는 상당 부분 기독교의 영향을 받았다.[28]

서인근 선교사는 농촌지도자를 양성하면서 삼애 정신을 바탕으로 전문 지식과 기술을 가르쳤고, 이와 함께 여러 농촌사업을 펼쳤다. 주요 사업은 농촌에 적합한 가축사업이었다. 그의 제자들은 가축사업으로 부를 축적하면서 자신의 농촌에서 각자 지도자로 세워졌다. 즉 마을 지도자가 된 것이다. 이는 매우 성서적인 것으로, 우리가 선행의 씨를 뿌리면 자손들에게 그 열매가 주어지는 것과 같은 이치이다.

이 무렵 정부가 농촌을 위해 기울인 노력의 결실로 통일벼를 들 수 있다. 식량난을 극복하기 위해 통일벼가 나왔다. 1970년에 들어와 통일벼가 된 IR667-98은 단위면적당 무려 600킬로그램이나 거둬들이며 수확량이 50퍼센트나 불어났다.[29] 통일벼는 병에 강하고 수확량이 매우 높지만 냉해에 약하고 밥맛이 그다지 좋지 않은 게 큰 흠이었다. 당시 경험자의 육성을 들어보자.

> 박정희 대통령 하고부터 통일벼라쿠는 쌀 그거를 숨거 가지고, 그기 소출이 참 많이 나는기라, 옛날에 우리가 심던 그 종자 대몬(종자에 대면). 그래 가지고 이기 한 두 섬이나 나는 거 곁음 배가 나는기라. 한 넉 섬썩 이래 나는 기라. 그래 가지고 인자 조금 다 살게가 되었지. 그래 가지고 묵고 남는 거는 인자 매상도 하고.[30]

통일벼는 끼니를 제대로 해결해주고 수익을 불러와 농가에 큰 힘이 되었다. 지금은 쌀의 질을 따지지만, 통일벼가 처음 나왔을 때는 양을 더 원하는 처지여서 통일벼는 한국 농촌에서 인기를 누렸다. 이러한 농촌 실정에서 서인근 선교사는 선배 선교사들과 마찬가지로 복음을 전하는 일과 생계를 유지하는 일 가운데 어느 한쪽에 치우치지 않았다. 생활 자체가 어려운 상황에서 복음만 앞세운다면 신앙의 뿌리를 내리는 데 한계가 있었을 터이다.

기독교연합봉사회의 사역은 특정 농촌에 그치지 않고 전국으로 파급

되어 사회의 변화를 불러일으켰다. 실제로 기독교농민학원이 취급한 우유를 기업이 관여했고, 기독교농민학원 졸업생들은 전국에 퍼져 많은 활약을 했다. 이 파급은 국가를 초월할 정도였고, 마치 초창기 선교 활동이 결실을 맺던 상황과도 같았다. 예컨대 미국에서 1890년에 934명이던 선교사가 1920년대 말에는 1만 2,000명으로 늘었는데, 일반 사학자는 1880년대 북미 대륙이 정복되어 개척지가 사라진 것과 해외선교학생운동(SVM)이 일어난 시기가 일치한다고 보았다.[31] 그리스도인이 지니는 구원을 위한 사명이 지금까지 쉬지 않고 작동한 산물이라고 하겠다.

서인근 선교사는 신앙에 기반한 활동을 펼쳤지만 신학적 토대나 형성에는 영향을 미치지 못한 것으로 보인다. 그만큼 서 선교사가 이론보다는 실천에 더욱 매진했기 때문인데, 물론 이 실천에는 그의 신학이 기초했을 것이다. 농촌지도자를 훈련하는 그의 방법은 세상의 방법과 어떻게 달랐을까?

먼저 그는 농촌지도자 훈련장을 복음 전파의 현장으로 삼아 기독교 신앙을 바탕으로 당면 문제를 해결하려 했고 그 원리에 따라 어디에서든 하나님의 일을 할 수 있다는 신념으로 임했다. 헌트 선교사도 성서만이 신앙의 유일한 기준이며 가치 판단을 위한 그리스도인의 궁극적인 근거임을 굳게 믿었다.[32]

아울러 농업의 과학화를 강조하며 이를 실천했다. 실제로 서인근 선교사는 「농민생활」에 투고한 글에서 농사를 과학적으로 지을 뿐 아니라 판매에도 과학적인 경영 원리를 적용해야 한다고 강조했다. 이를 통해 그는 농촌지도자들과 한층 더 돈독한 신뢰 관계를 형성할 수 있었다.

덧붙여 서인근 선교사는 평소 기독교연합봉사회의 사업을 위해 외국에서 자원을 확보하는 데 온갖 힘을 동원하여 결실을 맺었는데, 이는 하나님의 예비하심에 따라 이뤄진 것이었다. 1928-29년에 기독교 농촌운동기관이 강조한 '문맹 퇴치→단체조직→농사개량→지도자 양성'[33]을 실행한 것으로도 볼 수 있다.

부자로 가는 길, 양곡대부와 양곡협동조합 사업

그리스도인이라면 부자가 되는 법을 알고서 이를 적용함으로써 본을 보여야 할 것이다. 임희국은 「신학월보」 1904년 7월호에 실린 "부자 되는 법"이라는 글을 소개하며 다음처럼 의견을 냈다.

> 교회 신문인 「신학월보」에 "부자 되는 법"이란 글이 실렸는데, 이 글에서는 "우리나라의 우상 섬김, 미신, 타락한 전통 종교야말로 개인과 국가의 경제를 거덜나게 하고 백성의 정신을 썩게 만든다."라고 질타했다. 반면에 "오늘날 서양이 부강한 이유는 무엇보다도 그 나라의 종교에 있다."라고 전제한 다음, 서양의 정치 질서와 법 제도도 사회 도덕과 풍습이 기독교 정신에 그 바탕을 두고 있다고 주장했다.[34]

여기에 덧붙여 우리나라 사람들이 주색잡기와 미신에 빠졌다가 예수를 믿고 새로운 삶을 시작하며 경제적으로 윤택하고 도덕적으로 모범이 되었다고 칭찬했다는 것이다. 글 내용만으로는 그리스도인으로서 당연히 따라야 할 덕목이라고 하겠다. 이후에도 가난을 이겨내기 위한 노력이 있었는데, 서인근 선교사가 몸담고 있는 기독교연합봉사회의 사업 중 양곡대부사업과 양곡협동조합사업을 꼽을 수 있다.

양곡협동조합원을 위한 교육(1980년대 초반)

1949년 농지개혁 이후에도 농민의 80퍼센트가 여전히 1정보(약 3,000평) 미만의 토지를 경작하는 영세농의 처지를 벗어날 수 없었다. 이런 상황에서 1970년 7월 양곡협동조합을 만들어 농촌 빈농의 암적 존재인 고리의 장리제도를 타파하기 위해 노력했다. 세계교회협의회 원조에 힘입어 10월부터는 각 농촌에 양곡협동조합이 세워졌는데, 특히 기독교농민학원의 농목과와 본과 졸업생이 살고 있는 마을이 중심을 이루었다. 이 양곡협동조합운동은 고리의 장리쌀이 과다한 부락에 조합원이 지원미(支援米) 50-100가마를 공동 출자하여 저리로 양곡을 대부해줌으로써 3-5년 만에 모든 대부금을 완전히 갚고 50-100가마의 자립 저축 조합이 되도록 하는 운동이었다.[35] 이 운동을 펼치며 조합원의 공동체 의식을 확고히 하는 교육도 함께 진행했다.

양곡협동조합의 기본 골격은 자립, 자조, 협동으로 이것은 훗날 신용협동조합의 정신적 모체가 되고[36] 새마을운동에서도 강조되었다. 자립은 남에게 의지하거나 종속되지 않고 스스로의 힘으로 일어서는 것이다. 특히 자립은 각자 주어진 경제 상황에 맞추어 사는 것인데, 이는 성서에서 바울이 “내가 궁핍하므로 말하는 것이 아니니라 어떠한 형편에든지 나는 자족하기를 배웠노니”(빌 4:11)라고 한 말씀으로 대신할 수 있다. 자조는 스스로 각자의 삶을 이루어가는 것으로 성서의 “우리가 알거니와 하나님을 사랑하는 자 곧 그의 뜻대로 부르심을 입은 자들에게는 모든 것이 합력하여 선을 이루느니라”(롬 8:28)라는 말씀으로 볼 수 있다. 협동은 함께하는 사람이 서로 마음과 힘을 합쳐 공동으로 결실을 일구는 것으로 성서의 “두 사람이 한 사람보다 나음은 그들이 수고함으로 좋은 상을 얻을 것임이라”(전 4:9)라는 말씀에 해당한다. 요컨대 그리스도인에게 자조와 협동은 별개의 것이 아니라 함께 아우러지는 것임을 알 수 있다.

1970년에 들어와 세계교회협의회로부터 자금을 지원받아 농촌의 절대 빈곤에서 벗어나기 위해 실시한 영농자금과 양곡의 대부사업은 농민의 생산과 소득에 크게 도움이 되었다. 예컨대 1980년 2월에 열린 기독교연합봉사회 정기이사회 회의록에 의하면 1979년 말에 양곡협동조합이 55개소가 운영되면서 양곡대부사업이 활발하게 시행되었다. 이 사업에 앞장선 사람이 서인근 선교사인데 그는 “하나님은 농부이시다.”라는 신앙고백 위에 사업을 통해 세상을 섬겨야 하는 이유를 다음과 같이 강조했다.

> 기독교 기관 사업을 왜 하는가? 이 세상에 기독교 교회가 없는 나라가 있을까? 거의 없다. 이 세상에 병원, 학교 기타 사회사업 등 기독교 기관이 없는 나라가 있는가? 여기에 대한 답은 마찬가지이다. 적어도 지난 1세기 동안 교회가 가는 곳에는 기관 사업이 설치되었다. 이것을 뒤집어서 말하면 기독교 기관 사업이 들어간 곳에는 교회도 생기게 되었다는 것이다. 특히

감리교회는 설교하기에 앞서 사업을 시작하기를 결코 주저하지 않는다. 우리는 이 두 가지를 분리할 수 있을까? 오직 하나가 있을 뿐이다. 우리는 보통 예배를 드리고 말씀 전하는 곳을 교회라고 한다. 우리가 기독교 기관이라고 하는 것은 실상은 일하는 교회, 즉 행동의 교회라고 해야 할 것이다.

기관이라는 것은 우리가 전하는 바를 실천한 결과 생긴 것이다. 그리스도를 구세주로 증거하는 일은 말씀과 아울러 행위로 선포되어야 한다. 즉 그리스도의 교회란 이런 것이어야 한다. 우리의 신앙은 그리스도를 믿는 신앙이다. 우리의 마음과 행동을 감동시키는 그리스도의 생애로부터 오는 영감이다.[37]

이 같은 노력은 시스템을 갖추는 동시에 농민 각자의 생활을 풍요롭게 가꾸어가는 것이기도 하다. 소위 농촌 부자가 만들어지는 과정이라고 하겠다. 여기서 서 선교사가 성공한 사업과 실패한 사업 두 가지를 살펴보자.

먼저 농촌 부자 만들기로 '세동 상추'를 들 수 있다.[38] 세동 상추는 기독교농민학원 출신 김은규 장로가 대전 세동에 교회를 세워 목회하며 주민들에게 보급한 것이다. 그는 가난한 농민을 위해 비닐하우스를 짓고 농민이 그곳에 상추를 심어 수입을 내도록 도왔다.[39] 신학대학교를 나와 공부만 하던 총각이 '깡촌'에 와서 수십년간 촌부들과 부대끼며 복음을 전하는 동시에 가난한 마을을 먹고 살 만하게 만들었다며, 주민들은 그가 '진짜 목사'였다고 회고한다.[40] 과일이나 채소 재배가 벼농사 못지않게 농민을 이롭게 했음을 옛 문헌에서도 확인할 수 있다. 예컨대 정약용은 그의 『경세유표』에서 다음과 같이 강조했다.

농가의 이익은 과원과 채포보다 후한 것이 없다. 100묘 되는 전지에 해마다 곡식 및 곡(斛)을 수확하는데 그것으로 돈을 만들면 그 돈이 얼마나 되며, 100묘 되는 전지에 해마다 파 몇 묶음을 수확했는데 그것으로 돈을 만들면 그 돈이 얼마일까? 파 심는 이익이 반드시 곡식보다 10곱절은 될 것이다. 다만 이런 과실과 채소는 반드시 국성(國城)[41]과 아주 가까운 지역이라야 이에 체화(滯貨)[42]됨이 없으므로 교야(郊野) 이외에는 곡식 농사는 있어도 과원과 채포는 없으니 이것은 물정의 자연스러움이다.[43]

반면 서인근 선교사가 주도한 양모사업은 들인 공력에 비하면 실패한 사업이라고 할 수 있다. 영국에서 양모산업은 1836년에 확장되기 시작해 이후 요크셔에서 40퍼센트, 스코틀랜드에서 그 이상의 확장을 이루었다. 소모사공업(梳毛絲工業)[44]의 확장은 더욱 크다. 이 공업은 동일한 기간에 74퍼센트 이상 확장되었음을 통계가 보여준다.[45] 그럼에도 실패한 것은 양을 기르는 국내 환경이 영국의 환경과 크게 달랐기 때문이다.

한편 기독교연합봉사회가 실시하는 사업 중 서인근 선교사가 관여한 대부분 사업은 국외와 연계함으로써 역량을 발휘했다. 대표적인 예가 HPI와 함께함으로써 국제적 협력을 이끌어낸 양곡대부사업이다. 서인근 선교사는 국제 조직과 신중한 전진을 꾀했고, 기독교농민학원 졸업생이 골고루 지원받을 수 있도록 각별하게 신경을 썼다. 특히 1973년에 기독교농민학원이 문을 닫으면서 이쪽 사업이 강조되었다고 볼 수 있다.

가난한 사람을 대하는 부자의 태도는 어떠해야 할까? 예컨대 웨슬리는 부자가 가난한 사람을 도울 때 지녀야 할 분명한 태도는 자신을 주인이 아닌 청지기, 시혜자가 아닌 수혜자로 여기는 것임을 이렇게 설명했다.

> 여러분은 여러분 자신을 하늘과 땅과 모든 것의 주인께서 자신의 지시대로만 사용하라며 그 소유 중 일부를 맡긴 사람으로 생각해야 합니다. 그의 지시 사항은 여러분이 자신을, 여러분에게 맡겨둔 주인의 재산에서 공급받아야 할 가난한 사람 중 하나로 여기라는 것입니다.[46]

이와 관련하여 스리랑카의 신학자 피어리스(Aloysius Pieris)는 "하나님은 구원의 역사를 형성하고 이끌 자들로 가난한 자들을 선택하셨다."[47] 라고 했다. 이뿐만 아니라 성서에서는 "많이 거둔 자도 남음이 없고 적게 거둔 자도 부족함이 없이 각 사람은 먹을 만큼만 거두었더라"(출 16:18) 라고 하며 먹을 것을 다음 날까지 남겨두지 말라고 했다. 이는 부자로 살든지, 가난한 자로 살든지 모름지기 신앙이 바탕을 이루어야 함을 주장한 것이다. 살아생전 '성직자 같은 비즈니스맨'으로 불린 템플턴(John Templeton)[48]의 사례도 있다.

> 자신의 성공이 신앙의 힘으로 이루어졌다는 믿음을 가졌던 템플턴은 훌륭한 교육을 받고 큰 성공을 거둔 주변 친구들이 하나님에 대해 무지하다는 것을 늘 안타까워했다. 템플턴은 종교 분야에서 놀라울 정도로 새로운 일이 벌어지고 있는데도 종교를 재미없고 시대에 뒤떨어진 쓸모없는 것이라고 생각하는 자신의 친구들을 깨우쳐줄 수 있는 무언가가 필요하다고 생각했고, 마침내 1972년에 '템플턴 종교 공헌상'을 제정했다.[49]

서인근 선교사는 몸을 기독교연합봉사회에 담고, 마음은 성서에 두어 농민 각자를 살리는 사업을 이끌었다. 그는 이런 사업에 대한 경험을 바탕으로 이후에 교육사역으로까지 나아갈 수 있었다.

조용하며 특출한 활동, 복음 전파와 농촌 살리기

서인근 선교사는 평소 조용히 일상을 꾸리면서 복음 전파와 농촌 살리기에 중점을 두었다. 이는 그가 주변 일에 해찰하지 않고 일에 집중했다는 뜻이기도 하다. 서인근 선교사는 자동차로 농촌 각지를 다니면서 농촌지도자의 농사일에 조언하고, 복음을 전하는 일에 힘썼다. 특히 말로 전하는 것보다는 본인의 행실을 보여줌으로써 복음 전파에 가속이 나게 했다. 이런 모습은 그가 "어느 목표 지점에 우리가 도달했다고 하면, 거기서 또 우리는 전진을 해야 뒤떨어지지 않는 농민이 될 것으로 압니다."[50]라고 기고한 글에서 엿볼 수 있다. 이뿐만 아니라 서인근 선교사가 퇴임하고 미국 교회에서 간증하며 언급한 "하나님이 그 아들을 세상에 보내신 것은 세상을 심판하려 하심이 아니요 그로 말미암아 세상이 구원을 받게 하려 하심이라"(요 3:17)라는 말씀에서도 확인할 수 있다.

그의 활동은 조용하면서 특출함이 있었다. 여기에는 두 가지 면이 있는데 하나는 기독교농민학원 출신 제자를 각별히 지원한 것이고, 다른 하나는 필요한 재정을 책임진 것이다. 기독교농민학원에서 훈련받은 농촌지도자를 일일이 찾아가 사후지도를 하고, 외국에 지원을 요청하여 그날 필요한 '만나'를 구했다. 당시 한국의 실상을 돌아보면 재정 확보는 중차대한 과제였고 서인근 선교사는 이 사역을 위해 사람과 자금을 동시에 붙잡고 나아갔다.

또한 서인근 선교사는 원근 각지를 쉴 새 없이 순회하며 후원자에게 보낼 보고서를 정성을 다하여 꼼꼼하게 작성했다. 그러면서도 그는 가족과 늘 함께했다. 선교사 중에는 젊어 가족이 없는 경우도 있지만 대체로

중리 목장(1950년대 후반, 위)
천안 목장(1970년대 초반)

결혼하여 가족을 이루고 자녀가 독립할 시기까지는 함께 있었다.

서인근 선교사가 당시 농촌 살리기에 뛰어들어 성공적으로 감당하기까지 여러 요인이 작용했지만 그중에서 특히 복음의 힘을 꼽을 수 있다. 복음은 신학의 중심 과제이다. 복음을 떠나서는 신학이 성립되지 않는다. 왜냐하면 신학은 하나님 말씀의 학문이기 때문이다.[51]

'복음적'(evangelical)이라는 말은 19세기 내내 부흥운동에 영향을 받은 미국 주류 개신교회 전체를 지칭했다. 이 용어의 뜻을 잘 보여주는 것이 1846년에 영국에서 조직된 복음주의연맹(Evangelical Alliance)이다. 이 조직은 영국국교회 내에 로마가톨릭적 전통을 강조하는 옥스퍼드운동에 반대하는 사람들의 모임을 기반으로 탄생했다. 그러나 복음주의연맹은 단순히 영국국교회 내의 모임이 아니라 로마가톨릭의 세력 확장을 저지하고 종교의 자유와 개신교 전통을 지키려는 국제적인 연합체였다.[52]

그리스도는 길이요, 진리요, 생명이고 그를 말미암지 않고는 결단코 구원의 상태에 들어갈 수 없다.(요 14:6) 이는 율법과 복음을 구별해야 함을 강조하는 것이기도 하다. 예컨대 장기영은 독일의 신학자 에벨링(Gerhard Ebeling)의 주장을 빌려 가톨릭교회의 율법주의를 바로잡기 위해 루터가 선택한 방법은 율법과 복음을 선명하게 구분하는 것이라고 했다.[53] 그래서 루터는 종교개혁의 5대 강령(오직 성서, 오직 그리스도, 오직 은혜, 오직 믿음, 오직 하나님의 영광)이 중심이 되면 신앙의 본질이 회복된다고 보았다.[54] 한편 웨슬리는 율법주의와 율법무용론의 양극단을 바로잡기 위해 "사랑으로써 역사하는 믿음"(갈 5:6)의 열매가 선행이면 그것은 그리스도인이 하나님께 받은 최고의 은혜이자 하나님께서 기뻐 받으실 희생제물이 됨을 강조했다.[55] 웨슬리가 경계한 양극단은 율법주의에 치우친 로마가톨릭 신학과 율법무용론의 위험성에까지 나아간 종교개혁 신학이었다.[56]

바울의 마음을 주관하는 이는 예수 그리스도이듯 그리스도만이 그의 모든 것이요, 그를 빼놓으면 그는 무(無)요, 죄인이요, 사망뿐이다. 그의 전체인 예수 그리스도가 복음의 전체이기도 하다.[57] 바울은 예수 그리스도를 다시 소개하여 자신의 배후에 계신 하나님의 은혜와 그의 경륜의 크심을 강조한다. 이는 그리스도의 신성과 인성이 복음의 핵심임을 일컫는 것일 터인데, 다음과 같은 성서 구절을 두고 하는 말이겠다.

> 그의 아들에 관하여 말하면 육신으로는 다윗의 혈통에서 나셨고 성결의 영으로는 죽은 자들 가운데서 부활하사 능력으로 하나님의 아들로 선포되셨으니 곧 우리 주 예수 그리스도시니라(롬 1:3-4)

사실 로마서의 모든 논증은 헤이스(Richard B. Hays)가 강조하듯, 계속해서 율법이 하나님의 의를 증언한다는 것이고, 믿음으로 말미암은 의의 복음이 율법을 파기하기보다 굳게 세운다는 것이다.[58] 이는 율법을 온전히 소화한 복음을 강조한 것이고, 서인근 선교사는 이런 원리를 알아 일상에 적용하는 데 어려움이 없었을 것이다.

7장

기독교연합봉사회의 재도약과 교육사역

1981-89

여호와의 말씀이니라 너희를 향한
나의 생각을 내가 아나니 평안이요 재앙이 아니니라
너희에게 미래와 희망을 주는 것이니라

– 예레미야 29:11

충남 대덕군에 있던 기독교연합봉사회는 1981년 11월 충남 대전 중구에 3,100여 평 회관을 지어 이사했다. 급변한 사회에 발맞추어 지난 30년간 펼친 사회봉사운동을 돌아보며, 새로운 비전을 세워 옮긴 것이다. 재단법인에서 사회복지법인으로 탈바꿈한 이후 두 번째 변화로서 재도약을 시도한 것으로 볼 수 있다. 이 재도약은 국민소득과 시민의식이 높아진 1980년대 사회상과 함께 진행되었다.[1] 노치준 목사는 한국교회의 평신도가 성장한 것과 관련하여 그 사회적 배경을 한국정치학회의 학술대회 자료집에서 다음과 같이 설명했다.

> 1980년대는 시민의식, 시민운동, 시민사회가 급속하게 발전하기 시작한 시대이다. 경제 성장은 중산층을 만들어낸다. 그리고 생활이 어느 정도 안정된 중산층은 시민으로서 의식을 가지게 된다. 자신과 자신이 속한 공동체의 삶에 주체적으로 참여하고 기여하는 시민적 삶에 대한 의식 곧 시민의식이 1980년대 이후 크게 발전했다.[2]

여기에서 말하는 시민은 사회 구성원으로서 권리와 의무를 지닌다. 그래서 시민의식은 국가 운영에 적극적으로 관여할 수 있는 견해나 사상을 일컫는다. 결국 시민사회는 국가에 대응하는 힘을 갖는다.

기독교연합봉사회의 재도약에는 서인근 선교사의 역할이 컸는데, 그는 개관식에서 건축위원으로서 공로패를 받기도 했다. 이 시기에 그의 사역은 교육 현장으로 확장되어 앞선 농촌사역에서처럼 사회 구원이나 성화로 나아가는 길을 따랐다. 서매지 선교사와 서인근 선교사는 각기 호수돈여자중고등학교와 목원대학교를 기반으로 교육사역을 부흥시켰다.[3]

교회 상황과 재도약의 의미

1980년에 신군부가 들어서면서 정치적으로 불안한 조짐을 보였으나 대통령 직선제 개헌을 이끌어낸 1987년 6월 민주항쟁에 힘입어 정치가 크게 회복되었다.[4] 정부가 북방정책을 펼치며 중국, 러시아와 수교하고 해외로 진출하는 기업과 유학생이 급증하는 중에 한국교회 역시 해외선교에서 급속한 증가를 보였다.[5] 여기에는 정치 사정 외에도 경제 성장이 뒷받침되었는데, 이는 1988년에 열린 서울올림픽을 통해 국외에 널리 알려졌다.

이 시기에 한국교회는 교회의 체계적 발전과 신학의 정립, 교파 간 화해와 협력 증진, 한국 교회사에 대한 관심 고조와 역사적 반성 분위기가 조성되었다. 아울러 1970년대 말에 미국으로부터 여성신학이 들어와 여성 안수를 비롯해 여성 사회운동을 이끌었고, 1985년에 한국여성신학회가 만들어졌다.[6] 무자격 신학교 정비와 각 신학대학교의 괄목할 만한 발전, 대형 교회의 사회적 책임 감수와 농어촌 교회 육성책 마련, 교회 재정의 합리적 운용을 위한 노력과 일부 교단의 목회자 생활 보장안 마련, 신흥 사이비 종파에 대한 조직적 대응 같은 긍정적이고 적극적인 현상이 성숙된 교회를 위해 발돋움했다.[7]

반면 목회자 중심의 권위주의가 드러나며 대형 교회를 주축으로 기독교가 급성장세를 보이는 가운데[8] 사람들의 가치가 신앙에서 멀어지는 세속화 현상이 일어나기도 했다.[9] 이와 동시에 교회에서는 평신도의 목소리가 높아졌다. 사회학자이기도 한 노치준 목사는 교회가 예수 그리스도를 머리로 하면서 교역자와 평신도라는 두 기둥 위에 서 있다며, 1980년대 이후 한국교회를 이해하기 위해서는 교회 일이 직업이라는 의미를 지닌 교역자 프로페셔널리즘과 봉사라는 의미를 띠는 평신도 아마추어리즘의 의미를 분명히 알아야 한다고 했다.[10] 기독교연합봉사회는 이 같은 상황을 외면하지 않고 충실히 따랐다.

세상에서 재도약은 '이미 발전한 상태에서 다시 더 높은 단계로 발전함을 비유적으로 이르는 말'로 풀이하는데, 기독교연합봉사회의 재도약은 세상 조직이나 기관의 재도약과는 달랐다. 기독교라서 달라야 하고, 연합이라서 달라야 했기 때문이다. 이런 다름은 초창기 선교사들이 성서를 번역하고 배부할 때 지향하던 바와 같았다. 이는 언더우드 선교사의 작업에서도 확인할 수 있다.

> 언더우드는 언제나 성서 번역을 자신이 해야 할 가장 중요한 일 중 하나로 생각했다. 사람의 수중에 있는 성서가 가장 훌륭한 설교를 할 수 있다고 믿었기 때문이다. 그래서 그는 전국을 누비며 많은 성서를 배포·판매했을 뿐만 아니라 한국인 권서인(勸書人)[11]들과 여자 권서들을 지도하는 데 많은 관심을 보였고 성심으로 그들을 격려했다.[12]

선교사로서 성서를 한국어로 번역하겠다고 나선 것은 곧 성서의 말씀을 바르게 전하려는 의지의 표명으로 보아야겠다.[13] 국내에서 1900년에 간행된 신약전서는 임시본을 모은 것이었고, 1906년에 가서야 공인역이 나왔다.

언더우드 선교사의 부인 릴리어스 호튼 언더우드에 의하면 레이놀즈 선교사에 의해 크게 진척되어 1911년에 완전히 번역된 성서가 한국인에게 주어졌다. 여기에 기도의 힘을 무시할 수 없었다고 한다. 성서 번역이 번역자의 기도와 성령의 도우심으로 이루어진 것처럼 기독교연합봉사회의 재도약 역시 성령이 함께하신 결과라고 볼 수 있다.

기독교연합봉사회관의 운영

기독교연합봉사회가 대전으로 옮겨지면서 서인근 선교사의 사역에 변화가 생겼다. 이 무렵 기독교연합봉사회는 다시 도약을 꾀하고 있었는데, 이때 서인근 선교사는 대전의 기독교 교육기관을 지원했다. 기독교연합봉사회의 재도약과 같은 환경의 변화에 따라 서인근 선교사의 사역은 교육 분야로 한층 더 확장되었다.

기독교연합봉사회관 운영은 크게 임대사업과 집회장 대관사업이다. 이들 사업은 다른 일반 임대사업이나 대관사업과 차별화되었다. 기독교연합봉사회관은 본관, 별관, 주차동으로 구성되었다. 본관은 지하 1층, 지상 9층으로 연면적 1만 1,264.78평방미터이고,[14] 별관은 지상 3층으로 연면적 1,018.38평방미터이다. 주차동은 지상 4층으로 170여 대를 주차할 수 있는 규모이다. 특히 주변에 약 8만 2,500평방미터나 되는 녹지 공원과 야

대전 중구에 자리 잡은 기독교연합봉사회관

외 음악당이 있어 회관 이용의 편의성을 높여준다. 요컨대 대규모 부지를 처분해 기독교연합봉사회관을 마련함으로써 안정된 임대 수익으로 다양한 목적사업을 시행할 수 있게 되었다. 기독교연합봉사회관 건물에는 은행, 증권회사, 방송국, 연구원 등 50여 기관이 입주했다. 아울러 대강당, 소규모 집회장, 회의실을 대여하고 있었는데, 특이하게도 다음과 같은 '서비스 헌장'과 '서비스 이행 표준'을 규정하여 기독교연합봉사회관 운영에 적용했다. 이 같은 약속은 하나님께 서원하는 것과 같다.

기독교연합봉사회의 대규모 목적사업에는 임대사업과 대관사업에서 얻은 수익이 지원되고 있었다. 그중 아동복지사업으로 후생학원, 용두어린이집, 부사어린이집, 예빛어린이집을 운영하고, 어린이회관을 위탁·운영하였다. 이는 기독교연합봉사회가 설립될 때부터 관심을 두고 있던 아동복

서비스 헌장

기독교연합봉사회관에 근무하는 우리는 기독교 정신에 입각하여 열린 마음과 성실한 자세를 갖고 고객이 만족하는 서비스를 제공하기 위하여 최선을 다하겠습니다.

1. 우리는 고객의 입장에서 생각하며 친절하게 맞이하고 민원 사항은 신속·정확·공정하게 처리하겠습니다.
2. 우리는 고객이 내 집같이 편안한 마음으로 다가설 수 있도록 쾌적하고 아늑한 공간을 만드는 데 최선의 노력을 다하겠습니다.
3. 우리는 대전 시민들이 아끼고 사랑하는 기관으로 거듭나기 위해 서비스의 질을 한 단계 높여가는 데 최선의 노력을 다하겠습니다.
4. 우리는 기업의 윤리와 목적을 달성하는 데 노력하겠습니다.

이상의 목표를 달성하기 위하여 '서비스 이행 표준'을 정하고, 이 기준을 성실히 지킬 것을 약속합니다.

1. 우리는 기독교연합봉사회관의 직원으로 긍지와 자부심을 갖는다.
2. 우리는 열린 마음과 긍정적 사고로 문제에 접근한다.
3. 우리는 친절과 봉사의 정신으로 이웃을 대한다.
4. 우리는 청결한 공간이 되도록 최선의 노력을 기울인다.
5. 우리는 솔선수범하여 움직이는 행정을 구현한다.
6. 우리는 동료와의 깊은 인간적 공감대를 형성하는 데 노력한다.
7. 우리는 업무상 취득한 비밀에 대해 절대 누설치 않는다.

지를 그대로 유지하고 있는 것이다.

지역사회복지사업으로 한밭종합사회복지관을, 장애인복지사업으로 행복한우리복지관과 장애인평생교육원을 수탁·운영했다. 특히 임대나 대관에서 다른 일반 기관과 달리 기독교 기관으로서 역사와 전통을 중시하며 차별화를 위해 노력했다. 이와 같은 기독교연합봉사회관 운영은 하나님으로부터 받은 은혜의 확장이라고 하겠는데, 웨슬리는 은혜의 확장을 다음과 같이 강조했다.

> 이미 받은 은혜를 바르게 활용하는 것은 더욱 큰 은혜를 받는 확실한 방법입니다. 당신이 가진 믿음을 십분 활용할 때 당신의 믿음은 한층 더 커질 것입니다. 이 말은 믿음만이 아니라 매우 넓은 영역, 즉 하나님께서 우리에게 맡기신 모든 재능과 내적이고 외적인 신앙생활 모든 영역에도 적용이 가능합니다.[15]

기독교연합봉사회가 하나님의 일에 동참하는 동역자의 자세를 갖지 않았다면 이 은혜는 확장되지 못하고 거기에서 그치고 말았을 것이다. 그래서 항상 새롭게 나아가야 하는데, 이와 관련하여 루터는 "그리스도는 늘 우리에게 주셔야 하고 우리는 늘 새롭게 시작해야 한다."[16]라고 강조한 바 있다. 그리스도인으로 사는 원리는 의롭게 하는 신앙을 날마다 새롭게 하는 데 있다. 바른 그리스도인은 작은 유혹에도 조심하고, 그 유혹을 이겨내야 한다. 이는 우리가 하나님의 형상 안에서 하나님과 본성적으로 같고, 하나님과 사랑의 교제를 나누며 믿음과 순종으로 의지를 기를 수 있기 때문이다.

서인근 선교사는 법인의 상임이사를 역임하며 기독교연합봉사회 운영에 주도적 역할을 하는 한편 농업 혁신을 위해서도 열정을 다했다. 기독교연합봉사회관의 운영에는 다음 몇 가지가 바탕이 되었다.

우선 하나님의 말씀을 따라 기독교연합봉사회가 세워졌듯 역시 그 말씀을 따라 운영되었다. 미국의 복음적 개신교 신자들은 자기들이 원하는 특정한 일을 소명으로 삼고 그것에 순종함으로써 성화를 이룰 수 있었다. 따라서 상업적 성향의 사람들은 자유방임주의 자본주의 체제에 몰입하여 열심히 돈 버는 일을 통해서도 청교도들이 그토록 애써서 추구하던 거룩함을 이룰 수 있었다.[17]

아울러 기독교연합봉사회 산하기관의 모든 일꾼은 하나님의 청지기로서 임해야 한다. 그럼에도 불미스러운 일이 일어나 안타까운 점이 없지 않은데, 1972년에 가축대부 책임자가 해임되는 일이 있었다.[18] 한편 언더우드 선교사는 질병으로 일본에 다녀온 일을 두고 선교본부가 오해하여 유용한 돈을 보상하라고 하는 바람에 선교 회계직을 그만두어야 했다. 서인근 선교사는 이런 오해를 받지 않았는지 궁금하다. 이는 윤리 도덕에 기반한 개인의 자율성에 관련한 것이라고 하겠는데, 이를 칸트의 주장을 빌려 소개한 것이 있어 인용한다.

> 칸트식으로 윤리 도덕의 근본이 개인의 자율성, 개인의 자유에 기초해 있지 않으면 그것은 부패하게 되지요. … 인간 본연의 자연스러운 있음에 대한 느낌을 유지하는 것, 그러니까 자유롭게, 자연 속에 자연스럽게 존재하는 것, 자연과 존재의 근본적 규제 속에서 바로 윤리적 존재로서 자기가 자율성을 가지고 있다는 걸 확인할 필요가 있지요.[19]

이는 위대한 복음을 전파할 수 있는 신앙인이 갖추어야 할 기본 덕목,

즉 믿음 이전에 있어야 할 합당한 성품을 강조한 것이다. 이것은 철학자가 주장한 바이고, 성서에서는 한층 더 엄격하게 권면하고 있다.

덧붙여 복음 전파에도 최선을 다해야 했다. 이는 서인근 선교사를 비롯한 모든 선교사가 청교도의 피에 기반하고 있음을 고려하여 강조한 것이다. 예컨대 미국 선교사 개개인이 품고 있던 종교적 사명 의식은 그들이 지니고 있던 미국이라는 국가의 정체성과 사명에 대한 이해와 매우 긴밀한 관계로 얽혀 있었다. 이런 의식과 이해는 미국이 청교도 이후에 발전시켜온 개신교적 종교 전통과도 깊게 얽혀 있다.[20]

농업 혁신을 통한 농촌과 도시 연결

1973년에 기독교농민학원이 문을 닫고 농촌개발원으로 탈바꿈하면서 농촌지도자연합회를 바탕으로 마을의 변화에 힘을 기울였다. 기독교농민학원이 농촌개발원으로 바뀐 것은, 1967년에 연세대학교가 농업개발원을 설립한 것처럼 당시 경제와 사회의 상황을 반영한 것이었다. 1960-70년대에 사회의 중심이 농촌에서 도시로 이동하면서 도시 중심화 현상이 두드러졌다. 이런 변화는 농촌 인구가 도시로 몰리는 사회 환경으로부터 영향을 크게 받았을 것이고, 여기에 대응하느라 농촌개발원의 처지는 긴박했을 것이다. 당시 원장은 최용규 장로였다.

농업을 발전시키고 마을을 변화시키는 데에 앞장선 서인근 선교사는 농업 혁신의 바탕이 되는 정신을 강조했다. 그 정신의 핵심은 앞에서 언급한 대로 농업 경영의 합리화를 꼽을 수 있다. 서인근 선교사는 농업의 과학화를 위해 연초에 계획을 세우고, 작물과 토양과 비료의 성질을 파악하고,

기상을 예측하며 병충해를 예방할 수 있어야 한다고 줄곧 강조했다.[21] 그래서 "그저 식량 문제만 해결하는 데 그치지 않고 더 수입을 올려 남부럽지 않게 살자."[22]라고 주장했다.

농촌개발원은 1982년부터 해외 연수생을 파견하기도 했다. 해외 연수의 목적은 선진국의 농업, 세계 농촌의 견학을 통해 견문을 넓히고, 무엇보다도 지도자로서 자질을 향상하며 기술을 도입하는 데 있었다. 이런 노력은 농촌과 도시가 공존하고, 농촌과 도시가 균형을 잡고 발전해야 국가가 존재함을 보이려는 것이다.[23] 기독교연합봉사회 이사회 회의록에 의하면 연수 대상은 농민학원 졸업생과 농촌지도자들이었으며 연수 지역은 일본, 대만, 미국, 유럽 등지였다. 이처럼 농촌개발원은 농업 혁신이 쉽지 않음을 몸으로 체득하며 불굴의 의지를 불태웠다. 여기에는 서인근 선교사의 교단을 초월한 성품이 바탕이 되었으며, 이런 성품은 레이놀즈 선교사에게서도 엿볼 수 있다.

> 1902년 서울 구리개(銅峴)교회(서울중앙교회)가 어려운 상황에서 가장 원만하게 목회할 사람으로 북장로교 선교사가 아닌 남장로교의 레이놀즈(William Davis Reynolds) 목사를 청빙했다. 레이놀즈는 교단을 초월하여 그 학식과 인품과 신앙을 인정받고 있었다.[24]

서인근 선교사는 자신의 기량을 발휘하여 기독교연합봉사회 운영에 앞장섰을 뿐 아니라 한국 농업 혁신을 통해 농촌과 도시를 연결하려고 애썼다. 그의 사역이 농촌에 그치지 않고, 농촌과 도시의 소통을 도모함으로써 함께 발전하는 데까지 뻗어나간 것이다. 그 대표 사례가 앞서 소개한 '세동 상추'이다.

이러한 활동을 통해 서인근 선교사는 오랫동안 성결과 믿음 등 신앙의 귀감이 될 기억을 미국 교회에 남겨놓았다. 성결은 천박하거나 속되지 않고 거룩하고 깨끗함을 일컫는데, 성서에는 "너희 마음을 굳건하게 하시고 우리 주 예수께서 그의 모든 성도와 함께 강림하실 때에 하나님 우리 아버지 앞에서 거룩함에 흠이 없게 하시기를 원하노라"(살전 3:13)라는 말씀으로 강조되었다. 기독교에서 믿음은 하나님이 예수 그리스도를 통해 보인 역사적 계시에 따른 인간의 반응이라고 하는데, 성서에는 "믿음은 바라는 것들의 실상이요 보이지 않는 것들의 증거니"(히 11:1)라는 말씀으로 대신하고 있다.

교육사역

서인근 선교사는 1983년 9월부터 1987년 4월까지 3년 7개월간 목원대학교의 재단 이사장직을 맡아 본격적으로 교육사역에 힘썼다. 목원대학교는 스톡스 선교사가 1954년에 설립한 대전의 첫 사립학교인 감리교대전신학원으로 출발했다. 이는 2장에 소개한 미국 베이커대학교가 캔자스주의 첫 사립대로 시작된 것과 같다고 하겠다. 농촌 재건이라는 대의명분으로 시작했고, 농촌 교역자를 양성하기 위한 신학교에 초점을 두었던 것이다. 이것으로 미루어볼 때 서인근 선교사는 스톡스 선교사의 후계 사역자라고 할 수 있다.

서인근 선교사는 1973년부터 1975년까지 재단의 감사를, 1979년 4월부터 1983년 8월까지 재단의 이사를 역임했다. 이렇게 쌓인 경력이 목원대학교의 재단을 이끌어갈 수 있는 능력을 이룬 것이리라. 서인근 선교사

목원대학교 이사장 당시 서인근 선교사

는 당시 교내 분규로 어려움을 겪던 목원대학교를 안정시키는 데 크게 기여했다. 특히 재단의 이사와 이사장으로 재직하면서 대학교 시설 부지 이전사업, 시설 확충자금 조달, 장학기금 조성사업을 위해 선한 마음으로 충실히 일했다. 물론 이는 하나님의 주권에 의한 것이었다.

서인근 선교사가 교육사역으로까지 나아간 것은 당시 주민의 의료나 교회 지도자 양성 사역이 안정되었기 때문이다. 사실 선교사의 교육사역은 한국 선교 초기부터 있었으나 서인근 선교사의 입장에서 볼 때 그렇다는 것이다. 그는 캔자스주립대학교 학부와 대학원을 마치고 1950-51년에 모교에서 교수로 재임한 경력이 있다. 한국에 들어와서는 농촌사역에 집중하며 기독교 부흥운동의 하나로 교회 지도자를 양성하는 데 노력했다.

이 시기에 서인근 선교사는 사역의 중심지였던 농촌에서 한 발 빼 교육사역에 들여놓은 것으로 보인다. 왜냐하면 이 무렵 기독교연합봉사회의 상임이사로 활동하며 일선의 실무보다 대외 활동에 관여했기 때문이다. 서인근 선교사가 교육사역에 뛰어든 것은 초기 선교사가 각종 학교와 사회사업 기관을 설립, 운영하며 한국교회를 도운 것과 같은 맥락이다.

서인근 선교사는 목원대학교의 재단 이사장으로 재임하면서 학교의 어려움을 해결하는 데 앞장서기도 했지만 형편이 어려운 학생들에게 장학금을 지원하는 일도 쉬지 않았다. 그래서 서인근 선교사의 회갑기념예배나 귀국 전 환송예배에 대학교 측의 참여가 성대했음을 알 수 있다. 또한 서인근 선교사가 귀국한 이후 목원대학교로부터 명예박사학위를 받은 것도 이와 관련지어 이해할 수 있다. 이는 1999년 명예박사학위 수여식을 안내하는 문건에서도 확인할 수 있다.

> 특별히 교육 분야에서도 기독교적 가치 구현과 인재 양성을 위하여 노력하시던 중… 이사장으로 재직하시면서 당시 교내 분규로 어려움을 겪던 목원대학을 안정시키는 데 큰 기여를 하셨습니다. 이사 및 이사장으로 재직하면서 대학 시설 부지 이전사업 및 시설 확충자금 조달과 장학기금 조성사업을 위해 혼신의 노력과 열정을 기울이셨습니다. 그 피땀 어린 수고로 인해 목원대학교가 지금의 유성캠퍼스로 이전을 하여 새로운 시대를 열 수 있게 되었습니다.

서인근 선교사가 목원대학교 재단 감리교대전신학원의 이사일 때 교내 분규가 있었는데, 이는 1969년 남기철 목사가 학장을 맡으면서 시작된 것으로 짐작한다.[25] 이런 사정에는 8·15해방과 6·25전쟁 시기에 월남한 북한 그리스도인과 기존 남한 그리스도인 간 갈등이 한 요인으로 거론되고 있는데, 실제로 해방 전 전체 기독교 인구의 3분의 2를 차지하던 서북 지역 그리스도인이 월남했고,[26] 그들은 기존 남한 그리스도인과 협력 관계는 맺지 못했다.

서인근 선교사는 교육사역 못지않게 사회복지사업에도 적극 관여했는데, 당시 기독교연합봉사회의 이사회 회의록이나 사업보고서를 통해 이를 확인할 수 있다. 예컨대 1983년부터 1989년 귀국하기 직전까지 재단법인 향애원의 이사장을 맡았다. 향애원은 스톡스 선교사가 전쟁고아를 돌보기 위해 1952년 충북 음성에 세운 것이다. 이런 점을 보면 앞에서도 언급했지만 서인근 선교사는 스톡스 선교사를 멘토로 삼았을 정도로 스톡스 선교사가 이룬 길을 순종하며 따랐다고 하겠다.

한편 서매지 선교사는 충남영아원을 운영할 뿐 아니라 대전보육대학과 호수돈여자중고등학교에서 강의와 교장으로 사역함으로써 서인근 선교사의 교육사역에 함께했다. 앞에 언급한 바처럼 서매지 선교사는 충남영아원을 시작으로 기독교농민학원에서 훈련받는 여성에게 다양한 프로그램을 실시하기도 했다. 1983년에는 목원대학교 영어영문학과 전임교수로 임용되기도 했다.[27]

서인근 선교사가 이룬 교육사역의 의미와 특징은 몇 가지로 요약할 수 있다. 첫째, 선배 선교사가 관심을 두었던 교육사역을 이어받았다. 한국에 들어온 초기 선교사들이 의료와 교육에 관심을 두었듯 서인근 선교사 역시 이들 교육사역에서 벗어나지 않았음을 보여준다. 이는 당시 사회의 요구에 의한 것이지만, 초기에는 중등교육기관에 중점을 둔 반면 점차 대학으로 발전했다는 점에서 다르다.

둘째, 서인근 선교사의 교육사역은 철저히 기독교 신앙을 기반으로 펼쳐졌다. 이는 앞선 그의 농촌사역이 교육사역과 크게 다르지 않다는 점을 보여준다. 실제로 감리교대전신학교는 사회적 약자에 관심을 두어 설립되었고, 졸업생 역시 감리교의 전통에 따라 농촌 교회에서 활동했다.[28] 이 교육사역은 처음부터 서인근 선교사가 주도했다기보다 설립자 스톡스 선교사에 의해 이미 확보된 것이라고 해야 옳다. 앞에 언급한 베이커대학교의 설립과 운영에서 보듯 하나님의 자녀가 받는 은혜는 국가를 넘어서도 동일하게 적용된 셈이다.

셋째, 교육사역에 필요한 재정 역시 주로 미국에서 끌어왔다. 한국의 어려운 재정 현실이 반영된 것이고, 나아가 교육사역에서 기독교 신앙을 강조할 때 해외선교부에 의지할 수밖에 없는 실상이기도 하다. 서인근 선교사의 이 같은 능력은 "또한 어떤 사람에게든지 하나님이 재물과 부요를 그에게 주사 능히 누리게 하시며 제 몫을 받아 수고함으로 즐거워하게 하신 것은 하나님의 선물이라"(전 5:19)라고 한 것처럼 하나님의 복이라고 하겠다.

삼애동지회와 주고받은 사랑

1986년 3월에 서인근 선교사의 회갑을 맞아 이를 축하하는 예배가 대전 동구 정동에 있는 중화요리점 태화장에서 열렸다. 이때만 해도 대전은 직할시가 아니고 충청남도에 속했다.[29] 예배 순서지에는 이 예배가 기독교연합봉사회, 기독교대한감리회 남부연회, 목원대학교가 공동 주관한 것으로 되어 있다. 기독교연합봉사회 총무 한규덕 장로가 사회를 보았고, 설교는 남부연회 감독 이준용 목사가 했으며, 서인근 선교사의 약력을 목원대학교 사무처장 최용규 장로가 읽었다.[30] 당시 분위기를 알려주는 증언이나 문헌이 없기에, 린튼 선교사가 1951년 대전에서 회갑을 맞았을 때 한 교인 부부가 작성해 읽은 축하글을 소개한다. 이를 통해 서인근 선교사의 회갑 축하예배 분위기를 엿볼 수 있다.

> 하나님의 크신 사랑이 우리 민족 위에 미치사 지금으로부터 사십여 년 전에 아버지의 사랑하시는 종 인돈 목사님은 주님의 사명을 받으시고 자기의 화려한 고국산천과 정든 부모형제를 버리고 청파만리 이역하늘의 험산준령을 넘어서 이곳에 오셔 왜적으로 하여금 짓밟히고 그 손에 사로잡혀서 메말라 시드는 가련한 우리 민족을 살리시고자 당신의 일생을 복음운동과 교육사업으로 오늘까지 진력하시며 밤낮 갖은 고생을 하시면서도 때로는 한숨과 눈물로써 악전고투하시기에 그 얼마나 괴로우셨던가요.
>
> …그동안 저희를 위하여 당신의 귀한 일생을 하루 같이 받쳐주신 그 위대하신 정신을 우리가 본받아 저희도 분골쇄신하며 나를 이기고 제 십자가를 지고 주님만 따라가겠나이다. 끝으로 목사님 양위분의 존체 안녕을 빌며 오늘의 회갑을 길이 축하하나이다.[31]

서인근 선교사의 회갑축하예배 분위기는 린튼 선교사의 회갑을 축하하는 예배 때와 크게 다르지 않았을 것이다. 당시 이런 글을 읽을 사람은 삼애동지회의 대표 정도가 아니었을까? 그렇다면 삼애동지회 회장을 맡은 서인근 선교사의 제자 김종환은 자신의 결혼식에서 받은 도움을 떠올렸을 것이고, 그래서 참석자의 눈시울을 뜨겁게 했을 터이다.

목원대학교 재단이사 김영웅 목사의 축사와 삼애동지회 회원 일동의 축가가 끝나고, 곧 서인근 선교사에게 축하패와 감사패, 예물, 꽃다발이 증정되었다. 후주는 목원대학교 현악4중주단이 맡아 축하예배를 마무리했다. 삼애동지회 회원 일동이 부른 축가의 제목이 무엇이었는지 확인할 수 없어 아쉽다. 처음과 마지막에 찬송가를 두 번 불렀는데 〈복의 근원 강림하사〉와 〈나의 갈 길 다 가도록〉이었다. 이 같은 일정은 3년 후에 있을 서인근 선교사의 귀국 전 송별예배와 크게 다르지 않았다.

1989년 서인근 선교의 귀국을 앞두고 송별예배가 열렸다. 이때 삼애동지회 회원 8명이 각자 소 한 마리에 상응하는 현금을 선물했다. 우리나라가 어려운 시기에 선교사로부터 받은 것을 돌려준다는 의미와 감사드리는 마음이 담겨 있었다.

이 일화는 서인근 선교사가 HPI의 가축대부사업을 맡아 집행한 것과 깊이 관련이 있다고 보아야 할 것이다. 그런데 본국에 돌아간 서인근 선교사는 한국에서 받은 돈을 한국인 명의로 HPI에 기증했고, HPI는 다시 이를 중국의 농촌사업에 지원했다. 이 일로 삼애동지회는 물론 기독교연합봉사회 전체가 떠들썩했고, 나중에는 국가기관이 개입하는 일이 벌어졌다. 당시는 우리나라가 중국과 수교하지 않은 때라 안전기획부의 조사까지 받아야 했다.

감사의 의미로 주어진 소 8마리 값으로 인해 삼애동지회 회원들이 미국에 초청되어 HPI 역사에 새로운 기록을 남겼다. 자국이 성장하여 소를 되갚은 나라는 아직까지 없었다는 칭송과 함께 HPI로부터 환영을 받은 것이다. 회원들은 초청된 그 자리에서 소 한 마리 값 정도의 돈을 모아 HPI에 기부했다. 과거 미국의 독지가들이 우리나라를 위해서 한 푼 두 푼 모아 보내준 것처럼 삼애동지회 회원들은 사랑의 빚을 다시 사랑으로 갚은 것이다.[32] 삼애동지회 회원들이 행한 것처럼 미국의 후원자들도 그렇게 실천했을 것이고, 2021년에 설립된 헤퍼코리아도 이를 큰 자랑으로 삼고 있다.

좌담회를 통해 본 서인근 선교사의 사역 방침

서인근 선교사와 함께 활동했던 사람들이 2021년에 두 차례 좌담회를 열었다. 이 좌담회에서 다룬 주요 내용을 바탕으로 노치준 목사가 제시하는 "교역자의 정체성을 결정하는 직(職) 4가지"[33]에 따라 서인근 선교사의 사역 방침 몇 가지를 이끌어낼 수 있다.

첫째, 성직자로서 사역에 임한다. 선교사는 성직자로서 거룩하신 하나님과 영원한 진리를 위해 일하는 사람이다. 성직자로서 교역자는 늘 기도로 거룩하신 하나님과 교통(交通)해야 한다. 거룩은 분별된 삶이다. 그래서 거룩하신 하나님의 말씀을 묵상하고 가르치고 선포하는 일을 담당하고, 거룩하신 하나님께 드리는 예배와 성례전을 주관한다. 이 같은 직은 서인근 선교사가 매일 출근하여 예배를 드렸다는 데서 확인할 수 있다.

둘째, 목회자로서 사역에 임한다. 선교사는 목회자로서 성도들을 돌보고 그들을 하나님 앞으로 인도한다. 성도들이 어려운 인생길을 잘 걸어갈 수 있게 격려하고, 지치고 쓰러졌을 때는 위로하고 일으켜 세운다. 이 같은 사역의 본이 된 예로 서인근 선교사가 기독교농민학원 졸업생인 김종환·이영자 성도의 결혼식을 섬긴 사례를 들 수 있다. 그는 어떤 대가를 기대하여 결혼식을 도운 것이 아니었다.

셋째, 기관 행정의 책임자로서 사역에 임한다. 선교사는 주 예수 그리스도의 위임을 받아 특정 기관의 대표자가 되고, 교회가 질서 있는 조직체로서 운영되게 이끌어가는 역할을 담당한다. 서인근 선교사는 직접 목회를 하지는 않았지만 이에 버금가는 기독교연합봉사회의 굵직한 사업을 이끌어가며 기관 행정을 맡았고, 특히 미국 선교부와의 관계에서 연결 통로

역할을 했다.

넷째, 기관의 관리 책임자로서 사역에 임한다. 기관 내의 인적·물적 자원을 잘 관리하여 하나님 나라의 귀한 자산이 낭비되거나 헛되이 소진되지 않게 한다. 서인근 선교사가 기독교연합봉사회의 주요 사업뿐만 아니라 교육사역에서도 모두가 신뢰하는 책임자로 임무를 완수했음을 확인할 수 있다. 이때 중요한 것은 서인근 선교사가 한국 내에서뿐만 아니라 미국을 비롯한 해외로부터 들어온 자원을 정확히 셈하는 청지기 역할을 다했다는 사실이다.

이 같은 네 가지 직은 선교사로서 매우 엄격하게 지켜야 할 책무라고 할 수 있는데 초기에 입국한 선교사들도 이와 유사하게 사역의 지침을 따른 것으로 보인다.

> 미국 선교사들은 윤리강령을 어긴 한국인 교인들을 훈계하거나 꾸중했으며, 필요에 따라서는 징계 조치를 내렸다. …예컨대 일요일에 예배를 일부러 빠진다든지 일을 하여 안식일 성수의 규정을 어긴 세례교인은 그 벌로 성찬식에 참여하는 것이 금지되었다. …이런 규정을 엄격하고 일관성 있게 적용함으로써 선교사들은 자기들이 세운 교회의 주인이 누구이며, 또 거기에 들어간다는 것이 무엇을 의미하는가를 분명히 인식시켜주려고 했다.[34]

서인근 선교사는 한국인을 특별히 달리 보려는 태도가 없었던 것 같다. 가령 한국인이 기독교를 유독 잘 받아들인 것과 관련해, 한글의 띄어쓰기를 처음 계도한 헐버트 선교사는 한국인에게 합리성과 이상주의에 결함이 있어서라 했고, 언더우드 선교사는 논리적 사고와 종교적 본능이 있기 때문이라고 했다. 하지만 서 선교사는 이런 관점과는 무관했다.

사역의 확장과 일상

서인근 선교사가 영향력을 확장해갈 수 있었던 비결은 인간관계, 곧 말씀을 바탕으로 한 충실한 인간관계였을 것이다. 이처럼 선교사에게 인간관계의 중요성을 강조한 사례가 있다.

> 하나님 나라를 위해 일하는 데 최상의 성과를 거두려면 선교사는 협동할 줄 아는 성격을 지녀야 한다. 그러나 실제 선교 현장에서는 대부분 독자적인 사업을 추구하는 경향이 강하며, 남다르고 기이한 일을 개발하고자 하는 욕구가 유달리 강한 사람도 있다. 그리고 이러한 욕구와 경향 때문에 종종 불합리한 결과를 낳거나 노력을 낭비하는 경우가 허다하다.[35]

서인근 선교사는 충실한 남편이요, 자상한 아버지였으며, 하나님을 경외하는 가운데 자녀들을 양육하려고 노력했다. 이런 성품이 그의 사역 범위를 확장하는 데 기여했을 것이다. 알려진 대로 그의 일상 몇 가지가 이를 잘 보여준다.

첫째, 평범하고 검소한 일상이 그의 활동 울타리를 넘어서게 했다. 선교사의 생활은 그들의 소득에 의해 영향을 받을 것인데, 대체로 생활하는 데 어려움이 없을 정도였다. 예컨대 류대영이 제시한 자료에 의하면 초기 선교사의 연봉은 700-900달러였고, 결혼한 경우 1,100-1,200달러를 받았다. 그리고 자녀가 있을 경우 연간 2,000달러씩 받기도 했다. 이 같은 처우는 1910년 전후 미국인 근로자의 연 평균 수입이 700달러 정도인 것과 비교할 때 손색이 없었다. 덧붙여 미국 국무부의 고위 관리이던 한국주재 미국 공사의 연봉은 약 1,500달러였다고 한다.

내한 선교사들의 봉급은 중국, 일본에 있던 그들의 동료에 비해 일반적으로 적었고, 미국 선교사들이 고용한 한국인 조사(助事)들은 한 달에 4-5달러를 받았다.[36] 이런 실상은 서인근 선교사가 본국에 돌아가 와메고 제일연합교회에서 간증한 내용에 잘 드러난다. 따라서 1950년대에 한국에 들어온 선교사의 처우 역시 이 수준에서 크게 다르지 않았을 것이다. 물론 선교사 중에는 미국 중산층에서 누리던 삶이 있어 한국 사람이나 동료 선교사들로부터 사치스럽다는 말을 들었을 수도 있다. 예컨대 비싼 가구를 들이거나 휴일에 등산, 낚시, 사냥, 여행 등을 하는 모습이 당시 한국 형편의 눈으로 보면 곱지 않았을 것이 분명하다.

그럼에도 자신을 억제하며 검소하게 생활한 선교사도 있었다. 대표적으로 북감리교의 홀 선교사 일가를 들 수 있다. 이 책 2장의 감리교 선교사 계보에서도 언급한 홀 선교사는 1891년에 한국에 들어와 환자를 치료하던 중 병에 걸려 1894년에 세상을 떠났다. 그의 뜻을 이어 부인 로제타(Rosetta Sherwood Hall)가 1907년에 우리나라 첫 청각장애인학교를 세웠고, 아들 셔우드(Sherwood Hall)가 해주에 폐결핵요양원을 운영하면서 1932년에 크리스마스실을 발행했다. 이들이 당시 한국인들로부터 존경받은 것은 이런 과업을 이뤄서만이 아니라 진정으로 환자나 장애인과 함께 생활했기 때문이다. 선교사가 되기 위해 기도하고 훈련을 받았지만 막상 현지에 와서 적응하기는 쉽지 않았을 것이다. 특히 제반 환경이 낙후한 나라에서 생활하느라 여러 가지 불편을 감수해야 했을 텐데, 홀 선교사 일가가 보인 생활 모습이 바로 서인근 선교사에게 전해지지 않았을까.

둘째, 그의 차분한 성품이 인간관계를 넓히고 활동을 확장시켰다. 이와 관련하여 1907년 한국교회 부흥운동의 중심지인 송도는 성령이 충만

한 그리스도인들이 많아 전도열과 교육열이 높았다고 한다.

(장대현교회 건축 관련하여) 1차 약정 헌금은 1898년 4월에, 2차 약정 헌금은 1899년 4월에, 3차는 1900년 2월에 시행했다. 1년 동안 얼마를 드리겠다는 작정을 하고 약속하는 헌금 방식이었다. 첫 약정 헌금을 할 때, 외부 지원 없이 한국인들의 힘으로만 짓자는 제안이 나왔고 이에 교인들이 동의하여 정성을 다해 아낌없이 드렸다. 첫날 헌금에 300달러의 약정이 이루어졌다.[37]

조선이 개화기를 맞아 정치적으로 혼란한 상황이었음에도 당시 송도처럼 교회가 부흥한 것은 흔한 사례라고 할 수 없다. 어떤 사람은 세상이 어려울 때 종교계의 세가 더욱 커진다고 하지만 쉽게 넘겨짚을 수는 없다. 왜냐하면 형편이 어려운 사람이 교회로 몰리는 것은 그만큼 교회를 이끌어가는 사람들이 여건을 만들고, 이것이 말씀대로 이루어졌기 때문이다.

셋째, 끝까지 몸으로 실천하는 사역자였다. 그의 활동은 순교에 가까웠다. 순교는 그리스어로 '증거하다'라는 의미를 지닌다고 한다. 이는 신앙을 위해 죽는다기보다 설교를 통해 증거하라는 뜻일 것이다. 줄리아 칭은 이를 다음과 같이 설명했다.

박해의 시대가 지난 후에 순교는 더욱 드물게 일어났다. 순교의 교의가 은자적이고 수도사적인 삶의 교의로 바뀌었고, 순교의 성격이 더욱 넓은 의미로 받아들여졌던 것이다. 특히 그것은 수도 생활에서 금욕주의나 영적인 완성이라는 가르침으로 발전했다. 금욕이란 말은 그리스어의 아스케오(askeo)에서 왔는데, 그 말 자체는 훈련과 노력을 필요로 한다는 것을 함

축하고 있다. 또한 인간 스스로가 악으로 향하는 경향에 대항하여 싸우는 것을 의미한다.[38]

금욕적이고 영적인 순교자적 삶은 계율에 얽매인 삶과는 분명 다른 측면에서 봐야 할 것이다. 금욕적인 생활은 사역자로서 꾸려야 할 기본 생활이기 때문이다. 서인근 선교사와 동역한 사람들에 의하면 서인근 선교사의 순교자적 생활은 억지로 꾸며진 것이 아니라 자연스럽게 가능했다고 한다. 이런 점을 들어 서인근 선교사는 최소한 상대의 마음을 사로잡기 위해 '보여주기 식'의 생활은 하지 않은 것으로 보인다. 그래서 그 믿음이 오래 지속되었고, 그런 중에 사역의 범주가 날로 확대되었다고 보는 것이 합당하다.

넷째, 받아들이기 쉽지 않은 문화 차이에 점진적으로 적응했다. 집을 짓는 데 사용하는 목재가 음지에서 서서히 말라야 하듯 서인근 선교사는 몸에 밴 미국 문화와 충돌하지 않게 차츰차츰 한국 문화를 받아들였을 것이다. 아울러 신앙이 힘이 되어 한국 문화라는 터널을 통과했을 것이다. 구약의 전통은 하나님 대신에 율법과 성전이 신앙의 대상으로 등장했다고 한다. 신앙은 "예수께서 이르시되 할 수 있거든이 무슨 말이냐 믿는 자에게는 능히 하지 못할 일이 없느니라 하시니"(막 9:23)라는 말씀처럼 하나님의 능력에 의지하고 나아가는 것이라고 할 때, 서인근 선교사는 문화적 차이 때문에 결코 흔들리거나 좌절하지 않았다. 그래서 복음은 신앙을 전하는 소식이고, 신앙은 사도에게 성령으로 지탱하는 전인적 생을 바쳐서 하는 행위라고 할 것이다.

8장

귀국

1989-2020

예수께서 신 포도주를 받으신 후에 이르시되
다 이루었다 하시고 머리를 숙이니 영혼이 떠나가시니라

- 요한복음 19:30

서인근 선교사는 한국에서 사역을 마치고 1989년 6월에 귀국했다. 한국을 떠나기 전, 그는 지난 사역을 마무리하면서 다음과 같은 말로 자신과 동역한 한국 그리스도인들의 노력을 치하했다.

> 어느덧 40년에 가까워지는 한국 생활이지만 이곳에 왔던 것을 늘 감사하고 있습니다. 왜냐하면 한국에는 원래부터 지도자가 될 만한 인물이 많았고 기독교적인 교육도 훌륭히 되어 있었기 때문입니다. 같은 마음을 가진 동지가 많아 힘이 드는 줄도 모르고 일할 수 있었습니다.[1]

귀국을 앞둔 서인근 선교사가 이러한 고백을 한 것은 동역자들에 대한 애틋한 마음이 일었기 때문일 것이다. 아울러 자신의 지난 사역에 대해서도 흐뭇한 심정이었으리라 생각한다. 이 무렵 한국은 1987년에 6·29민주화선언이 이뤄지고 1988년 서울올림픽을 치른 후라 정치적으로나 경제적으로 안정을 누리고 있었다.

서인근 선교사는 미국으로 돌아가 2년 뒤인 1991년에 선교사직에서 은퇴했다. 40여 년을 선교사로 활동한 셈인데 한국에서 37년간 사역했다. 귀국 후 미국에서 활동하던 그는 교회에서 마련한 집회 때 주로 한국에서의 경험을 간증했다. 이뿐만 아니라 1999년에 한국을 방문하여 목원대학교에서 명예신학박사 학위를 받기도 했다. 그리고 이렇게 쉼 없는 활동을 마감하고 그는 2020년 7월에 소천했다. 1989년 당시 한국과 미국의 주요 상황을 살펴보자.

한국에서는 1월에 충남 대전시와 대덕구(진잠면 남선리 제외)가 대전직할시로 승격되고 해외여행이 전면 자유화되었다. 미국에서는 부시(George H. W. Bush)가 대통령으로 취임하고, 중국에서는 6월 천안문 사건이 일어났는데[2] 바로 이 무렵 서인근 선교사는 귀국을 했다. 8월에는 미국의 콜린 파월(Colin Luther Powell) 대장이 미국 역사상 흑인 최초로 합참의장에 임명되었다.[3] 10월에 교황 바오로 2세가 한국을 재방문했고, 11월에 독일의 베를린 장벽이 무너졌다.

서인근, 서매지 선교사 귀국 송별예배

서인근 선교사와 그의 아내 서매지 선교사의 귀국을 앞두고 기독교연합봉사회, 기독교 대한감리회 남부연회, 목원대학교가 주최한 송별예배가 5월 26일 대전시 중구에 있는 고려부페에서 열렸다. 3년 전에 드린 회갑 축하 예배보다 더 넓은 공간을 빌렸기에 예배의 규모도 컸으리라고 짐작할 수 있다. 송별예배 초대장 내용을 그대로 소개한다.

서인근, 서매지 선교사 귀국 송별예배

1952년 한국에 농업선교사로 파송된 후 37년 동안 어려운 농촌 교회와 교역자를 도왔으며, 외원 단체를 통하여 가축을 보급했고, 장학금을 지급해왔으며 목원대학교, 기독교연합봉사회, 남부연회를 통하여 선교사의 사명을 다 감당하시고, 1989년 6월 9일 본국으로 귀국함에 있어 그동안 서인근 선교사 내외분과 정답게 지내시던 분들을 모시고 아래와 같이 송별예배를 드리고자 하오니 꼭 오셔서 석별의 정을 나누시기 바랍니다.

1989년 5월 17일

기독교연합봉사회 이사장 최병곤
감리교 남부연회 감독 이종주
목원대학 학장(대) 김규태

- 일시: 1989년 5월 26일(금), 오전 11:00
- 장소: 고려부페(대전직할시 중구 문화동 T. 526-4001)

송별예배 순서지에 따르면 당시 삼애동지회 회장 김종환 집사가 해외 가축 대부사업기금을 전달하고, 바로 서인근 선교사와 서매지 선교사가 답사를 했다. 그 답사 내용은 알 수 없으나 대략 지난 사역을 하나님의 은혜로 마쳤음을 고백하고 함께한 동역자들에게 고마움을 표하는 내용이었을 것이라 추측한다. 그때 부른 찬송가 460장 〈지금까지 지내온 것〉(새 찬송가 301장)을 여기에 적는다.

지금까지 지내온 것 주의 크신 은혜라
한이 없는 주의 사랑 어찌 이루 말하랴
자나 깨나 주의 손이 항상 살펴주시고
모든 일을 주 안에서 형통하게 하시네

몸도 맘도 연약하나 새 힘 받아 살았네
물 붓듯이 부으시는 주의 은혜 족하다
사랑 없는 거리에나 험한 산길 헤맬 때
주의 손을 굳게 잡고 찬송하며 가리라

주님 다시 뵈올 날이 날로 날로 다가와
무거운 짐 주께 맡겨 벗을 날도 멀잖네
나를 위해 예비하신 고향집에 돌아가
아버지의 품 안에서 영원토록 살리라

하나님의 은혜와 사랑을 기억하며 찬양한 것인데, 이는 "사무엘이 돌을 취하여 미스바와 센 사이에 세워 이르되 여호와께서 여기까지 우리를 도우셨다 하고 그 이름을 에벤에셀이라 하니라"(삼상 7:12)라는 말씀에 근거한다고 한다. 이 말씀에 따르면 이스라엘 백성은 영적 어둠에서 벗어나 우상을 버리고 회개하며 기도하라는 사무엘의 외침을 들었기에 하나님의 도움을 받을 수 있었다. 아마도 눈물의 회개였을 텐데, 송별예배는 이 같은 서인근 선교사의 삶을 상기시키는 시간이었을 것이다.

이 찬송가는 송별예배를 시작하자마자 묵도한 후에 불렀는데, 순서지에는 2절까지 부른 것으로 나와 있다. 후주를 위해 목원대학 현악4중주단이 수고했고 그 네 명은 윤지현(바이올린), 이미경(바이올린), 김현영(비올라), 구은정(첼로)이었다. 지금 이들은 당시 분위기를 어떻게 기억하고 있을지 궁금하다. 1960년대 초 대전에서 목원대 주최로 첫 〈메시아〉 연주회가 열렸고, 지금은 1970년에 신설된 목원대 음악교육과가 매년 정기연주회를 이끌고 있다.[4] 목원대 음악교육과의 연주회는 당시 대전에서 명성이 자자했다.

예배를 마치고 참석자들은 뷔페식으로 점심을 먹었다. "날마다 마음을 같이하여 성전에 모이기를 힘쓰고 집에서 떡을 떼며 기쁨과 순전한 마음으로 음식을 먹고 하나님을 찬미하며 또 온 백성에게 칭송을 받으니 주께서 구원 받는 사람을 날마다 더하게 하시니라"(행 2:46-47)에 나오는 공동식사라 할 수 있다.

공동식사의 기쁨은 예수의 수난보다 부활과 관련된다. 이는 하나님 나라 새 백성의 성스러운 기원을 설명하는 것으로, 새 질서의 출현이자 새 공동체의 형성이다. 그래서 한인철은 "공동식사는 하나님 나라의 비전을 나누는 자리이고, 하나님 나라를 실현하는 자리이고, 그 자체가 하나님 나라의 한 모형이다."라고 했을 터이다.[5] 당시 분위기를 상상하며 찬송가 221장인 〈주 믿는 형제들〉(통일 525장)을 들어보자.

주 믿는 형제들 사랑의 사귐은
천국의 교제 같으니 참 좋은 친교라

하나님 보좌 앞 다 기도드리니
우리의 믿음 소망이 주 안에 하나라

피차에 슬픔과 수고를 나누고
늘 동고동락하면서 참사랑 나누네

또 이별할 때에 맘 비록 슬퍼도
주 안에 교제하면서 또다시 만나리

서인근 선교사 부부의 송별예배를 살피면서 생각한 것은, 그가 약속을 완수하기까지 말씀에서 힘을 얻었다는 사실이다. 여기서 약속이란 다름 아닌 선교사로서의 사명이다. 그가 사명자로 살아가도록 단단히 붙들어준 것이 말씀이라는 사실을 떠올리며 다음 몇 가지를 정리해보았다.

첫째, 그는 하나님으로부터 복된 말씀을 받았을 것이다. 하나님은 심판하기보다 복을 주시는 분이다. 그 복은 사람의 힘을 크게 초월하여 주어지는 것이다. 찜통더위 속에서 제아무리 많은 선풍기나 에어컨을 동원하더라도 조용히 부는 자연의 시원한 바람에는 미치지 못하는 이치와도 같다. 이를 확신하게 해주는 말씀 한 구절을 소개한다.

만군의 여호와가 이르노라 너희의 온전한 십일조를 창고에 들여 나의 집에 양식이 있게 하고 그것으로 나를 시험하여 내가 하늘 문을 열고 너희에게 복을 쌓을 곳이 없도록 붓지 아니하나 보라(말 3:10)

여기서 "온전한 십일조"는 '세상의 돈'으로 이해해서는 안 되고 '온전한 순종'으로 봐야 한다. 아울러 세상이 부러워하는 물질의 복을 넘어 팔복[6]에 이르는 것임을 알아야겠다.

둘째, 그는 서로 사랑하라는 말씀을 염두에 두며 살았을 것이다. 이는 한국에 처음 들어올 때 품었던 마음으로, 이후에도 변치 않았을 것이다. 사랑의 사전적 정의는 "어떤 사람이나 존재를 몹시 아끼고 귀중히 여기는 마음 또는 그런 일"이지만 성서에는 이를 훨씬 뛰어넘는 사랑이 나온다. 다음 말씀은 주님이 보여주신 사랑이 어떠한지를 잘 보여준다.

> 사람이 친구를 위하여 자기 목숨을 버리면 이보다 더 큰 사랑이 없나니 너희는 내가 명하는 대로 행하면 곧 나의 친구라(요 15:13-14)

친구를 위해 자기 목숨을 버리는 것은 말로는 쉬울지 몰라도 실제로 매우 어려운 일이다. 아울러 우리는 이 구절을 문자적으로 해석하여 '목숨'만 바치는 행위로 이해하지만 성서는 그 이상을 의미한다. 즉 목숨을 바치는 상황까지 가는 삶 그리고 이를 자연스럽게 반복하는 삶을 가리키는 것이다.

셋째, "우리가 하나님과 함께 일하는 자로서 너희를 권하노니 하나님의 은혜를 헛되이 받지 말라"(고후 6:1)라는 말씀처럼 서 선교사는 하나님께 받은 은혜를 고스란히 주변에 전하면서 신뢰를 쌓아가고 그 힘으로 선순환의 삶을 살았을 것이다.

하나님의 은혜를 헛되이 받지 말라는 것은 은혜로 살아가는 삶을 말씀으로 잘 가꾸라는 의미이다. 이는 세상에서 모은 재물을 허투루 사용하지 말라는 의미와도 일맥상통하다. 서인근 선교사는 농촌지도자나 사무실 직원들과 동역하는 데에도 이 말씀을 신실하게 적용했다. 예컨대 그는 농촌지도자를 부르기보다 자신이 직접 현장에 나가 조언을 하고 농작물 판매를 도왔으며, 방문한 농촌의 허술한 거처를 꺼리지 않았다.

미국으로 돌아가는 길

서인근 선교사는 아내 서매지 선교사와 함께 1989년 6월 9일 미국으로 돌아갔다. 37년 전에는 일본을 거쳤지만 돌아갈 때에는 미국 직항이었는데, 그만큼 세상이 달라진 것이다. 물론 서인근 선교사는 한국에서 사역하면서 1957년에 첫 안식년을 맞아 미국에 갔고, 이후 네 차례 다녀왔다. 그러니 처음 입국과 이번 귀국을 포함하면 한국을 여섯 차례 왕래한 셈이다. 이후 명예박사학위를 받기 위해 한국에 왔고, 이 외에도 재정 지원을 받기 위해 몇 차례 더 미국을 다녀왔을 것으로 추정한다.

서인근 선교사 부부는 귀국 전날 대전에서 서울로 올라와 하루를 머물렀다. 그날 비가 내렸고, 다음 날인 9일 김포공항에 도착해서도 안개비가 계속 내렸다.[7] 이틀간 비가 내린 것이다. 한국을 떠나는 서인근 선교사 부부에게 이른 여름비가 서운한 마음을 전한 것일까. 그가 한국에 처음 온 길은 캘리포니아에서 시작해 일본을 거치는 바닷길이었다. 비행기가 아니고 배였다. 그 길을 상상해보자.

> 아내 서매지 선교사가 다니던 와메고교회 뜰에서 작별하고 캘리포니아까지 왔는데, 한국에 전쟁이 일어나 마냥 기다려야 했다. 미연합감리교회 측에 연락을 했더니 전쟁이 언제 끝날지 알 수 없다고 한다. 한국 현지에서 할 일도 만만치 않을 텐데, 시작부터 어려움이 닥친 것이다. 그나마 이 기

간에 신학 공부를 마치고 한국어를 비롯해 한국 농업의 실상을 알 수 있어 다행이다. 게다가 토레이 2세 선교사를 만나 킹스베리 선교사와 함께 의수족 제작 기술을 익혔다. 한국에서 벌어진 전쟁이 끝나면 갈 수 있다고 생각하니 달리 걱정할 일은 아니다. 한국이 아닌 다른 나라로 가는 선교사는 제 일정에 따라 매주 배를 타고 떠나고, 나는 이들을 환송할 뿐이었다. 꼬박 2년을 기다리고 나서야 일본으로 가는 배를 탔다.

일본에 도착해 아내와 딸 드보라와 석 달을 보내고 혼자 부산에 도착했다. 아내는 일본 대학에서 영어를 가르치는 사역을 맡아 딸과 지내기로 했다. 한국으로 오는 선실 안에서 동그란 선창(船窓)으로 바다를 바라보았다.[8] 잿빛 바다는 고요하고 막막했으며 어스름이 내려앉으면서 물과 하늘을 구분할 수 없게 되었다.[9] 아내와 어린 딸을 일본에 두고 홀로 오며 착잡한 기분이 들었다. 먼저 한국에 들어가 자리 잡고 아내와 딸을 맞이하리라. 한국에 도착해서 함께 일할 사람은 누구일까? 내게 합당한 사람을 붙여달라고 주님께 기도하자.

그때가 엊그제 같은데 37년이 훌쩍 지나갔다. 한국에서 사역을 마치고 돌아간다는 것이 믿기지 않았을 것이다. 처음 한국에 발을 디딜 때에는 들뜬 기분에 가슴이 두근거렸겠지만 귀국하는 길에는 자신을 곰곰이 돌아봤을 것이다. 언젠가 충북 영동의 농가를 방문할 때 너무 더워서 몇몇 집은 들르지 못했던 게 안타깝고, 좀 더 뛰어다니며 자금을 모아 한국 농촌과 대학을 지원하면 좋았을 텐데 하는 아쉬움도 남았겠지만 한편으로는 "너희는 가서 모든 민족을 제자로 삼아 아버지와 아들과 성령의 이름으로 세례를 베풀고 내가 너희에게 분부한 모든 것을 가르쳐 지키게 하라"(마 28:19-20)라는 말씀에 따라 사명을 완수했다는 만족도 있었으리

라. 삼애동지회와 귀국 송별예배를 공동으로 주선한 목원대학교 측의 배려에 적지 않은 격려를 받기도 했을 것이다.

한국에서 서인근 선교사는 기쁨으로 사역했다. 누군가가 길을 물어올 때 내가 잘 아는 길을 정확하게 안내해주면 즐겁지 않은가. 이처럼 서인근 선교사는 한국의 농촌과 교육이 나아갈 방향을 분명히 알았기에 확신과 기쁨으로 사역을 펼쳐갈 수 있었다. 그의 사역을 돌아볼 때 한 가지 아쉬운 점이 남는다. 그것은 바로 배민수 목사의 갑작스러운 소천 후 기독교여자농민학원이 독립하여 일산으로 떨어져 나간 일이다. 당시 서인근 선교사는 안식년을 받아 미국에 있었다. 만약 한국에 있었다면 기독교연합봉사회에서 분리되는 것을 막을 수 있지 않았을까. 그래서 기독교연합봉사회 산하 농촌개발원을 한층 더 든든하게 세워갈 수 있지 않았을까. 서인근 선교사는 그의 성품을 미뤄 짐작하건대 당시 상황을 가까이서 목격하기가 더 힘들었을지 모른다. 독립한 기독교여자농민학원이 제대로 자리 잡지 못해 더 큰 아쉬움을 느꼈을 것이다.

미국에 도착한 서 선교사는 먼저 처가로 갔다. 자녀와 손주들도 와 있었다. 와메고제일감리교회 교인들은 모두 평안했으나 돌아가신 분들이 꽤 있었다. 서 선교사 부부는 "그런즉 선 줄로 생각하는 자는 넘어질까 조심하라"(고전 10:12)라는 성서 구절을 되새기며 교만하지 않을 것을 다짐했다. 한국으로 파송되었을 때의 그 각오가 마음에 일었다. 한국의 선교 여정은 끝났지만 고국에서 마무리할 일이 이들 부부를 아직 기다리고 있었기 때문이다.

선교사직 은퇴

앞서 언급한 대로 서 선교사는 미국으로 돌아온 지 2년 되던 1991년에 선교사직을 은퇴했다. 세상에서는 은퇴를 가리켜 "직임에서 물러나거나 사회 활동에서 손을 떼고 한가로이 지내는 것"이라고 정의하지만 서인근 선교사의 은퇴는 그런 성격이 아니었다. 평범한 은퇴자의 일상이 아니었기 때문이다. 어찌되었든 서인근 선교사는 은퇴함으로써 안식을 누리게 되었는데 여기서 안식의 의미를 살펴보자. 김양재 목사는 마태복음 11:28-29를 바탕으로 안식을 다음과 같이 설명한다.

> 하나님이 주시는 복, 진정한 안식의 구체적인 적용이 이 말씀에 담겨 있습니다. 수고하고 무거운 짐 진 우리가 쉬는 방법은 예수께로 가서, 예수님의 멍에를 메고, 예수께 배우는 것입니다. 먹고 노는 쉼이 아니라 수고하고 무거운 나의 짐을 예수님의 멍에로 바꾸어 메는 것이 쉼이고 안식입니다. 환경이 바뀌어서 안식이 아닙니다. 벗어버리고만 싶은 무거운 환경을 하나님의 뜻 안에서 구별된 시선으로 바라보는 것이 안식입니다. 지지리 고생스럽던 나의 환경이 거룩함을 이루는 복된 십자가로 바뀌는 것이 안식입니다. 이것이 하나님께서 복 주사 거룩하게 하신 안식일의 개념이고 안식의 의미입니다.[10]

서인근 선교사에게 '안식을 누린다'는 것은 지금까지의 사역을 그만두고 쉰다는 것이 아니라 조금은 자유로운 신분으로 말씀에 따라 사는 것을 의미했다. 그래서 서인근 선교사는 아내 서매지 선교사와 함께 교회나 선교부가 마련한 집회에서 그간의 사역을 간증하는 데 힘썼다. 간증은 영적인 증거를 드러내는 일이요, 의롭고 진정한 소망으로 하는 것이다. 서인근 선교사 부부는 내용이 겹치지 않을 만큼 다양한 간증을 준비했고, 특히 결혼 전에 만나 선교 사역을 함께 준비하던 일, 한국 농촌과 대학교에서 활동한 일 등을 꼭 나누었다.

서인근 선교사는 「농민생활」 권두언에서 "이 해부터 일에 쫓기는 농민에서 일을 만들어 하는 농민이 되기를 바란다."[11]라고 말한 바 있다. 이것이 서원이라도 된 듯 그는 일을 만들어가며 사역을 쉬지 않았다.

명예신학박사 학위 수여

서인근 선교사의 명예신학박사 학위 수여식이 1999년 10월 목원대에서 있었다. 이유식 이사장은 축사에서 서인근 선교사에게 박사학위를 수여하는 것이 우리 대학의 기쁨이요, 자랑이라고 했다. 당시 목원대는 학생의 입학 정원을 주간과 야간에 각기 40명, 50명 증원했기에 경축 분위기로 가득했다. 서인근 선교사는 답사로 감사와 기쁨을 전하며 지난 시간을 추억했고 다음과 같은 성서 구절을 소개했다.

> 너희 안에 이 마음을 품으라 곧 그리스도 예수의 마음이니 그는 근본 하나님의 본체시나 하나님과 동등됨을 취할 것으로 여기지 아니하시고 오히려 자기를 비워 종의 형체를 가지사 사람들과 같이 되셨고 사람의 모양으로 나타나사 자기를 낮추시고 죽기까지 복종하셨으니 곧 십자가에 죽으심이라 이러므로 하나님이 그를 지극히 높여 모든 이름 위에 뛰어난 이름을 주

서인근 선교사 명예박사 학위식(1999년 10월 7일)

사 하늘에 있는 자들과 땅에 있는 자들과 땅 아래에 있는 자들로 모든 무릎을 예수의 이름에 꿇게 하시고 모든 입으로 예수 그리스도를 주라 시인하여 하나님 아버지께 영광을 돌리게 하셨느니라(빌 2:5-11)

그리스도 예수의 마음은 곧 우리를 죄와 죽음에서 구하려는 마음이다. 우리가 그 마음을 품으려면 우리 자신의 죄를 고백하는 데에서 시작해야 한다. 물론 죄를 고백하려면 결단의 용기가 필요하다. 성서에는 "그런즉 누구든지 그리스도 안에 있으면 새로운 피조물이라 이전 것은 지나갔으니 보라 새 것이 되었도다"(고후 5:17)라고 나온다. 마음을 새롭게 하는 지혜로 예수의 마음을 품으라는 권유이리라.

명예박사학위는 어느 분야에서 높은 공로를 세운 사람을 인정하고 기려서 박사라는 칭호를 붙여 학위를 주는 것으로, 한국에서는 해당 대학교가 교육부의 승인을 받아 수여한다. 그러면 서인근 선교사는 목원대에 어떤 공로를 세웠을까?

우선 그는 하나님의 말씀으로 학교 교직원과 학생들을 이끌어 그들이 모두 하나님의 약속을 보게 했다. 전문 지식도 중요하지만 충실한 그리스도인을 배출하는 것이 중요하기에 그 일에 온전히 힘썼고 이는 목원대의 설립 취지에도 부합했다.

아울러 서 선교사는 학교에 필요한 재정을 확보하기 위해 노력했다. 명예신학박사 학위 수여식의 안내문도 그가 이사와 이사장으로 재직하며 학교 부지 이전사업과 시설 확충을 위한 자금을 조달했다고 밝히고 있다. 이러한 재정 확보에는 설립자 스톡스 선교사의 힘이 컸을 것이다. 또한 그는 형편이 어려운 학생들을 지원하기 위해 장학기금을 조성하는 일에 혼신의 노력과 열정을 기울였다. 이 같은 그의 노력은 한국에 들어와 초창기 사역을 할 때와 비슷한데, 왜냐하면 형편이 어려운 학생이나 전쟁으로 부모를 잃은 고아의 처지가 크게 다르지 않다고 봤기 때문이다.

서인근 선교사를 기리는 몇 가지 일화

서인근 선교사를 기리기 위해서 그에 관해 널리 알려지지 않은 몇 가지 일화를 정리해보려고 한다.

첫째, 한국인에게 베푼 그의 사랑 이야기이다. 서인근 선교사는 한국 사람을 누구보다 사랑했다. 여기에는 오른손이 하는 일을 왼손이 모르게 하는 겸손함과 세심한 성품이 보태졌을 것이다. 이러한 각별한 사랑을 보여준 하나의 예가 면양사업이다. 치밀하게 준비하여 운영했음에도 이 사업은 실패하고 말았는데, 그는 자신의 일이 아니라 한국 땅을 향한 하나님의 일이라 생각하면서 결코 포기하지 않고 마지막까지 충성을 다했다. 그리하여 결국에는 백화점에 고기를 납품할 수 있게 되었다.

둘째, 서인근 선교사는 남에게 간섭하거나 피해 입히는 것을 극도로 꺼렸으며 소박하게 자기 일에 충실했다. 예컨대 그는 사무실 직원 몇 명만 초대하여 아들의 결혼식을 조촐하게 치렀는데 이는 그의 일관된 성품이자 성숙한 영성에서 비롯된 모습이라 할 수 있다.

셋째, 서인근 선교사는 농촌선교사의 전문성을 발휘하며 지도자 양성과 교육에 힘썼다. 이러한 수고는 그가 「농민생활」에 기고한 "탐방기"를 통해 확인할 수 있다. 서인근 선교사가 농사일을 하다가 잠시 쉬고 있던 한 농촌지도자와 나눈 대화를 들어보자.

> "계획하신 일이 모두 잘 되고 있습니까?"
>
> "제대로 되는 게 거의 없다고 봐야지요. 남이 보기에는 상당한 수입입니다만, 제가 계획한 대로는 되지 않고 있습니다. 원인이 여러 가지 있겠지만 첫째, 기술이 부족하고, 둘째, 투입해야 할 자본이 상당합니다. 그리고 기후 같은 자연의 제약도 상당히 많이 받고 있습니다."[12]

서인근 선교사는 「농민생활」뿐 아니라 현장 실습을 통해 교육하고, 농민의 영농자금 대부를 돕고, 가뭄과 홍수에 대처하는 방안을 농촌지도자들과 함께 찾았다. 특히 그는 이동 수단과 농가 환경이 열악했지만 이를 개의치 않고 농촌을 오가며 지속적으로 농촌지도자를 도왔다.

넷째, 나눔의 선순환을 시작한 이야기이다. 『기독교연합봉사회 50년사』를 집필한 연규홍 교수는 1999년 7월 서인근 선교사의 안내를 받아 HPI 본부를 방문했는데 당시 사무실에 "We make a Team, Team makes Dream"이라는 표어가 걸려 있었다고 한다. 우리말로 옮기면 "우리는 연합하고, 연합은 꿈을 이룬다."라는 의미이다. 나눔은 '있는 사람'이 '없는 사람'에게 일방적으로 행하는 것이 아니다. 성서에 따르면 '있는 사람'과 '없는 사람'이 모두 한 형제이므로 그 둘을 구분하는 것은 무용하다. 형편이 어려워 도움을 받은 사람도 언젠가 그 도움을 발판 삼아 과거의 자신과 같은 사람을 도울 수 있고, 이것이 진정한 나눔일 것이다. 삼애동지회가 귀국하는 서인근 선교사에게 소 8마리 값을 선물한 일은 단순히 HPI로부터 받은 것을 되돌려준 게 아니라 첫 나눔이 계속 이어지게 한 것이기에 '이어 나누기'를 실천한 대표적인 사례로 회자될 것이다.

소천

서인근 선교사는 아내 서매지 선교사가 소천(2019년 9월)한 지 10개월이 지난 2020년 7월에 하나님의 부르심을 받았다. 이들은 다음과 같은 예수님의 말씀에 따라 혼인을 맺었다.

> 창조 때로부터 사람을 남자와 여자로 지으셨으니 이러므로 사람이 그 부모를 떠나서 그 둘이 한 몸이 될지니라 이러한즉 이제 둘이 아니요 한 몸이니 그러므로 하나님이 짝지어 주신 것을 사람이 나누지 못할지니라 하시더라(막 10:6-9)

이 말씀이 서 선교사 부부에게 한층 남다른 의미를 지닌 것은, 이들이 평범한 부부를 넘어 선교사로서 함께 서원했기 때문이다. 타국에서 선교사로 살아가려면 그만큼 주님의 역사를 확고하게 믿고 나아가 여러 곤경에 처할 것을 각오해야 한다. 예컨대 서인근 선교사가 한국에 들어오기 전 한국에서 이미 사역하고 있던 몇몇 선배 선교사는 생활이 사치스럽다는 비난을 받기도 했다.(미국과 한국의 문화 차이에서 비롯된 오해일 수 있다.) 그러나 서인근 선교사는 달랐다. 그에게 교육을 받거나 그와 함께 일한 사람들에 따르면 서 선교사는 아무리 험난한 길이라도 주님이 동행하며 보호하신다는 것을 굳게 믿었다. 다음은 주변 사람들의 증언이다.

> 온화하고 여유로운 성품 때문에 외국인이나 한국인 모두 그를 편안하게 대했다. 그는 남의 일에 간섭하지 않고 본인의 일에 열심이었으며 무엇보다 약속을 지키고 책무를 완수하는 데 빈틈이 없었다. 그는 자신처럼 남들도 성서 말씀에 따라 살도록 배려했다. 그는 사무실의 낡은 물품들을 함부로 버리지 않고 한 번 더 사용할 수 있는 방안을 찾았다. 외국에 보내는 보고서를 작성하는 데 치밀하며 신속했다. 여기에 덤으로 그는 명랑한 인간관계를 맺었다.

하나님의 말씀은 귀 있는 자에게 가장 강력한 호소력을 지니듯 서인근 선교사는 용기와 함께 열정을 입각점(立脚點)으로 삼아 믿음과 헌신으로 어려운 사역을 펼쳐 나갔다. 아마도 그는 유럽에서 미국으로 이주한 이민자 후손으로서 다음과 같은 상황에서 성화했던 것 같다.

> 제1차 세계대전 이후 그간 미국 대학을 주도해오던 소수의 북동부 지역 영국계 백인은 유럽의 기타 지역 출신의 이민자나 유대인, 여성들의 도전에 직면한다. 이들을 관리하기 위해 기득권층은 대중교육 및 대중문화를 통해

'중산층 미국인의 동질적 사고방식'을 심어주고 다른 한편으로 대학의 문학 연구 및 교육을 재편하여 기득권의 울타리를 강화한다.[13]

근대는 서구 문명 확장과 식민의 역사이다. 근대에는 기독교의 세계화 비전에 따라 아메리카 대륙이 발견되고 통합되었는데[14] 이처럼 기독교가 주축이 된 여정은 전도와 지배라는 두 갈래로 나뉘었다. 기독교의 식민이나 지배라는 주장은 기독교가 전도 대상 국가의 정치에 적극적이지 못했음을 비판하는 입장이라 할 수 있다. 일례로 일제가 조선을 침략하려는 모사가 노골적으로 드러나던 1901년에 장로교 선교사 모임인 장로교공의회는 "교회는 나랏일을 의논하는 집이 아니다."[15]라고 하며 교회의 비정치화를 천명한 바 있다. 서인근 선교사의 추도예배는 남아 있는 영상 자료가 없기에 상상할 수밖에 없는데, 그의 사역을 생각하며 아펜젤러 선교사가 어느 장례식에서 전한 말씀을 들어보자.

우리는 바쁜 일상을 멈추고 여기 수많은 육체가 부활의 아침을 기다리고 있는 강변에 우리의 맥펠라를 묻기 위해 섰습니다. 우리가 이 땅에서 이방인이요, 순례자라는 사실을 깨닫는 것은 마땅한 일입니다. 죽음에는 순서가 없습니다. 몇 주 전에는 아픈 줄도 몰랐던 한 형제가 잠들었으며, 이제 여기 또 다른 형제가 부름을 받아 우리는 그의 호탕한 웃음소리를 들을 수 없게 되었습니다.

우리는 욥이 말한 것처럼 "내가 되돌아올 수 없는 곳으로 가기 전의 날들이 짧으며… 아무 질서도 없도다"라고 하지 맙시다. '아무 질서도 없는 것'이 아니라 모든 일은 하나님의 질서 속에서 이뤄집니다.

하나님의 모든 일은 선합니다. 잠자는 자들에 대해 걱정하는 형제들

이어, 슬퍼하지 맙시다. 죽었다가 다시 살아나신 예수님께서 그분과 함께 잠들었던 자들을 데려가실 것입니다. 그리하여 우리는 주와 함께 영원히 있게 될 것입니다. 그러므로 진실로 우리의 마지막 교훈은 우리의 위로를 위한 것입니다.

"하나님이 우리를 세우심은 노하심에 이르게 하심이 아니요 오직 우리 주 예수 그리스도로 말미암아 구원을 받게 하심이라 예수께서 우리를 위하여 죽으사 우리로 하여금 깨어 있든지 자든지 자기와 함께 살게 하려 하셨느니라."(살전 5:9-10) 이것이 하나님의 뜻이므로 우리는 이 관점에서 자신의 자녀를 다루시는 하나님의 처분을 바라봐야 합니다.[16]

아펜젤러 선교사는 지상에서의 우리 삶이 이방인의 삶과 다를 바 없다며 천국의 삶을 강조했는데 이는 우리가 바라는 '천국 소망'을 의미한다.[17] 서인근 선교사는 자신보다 앞서 소천한 아내 서매지 선교사를 생각하며 더더욱 하늘에 마음을 두고 다음 말씀을 되뇌었을 것이다. "이와 같이 너희도 명령 받은 것을 다 행한 후에 이르기를 우리는 무익한 종이라 우리가 하여야 할 일을 한 것뿐이라 할지니라."(눅 17:10)

농촌 재생의 초석과 대학 교육의 본을 이룬 삶

서인근 선교사의 활동은 한국의 농촌을 재생하는 초석이 되었다고 해도 과언이 아닐 것이다. 이뿐 아니라 서인근 선교사의 후반기 사역이라고 할 수 있는 교육사역은 한국 대학의 운영에 좋은 본이 되었다.

그의 말년은 마치 하나님께서 모세를 애굽으로 돌려보내 사명을 이루게 하시려고 40년간 광야에서 양을 치도록 허락하신 것과 같았다.[18] 귀국하고서 2년 후 선교사직을 은퇴했음에도 서 선교사는 20년이 넘게 교회와 선교 기관을 순회하며 자신의 사역이 하나님에게서 받은 귀한 사명이었음을 알렸다. 아마도 그의 간증을 들은 사람들 중에는 제2의 서인근으로 서원한 이도 있었으리라.

6·25전쟁으로 국토 전체가 황폐화한 상황에서 기독교 선교사의 사역은 복음 전파에 앞서 국가 재건에 크게 기여했다고 해도 과언이 아니다. 서인근 선교사는 1950년대 대전을 중심으로 사역을 펼쳤는데, 당시는 삽이나 곡괭이 한 자루로 황무지를 개간하듯 막막한 상황이었다. 그럼에도 그는 묵묵하고 우직하게 농촌선교사의 길을 걸었다.

한국에서 활동한 여러 선교사 중 서인근은 비교적 평범한 사람이었다. 그는 하나님의 종으로서 학문으로 천도(天道)와 인정(人情)을 꿰뚫고 그 도(道)로 곤란에 처한 농부와 대학생을 끌어안았다. 평소 헤아리고 사색함이 원숙하여 어두운 방에 촛불을 환히 밝히듯 했고, 한 사람이라도 삶의 터전을 잃지 않도록 천하 만물 구제에 늘 마음을 기울였다. 그럼에도 주변의 몇몇 사람 외에는 그와 그의 사역을 기억하는 이가 드물다. 서인근 선교사의 사역을 마무리하며 그가 이 땅에 보여준 삶의 교훈을 몇 가지 정리하고자 한다.

첫째, 그는 자신의 정신을 삶으로 오롯이 보여주었다. 농촌지도자들과 대학교 교직원 및 학생들과 더불어 오직 말씀을 따라가는 삶을 살기 위해 애쓰고, 농촌이나 대학에 필요한 것은 해결하기 위해 발 벗고 나섰으며, 과정을 함께 기다리는 사람들을 편안하게 해주었다. 서인근 선교사가 우리에게 남겨준 정신 중 하나는 세계교회협의회의 창설 정신과도 일맥상통하다. 즉 세계교회협의회는 죄성과 파괴적인 악을 절감한 교회 지도자들이 인류의 화해와 일치를 위한 교회의 가시적 일치와 살아 있는 교제의 중요성을 절감하는 가운데 창설되었다.[19] 당시 선교사의 활동은 최근 코로나19와 같은 어려운 상황에서 진행되었을 것이다.[20] 이런 점에서 우리는, 사탄에 의해 넘어지는 것이 상대와 무모한 경쟁을 벌이며 내 욕망을 드러낸 까닭임을 인정해야 할 것이다. 이는 "자기를 믿으라는 예수의 말은 하나님을 모방하는 예수의 그 모방을 모방하라는 말이다."[21]라고 한 지라르[22]의 말로 강조할 수 있다. 마지막 날에 주님은 "얼마나 많은 일을 했는가? 얼마나 높이 올라갔는가? 얼마나 많은 사람을 안수했는가? 얼마나 많은 교인을 모았는가? 얼마나 많은 책을 저술했는가?" 등을 묻지 않고 "네가 얼마나 나를 사랑하느냐?"[23]라고 물으실 것이다.

둘째, 서인근 선교사는 3불(三不)의 삶, 즉 초심을 잃지 않는 삶, 후회하지 않는 삶, 거짓을 멀리하는 삶을 살았다. 이는 다른 말로 성서 말씀을 반석으로 삼는 '기독교', 미약할지라도 함께 힘을 모으는 '연합', 연합하여 사회적 약자를 돌보는 '봉사'라고 표현할 수 있을 것이다.

셋째, 그는 말씀에 따라 사랑을 베풀었다. 농촌과 대학교에서 그가 베푼 사랑은 다함이 없는 사랑이었다. 기독교 신앙의 근본은 사랑하는 아들을 통해 베푸시는 하나님의 사랑이다. 웨슬리는 하나님께서 먼저 우리를 사랑하셨기에 우리가 그분을 사랑하는 것이 기독교의 전부이자 진정한 모형이라고 했는데[24] 서인근 선교사도 하나님의 사랑으로 살았던 사람이기에 그 사랑을 우리에게 줄 수 있었을 것이다.

마지막으로 그의 삶은 기도였다. 복음을 전하고 재정을 확보해야 할 때마다 그는 모든 일을 기도로 감당했다. 기도는 앞서 언급한 기독교, 연합, 봉사를 이루는 구체적인 방법이다. 실제로 많은 선교사가 필요한 재정을 위해 무엇보다 기도에 힘썼는데, 본국의 신자들에게 기도를 요청한 크램(Willard Gliden Cram) 선교사가 한 예이다.[25] 우리는 천국에서 우리가 쌓은 기도를 확인할 수 있을 것이다.

서인근 선교사는 자신에게 주어진 꿈을 따라 마지막 사역을 완성함으로써 믿는 자들을 위한 좋은 세상을 만드는 데 얼마간 도움을 주고 세상을 떠났다. 성서 말씀에 순종하면서 지상에서의 사명을 감당하며 조국 미국과 사역지인 한국에 하나님의 사랑을 남겼다. 그는 사람의 힘만으로 감당할 수 없는 짐을 지고 때로 오해를 받기도 했지만 결국에는 농민 지도자들의 큰 존경을 받았다. 이제 그는 먼 길을 떠났고, 지상에서 하나님 나라를 이뤄야 하는 숙제는 남은 자들의 몫이 되었다.

9장

두 천국 이야기

2021

너희는 스스로 조심하라
그렇지 않으면 방탕함과 술취함과 생활의 염려로
마음이 둔하여지고 뜻밖에 그 날이 덫과 같이 너희에게 임하리라

-누가복음 21:34

서인근 선교사는 2020년 7월 21일 하나님의 부름을 받아 영원한 안식에 들어갔다. 1952년부터 약 37년간 한국의 농촌과 대학교 등에서 사역했고 1989년 미국으로 돌아가서는 21년간 자신의 사역을 간증했다. 우리는 와메고제일감리교회에서의 간증 영상을 통해 그가 천국에 가기 직전까지 한결같은 사역자의 마음과 자세로 살았음을 확인할 수 있다. 그는 '초심을 잃지 않는' 사역자의 모범을 우리에게 보여주었다.

흔히 빅토리아적 가치는 미국 남부에 사는 유럽계 가정에서 전형적으로 나타난다. 이러한 가치관을 가진 사람은 가족을 지키는 데 용감하고, 필요하면 철저하게 복수하는 게 명예롭다고 생각하며, 가부장적인 성향을 띠고, 가정과 교회를 자신의 영역으로 여긴다. 하지만 서인근 선교사는 가부장적이고 보수적인 가치관으로 대표되는 빅토리아적 가치를 멀리하며 살았던 것 같다. 이러한 태도는 그보다 앞서 살았고 같은 감리교 소속이던 아펜젤러 선교사의 가치관과 닮은꼴이었다.

아펜젤러는 1858년 2월 펜실베이니아주 수더튼에서 농부의 아들로 태어났다. 그의 아버지는 독일계 스위스인이고 어머니도 독일계로, 개혁교회 전통을 지키는 경건한 신앙의 가정에서 자란 사람이었다. 어릴 때 아펜젤러는 독일 개혁교회에 출석했으며 공립학교를 졸업한 후 초등학교 교사를 양성하는 2년제 웨스트체스터사범학교에 입학했다. 그리고 이 학교에 다니던 중 1876년 장로교회의 부흥회에 참석했다가 부흥사인 플톤(Fulton)의 설교를 들으며 회심, 1879년 장로교를 떠나 랭카스터제일감리교회에 입교하여 감리교인이 되었다.[1]

아펜젤러 선교사가 한국에 들어온 계기는 다음과 같다. 영국 성공회 코르페(C. John Corfe) 신부가 조선교구장직을 맡아 한국에 들어오기 전 약 1개월간 미국의 주요 도시를 돌며 한국 선교에 동참할 것을 촉구했는데 그때 외과의사인 와일스(Julius Wiles)와 내과의사인 랜디스(Eli B. Landis)를 만나 한국에 오게 된 것이다.[2] 서인근 선교사 역시 6·25전쟁이 일어나기 전 선교지를 한국으로 결정한 터에 토레이 2세 선교사를 극적으로 만나 자연스럽게 기독교연합봉사회에서 함께 일하게 되었다. 조상이 같은 독일계라는 점 때문에 두 선교사는 더욱 돈독한 관계를 맺을 수 있었다.

다음은 캔자스주 지역 신문에 난 서인근 선교사 부부의 부고 기사 첫머리이다. 기사 제목은 "마조리 쇼웬거트와 딘 쇼웬거트"이고, 부제는 "봉사의 삶은 잘 사는 삶이다"라고 되어 있다.

마조리 쇼웬거트와 딘 쇼웬거트

– 봉사의 삶은 잘 사는 삶이다

마조리 제인 노스트먼 쇼웬거트는 1926년 12월 5일에 태어나 2019년 9월 18일 93세 나이로 천국에 갔습니다. 1926년 3월 30일에 태어난 딘 루이스 쇼웬거트는 2020년 7월 21일 94세 나이로 천국에 가서 그의 아내 마조리를 만났습니다. 캔자스주 리저브 출신의 딘과 캔자스주 와메고 출신의 마조리는 1943년 캔자스주 볼드윈시티에 있는 베이커대학교의 감리교 청소년회관에서 만났습니다. 그들은 딸기소다를 나눠 마시며 주말 내내 함께 지냈고 평생의 짝을 만났다고 믿었습니다. 많은 고난과 기쁨을 함께한 그 '동반자 관계'는 많은 딸기소다를 마시며 72년 이상 지속되었습니다.[3]

이 외에도 서인근 선교사가 육군에 징집되어 훈련받던 중 왼쪽 눈에 파편이 박혀 시력을 잃었다는 내용도 소개되었다. 서인근 선교사가 천국에서 가장 먼저 만난 사람은 아내 서매지 선교사였을 것이다. 이 부고 기사를 통해 서인근 선교사는 독자들에게 격려와 위로를 전하고, 독자들은 서인근 선교사와 서매지 선교사의 사역을 회상하며 자신들의 삶을 한층 더 충실히 이끌어가리라 다짐했을 것이다. 하늘 천국과 지상 천국의 소통이라고 할 수 있다.

1967년에 찍은 기독교농민학원 제12기 졸업 기념사진을 보면 가운데 줄 6명이 졸업생이고[4] 나머지는 기독교연합봉사회와 기독교농민학원에

기독교농민학원 제12기 졸업 기념(1967년)

서 근무하는 직원이다. 지금은 많은 사람이 하늘나라에 있는데, 특히 배민수 목사가 소천하기 1년 전인 때이다. 서인근 선교사는 소천해서 하늘나라에 있는 사람들과 상봉하고, 아울러 사진을 통해 이 세상에 남아 있는 사람들에게 위로를 전하고 있다.

서인근 선교사는 한국에서의 사역을 마치고 고국으로 돌아와 10여 년간 쉬지 않고 활동을 이어갔다. 그는 소천한 후 하늘의 천국에서 만난 이들에게 그리고 지상 천국에 남겨둔 이들에게 어떤 이야기를 하고 싶었을까? 두 천국 이야기를 들어보자.

하늘 천국에서

하늘 천국은 평소 우리가 말하는 천국을 일컫는다. 하지만 지상에서도 천국을 누려야 한다는 점을 고려해 하늘 천국과 지상 천국으로 구별했다. 하늘 천국은 신성하고, 선량하고, 신앙심 깊은 사람들에게 주어지는 가장 거룩한 곳으로, 하나님 나라를 의미한다. 마태복음에 따르면 예수께서는 "요한이 잡혔음을 들으시고 갈릴리로 물러가셨다가 나사렛을 떠나 스불론과 납달리 지경 해변에 있는 가버나움에" 사시며 "회개하라 천국이 가까이 왔느니라"라고 선포하셨다.(마 4:12-13 참조)

과연 서인근 선교사는 천국에서 만나는 자신의 동역자들과 어떤 대화를 할까? 상상하는 것만으로도 감동이 밀려온다.

배민수 목사와 상봉

할렐루야! 배민수 목사님, 저 서인근 선교사입니다. 목사님은 제가 기독교연합봉사회에 부임한 뒤 1953년에 오셔서 곧 기독교농민학원 원장을 맡으셨지요. 늘 불가능할 게 없을 것처럼 왕성하게 활동하셨습니다. 제가 기독교연합봉사회에서 사역하며 접한 분 가운데 가장 먼저 하나님 곁에 오신 분이 바로 배 목사님입니다.

1938년에 폐교한 평양 숭실대학교가 1954년 서울에 재건될 때 배 목사님은 이사장직을 맡으셨고 이때 한경직 목사님이 학장을 맡으셨지요.[5] 그러니까 목사님은 1896년생이시고 한경직 목사님은 1902년생이시니 서로 앞서거니 뒤서거니 하며 숭실과 인연을 맺었던 것이지요.

제가 배 목사님보다 1년쯤 먼저 기독교연합봉사회에 왔으니 여기서는 제가 배 목사님 선배였네요. 처음 뵙던 자리에서 배 목사님은 미국에 유학하셨다며 제 출신을 물으셨습니다. 캔자스주라고 말씀드리니 많이 반가워하셨습니다. 고향 말고도 졸업한 학교와 선교사 훈련을 받은 곳을 물으셨지요. 왜 이런 것에 관심이 있으신지 여쭈었더니 배 목사님은 옆에 있는 성서를 펼치고는 "너희는 유대인이나 헬라인이나 종이나 자유인이나 남자나 여자나 다 그리스도 예수 안에서 하나이니라"(갈 3:28)라는 말씀을 강조하면서 예수님도 나사렛 출신인 것을 자랑스럽게 여겼다고 하셨습니다.

특히 배 목사님은 후원금을 조성하는 데 일가견을 가지고 계셨습니다. 대부분 미국에서 모금하신 것인데, 늘 하나님의 은혜라고 하셨습니다. 여기에는 배 목사님께서 살아오신 삶도 큰 역할을 했으리라고 봅니다만 목사님은 은혜를 받아 열매를 맺은 것이지, 열매를 맺어 은혜를 받은 것이 아니라고 하셨습니다. 내심 이런 일로 공치사를 받을까 봐 염려하셨던 것이지요.

아, 배 목사님은 「농민생활」에 "만우절은 필요한가"라는 제목의 글을 내셨지요? 서양 사람은 한국 사람에 비해 거짓이 덜하기 때문에 1년에 한 번 날을 정해 거짓말 장난을 하는 게 의미가 있지만, 한국 사람은 평소 거짓말을 자주 하여 굳이 이런 날이 필요하지 않다고 하셨지요. 그때 이 글을 읽으며 역시 배 목사님답다고 생각했습니다.

배 목사님이 뜻하지 않게 이른 나이에 소천하여 안타까워하는 사람이 많았습니다. 함께 있을 때에는 사람의 가치를 모르다가 떠나고 나서야 그의 진면목을 알게 되는 것 같습니다. 그래서 배 목사님은 가끔 여러 직원 앞에서, 자리가 사람을 만들기보다 그 사람을 드러낸다고 하셨습니다.

한 가지 안타까운 것은 배 목사님이 1968년에 소천하시고 그다음 해에 여자기독교농민학원이 파주로 떨어져 나간 사실입니다. 물론 사모님께서 이끌어 나가셨습니다만 당시 주변에서는 많이들 서운해하셨습니다. 목사님이 기독교농민학원에서 손을 떼실 당시 제가 미국에서 안식년을 보내고 있던 터라 조금이라도 힘을 보태드리지 못한 게 아쉬웠습니다. 목사님, 앞으로 자주 뵙고 이야기 나누겠습니다.

토레이 2세 선교사와 상봉

안녕하세요, 토레이 2세 선교사님! 루츠 선교사님과 함께 계시네요. 저는 한국에 가서 제일 먼저 토레이 2세 선교사님을 뵈었습니다. 1959년 10월에 은퇴하며 귀국하셨고 1970년 2월에 소천하셨지요. 우리는 선교사님을 루벤 선교사님이라고 불렀어요. 선교사님의 원래 이름은 루벤 아처 토레이 2세(Reuben Archer Torrey II)이지요? 한국국제교류재단이 발간하는 「코리아나 2019」(*KOREANA 2019*) 가을호에 실린 기사에서 선교사님 집안의 신앙 내력을 읽어드립니다.

> 토레이 가문은 4대에 걸쳐 한국과 인연을 맺고 있다. 토레이 신부의 증조할아버지인 루벤 아처 토레이 1세는 중국에서 선교사로 일하던 20세기 초에 한국을 방문하여 교회 활동에 많은 도움을 주었다. 할아버지 루벤 아처 토레이 2세도 중국에서 선교사로 활동하다가 6·25전쟁 이후 한국교회의 재활 운동을 위해 일했다. 아버지 루벤 아처 토레이 3세 역시 한국에서 성공회 사역자로 활약하면서 성공회대학교의 전신인 성 미가엘신학원을 재건립했고, 태백에 예수원을 설립하여 삼수령센터의 터전을 닦은 후 이곳에

서 영면에 들었다. 토레이 신부 가족은 대대로 기독교 초교파 정신을 소중히 지켜왔다. 증조할아버지가 회중교회(會衆敎會, Congregational Church) 목사, 할아버지는 장로교 목사, 아버지는 성공회 신부, 토레이 신부 자신은 미국 동방교회(The Syro-Chaldean Church) 소속이다.

선교사님을 뵈면 한국에서 배운 '적선여경'(積善餘慶)이라는 말이 생각납니다. 『주역』(周易)의 "적선지가(積善之家) 필유여경(必有餘慶)"에서 온 것으로 "남에게 베풀면 자신에게는 물론 그 자식에게도 복이 미친다."라는 뜻이지요. 조상의 적선이 후손에게 내려와 떨쳐 드러난다는 교훈일 텐데 바로 선교사님의 가문을 두고 하는 말이 아닌가 싶습니다. 공자 앞에서 문자를 쓰는 것 같아 죄송합니다.

이 외에도 신부님이 늘 강조하신 '천경지의'(天經地義)도 기억납니다. 이 말은 중국어로 직접 하셨지요. 하나님의 말씀은 영원히 변할 수 없는 진리라고 힘주어 말씀하셨잖아요. 한 가지 일이 떠오릅니다. 선교사님은 지체 장애인들에게 영화를 보여주시고 그 내용으로 함께 토론하게 하셨지요. 당시 전력 사정이 안 좋아 중간에 끊길 때가 많았어요. 아마도 1955년 무렵이었을 것입니다.

따님이 선교사님의 전기도 내셨더라고요. 제목이 『내 사랑 황하를 흘러』인데, 1990년 미국에서 출간한 *Ambassador to Three Cultures*(세 문화권에 보내진 대사)를 2010년 한국어로 번역한 책이더군요. 여기 한 대목을 인용합니다.

미국의 위대한 전도자 중 한 사람인 R. A. 토레이의 외아들 루벤은 1887년 9월 16일, 미네소타주 미네아폴리스에서 출생했다. 그가 세 살 때 가족이

> 시카고로 이사했다. 부친이 무디성경학교의 초대 교장으로 가게 되었기 때문이다. 시카고에서 부친 R. A. 토레이가 D. L. 무디의 최고 조력자로 있던 시기에 어린 루벤은 무디성경학교나 매사추세츠 노스필드에서 열리는 무디의 하령회에서 초빙한 당대 가장 뛰어난 설교자들의 설교를 들었다.[6]

부전자전(父傳子傳)이라고 하겠네요. 이 전기에는 토레이 2세 선교사님이 1952년 미국에서 지원받은 의수와 의족 60여 종을 한국에 가져올 때의 일화도 소개했더라고요. 한 단락을 읽어드릴게요.

> 한국 세관 검사원이 인공 장구가 든 상자 30개 중 하나를 열자 정강이 하나, 넓적다리 하나, 종아리 하나, 양말과 구두까지 착용한 발 한쪽이 나왔다. 놀란 검사원은 물건들을 상자 속에 도로 던져 넣고 'R. A. 토레이 2세'라는 딱지가 붙어 있는 다른 상자를 열어보려고도 않았다.[7]

세상에는 순수한 반(反)그리스도인도, 타고난 반(反)그리스도인도 없을 것입니다. 선교사님은 2대째 선교사로 섬기고 후대가 선교사의 길을 갔음에도 삶의 어두운 면이나 뒤틀린 것을 전혀 언급하지 않았습니다. 그만큼 긍정적으로 삶을 바라보셨기 때문일 것입니다. 사탄과 그의 무리는 항상 무력적인 승리만 생각한다면서, 그런 것은 다 읽힌 신문이 쓰레기더미에 처박히듯 그러고 말 것이라고 하셨습니다. 선교사님의 이런 말씀을 들으며 힘을 얻었지요.

선교사님, 조용히 쉬고 계시는데 맥없이 예전 일이 떠올라 몇 마디 돌아보며 소란을 피웠습니다. 사설이 너무 길었습니다. 또 뵙겠습니다. 그때 더 길게 이야기를 나누지요.

루츠 선교사와 상봉

루츠 선교사님, 안녕하세요. 토레이 2세 선교사님과 인사를 길게 나누느라 조금 지체했습니다. 선교사님은 1961년 3월에 경북대학교에서 명예농학박사 학위를 받고 5월에 귀국하셨지요. 이제 이렇게 뵙네요.

선교사님, 많이 보고 싶었습니다. 쇼 선교사님과 애덤스 선교사님이 앞장서서 대전에 기독교연합봉사회를 설립하려고 할 때 선교사님의 조언을 들었지요. 두 선교사님이 부지를 돌아보면서 이곳이 적지가 아니라고 하자 루츠 선교사님은 "학교가 아니라 농장이 필요하다."라고 강조하며 중리를 고수하셨고, 그래서 기독교연합봉사회가 자리를 잡았습니다. 선교사님 말씀대로 그곳에 기독교농민학원을 비롯한 여러 기관이 빠르게 들어서면서 타운을 이루었잖아요.

루츠 선교사님은 1954년부터 대전에서 본격적으로 활동하던 중 기독교연합봉사회의 총무를 맡으셨지요. 저는 영농실습장 책임자로 있었고

「농민생활」 사장이던 루츠 선교사(1960년 무렵)

요. 그때 선교사님의 도움을 많이 받았습니다. 특히 「농민생활」 발간을 도와주셨고 그 뒤를 제가 이었잖아요! 이 무렵 한국은 전쟁으로 인해 곳곳이 황폐했습니다. 그 절절한 사정이 홀트(Harry Holt)가 1955년 그의 가족에게 보낸 편지에 잘 나타나 있습니다.

> 이 나라가 겪은 전란은 가슴 아프도록 처참한 것이다. 폭격으로 곳곳의 다리가 끊기고 수많은 건물이 파괴되었다. 그나마 남아 있는 건물은 전쟁의 난폭함을 증명하듯 총탄의 상처로 얼룩져 있다. 수많은 인명 피해를 냈음은 말할 필요조차 없다.[8]

원래 선교사님은 1920년 미국 북장로교회의 파송을 받아 평양에 들어와 그곳 농부들의 농사법을 개선하기 위해 노력하셨고, 청년 요원을 양성하는 데에도 힘쓰셨지요. 그 무렵 한국교회는 성장을 위해 다방면으로 노력하고 있었습니다. 그래서 교회는 사회참여에 중요한 역할을 해야 함을 깨달았고, 특히 농촌 사람들의 생활을 실제로 보살피려고 애를 썼습니다. 이 일을 1925년에 YMCA가 시작했지요.[9]

선교사님이 귀국하신 뒤 저는 「농민생활」을 발행하면서 평소 선교사님이 하셨던 "늘 1등을 하려고 하는 자는 오히려 뒤처지게 된다."라는 말씀을 되새기곤 했습니다. 늘 일을 시작하기 전에 마음이 무겁지, 막상 하고 나면 별것 아니라고 하셨잖아요? 지금 생각하면 왜 그렇게 마음을 졸였는지 모르겠습니다. 일을 마치고서 아쉬움이 들 때마다 선교사님이 생각났습니다.

한 가지 잊지 못하는 일 하나는, 1958년 선교사님께서 세계 일주 여행을 하시던 중 기독교농민학원 원생의 식량 구입에 보태라며 400달러를 보내주신 것입니다. 가뭄으로 우리 기독교농민학원이 매우 어렵던 때라 모두가 고마워했습니다. 루츠 선교사님은 이후 돌아오셔서 이런 사실을 모른 척 시치미를 떼셨지요. 이뿐만 아니라 사모님은 충남맹인교도위원장으로 활동하며 충청남도에 사는 맹인을 지원하셨고요.

가끔 선교사님은 성서 말씀을 빌려, 손해를 보는 한이 있어도 소송은 하지 말라고 하셨습니다. 기독교연합봉사회가 농장 옆을 지나가는 철도 부지 건으로 소송을 낸 적이 있었지요. 아마도 "너희가 피차 고발함으로 너희 가운데 이미 뚜렷한 허물이 있나니 차라리 불의를 당하는 것이 낫지 아니하며 차라리 속는 것이 낫지 아니하냐"(고전 6:7)라는 구절이지요? 물론 기독교연합봉사회 입장에서는 다른 방도가 없어 소송한 것이고, 결국 서로 손해 없이 마무리가 잘 되어 다행이었습니다.

선교사님께 죄송한 일이 있습니다. 선교사님께서 아이처럼 기른 「농민생활」을 오래 지키지 못하고 정간한 일입니다. 다른 여러 잡지가 발행되어 괜찮겠다고도 생각하지만 선교사님을 뵐 낯이 없습니다. "정간사"를 내며 인용한 성구를 선교사님께 알려드립니다. "내가 어렸을 때에는 말하는 것이 어린 아이와 같고 깨닫는 것이 어린 아이와 같고 생각하는 것이 어린 아이와 같다가 장성한 사람이 되어서는 어린 아이의 일을 버렸노라."(고전 13:11)

선교사님, 또 뵙겠습니다.

장하원 원장과 상봉

장하원 원장님, 여기 계시네요. 저 서인근 선교사입니다. 원장님은 목사님이기도 하신데, 원장님과 목사님 중 어느 편으로 불리기를 더 좋아하십니까? 궁금했는데 지금에야 여쭙습니다.

원장님께서는 제가 농림부장관 표창을 받도록 관련 서류를 만드셨지요. 그때가 1969년 5월이었습니다. 선교사로서 표창을 받는 게 민망했지만 원장님이 당시 총무로 계시면서 하도 정성껏 서류를 작성해주셔서 고마웠습니다.

1967년 5월 이사회 전원의 합의로 목사님께서는 기독교연합봉사회 총무와 기독교농민학원 원장을 겸하게 되셨지요. 목사님을 총무와 원장님으로 모시게 되어 감사했습니다. 이때부터 목사님과 제가 친하게 지냈던 것 같습니다.

우리가 맡은 업무는 세상에서 가장 공정하게, 아울러 하나님이 보시기에 합당하게 처리해야 하는 일이었지요. 일 앞에서 삼가 기도하고 말씀을 묵상해가며 공경한 마음으로 헤아려 전례에 어긋나지 않게 처리했지요. 원장님께서 저울눈이 어긋나지 않고 바르게 일을 처리해야 한다고 말씀하셔서 늘 긴장하며 지냈습니다. 함께 암송한 성서 말씀이 생생합니다.

> 여호와여 주의 도를 내게 가르치소서 내가 주의 진리에 행하오리니 일심으로 주의 이름을 경외하게 하소서(시 86:11)

우리가 겪은 사람들이 참 많았지요. 함께 일한 직원들 외에도 농촌지도자들 역시 각자 성향이 달라 애를 먹기도 했습니다. 사람마다 얼굴이 다르듯 마음도 달라서 말입니다. 쉽게 달아올랐다가 식는 냄비 같은 사람, 동물원 우리 밖으로 끊임없이 탈출하려는 사자나 호랑이처럼 중심을 잡지 못한 사람이 있어 애를 먹었지요. 관계의 어려움에서 벗어나기 위해서는 무엇보다 말씀을 앞세워 각자의 의(義)를 내려놓아야 했습니다. 말씀이 중심을 잡아주었다고 생각합니다.

원장님과 함께 세계 농촌 시찰을 다녀온 것이 가장 기억에 남습니다. 1971년 10월 5일부터 12월 18일까지 일본, 미국, 캐나다, 유럽, 동남아시아의 농촌을 견학했지요. 그들에게 우리 기독교연합봉사회를 소개하며 자부심을 갖기도 하고, 우리의 규모가 그들의 것에 비해 턱없이 작아 내심 부끄럽기도 했습니다. 장 원장님께서 강조하신 말씀이 방금 떠올랐습니다. "콩과 보리를 분별하지 못할 정도로 아무리 어리석은 자라도 우리가 함께 어우러져 보살펴야 한다."라고 하셨지요.

장 목사님, 자주 뵙겠습니다.

최용규 장로와 상봉

최용규 장로님, 여전하십니다. 함께 일하면서 선교사 같은 삶을 사시는 장로님을 존경했습니다. 장로님께서는 "사람이 사람다운 것은 떳떳한 도리를 갖추어서이고, 나라가 나라다운 것은 풍속과 교화를 소중히 여기기 때문이다."라고 하셨지요.

장로님과 동역했던 시간을 잊지 못합니다. 장로님은 모르시겠지만 1962년 2월 진눈깨비가 들이치며 몹시 춥던 날, 기독교연합봉사회 이사회의 실행위원회 회의가 열려 장로님이 기독교농민학원 교도부에 임용되었는데, 당시 봉급은 원장과 회계를 맡은 제게 위임한다고 하여 크게 기뻤습니다. 이후 장로님이 수고를 많이 하셨지요. 저보다 일곱 살이 적어 동생뻘이었지만 늘 친구로 생각했습니다. 장로님이 기독교농민학원에 오시던 그해 봄, 좀처럼 비가 내리지 않아 걱정했지만 늦게라도 비가 내려 수확이 예전보다 떨어지지 않아 하나님의 은혜에 감사드렸지요.

장로님은 저와 함께 기독교연합봉사회를 이끄셨고, 제가 목원대학교의 재단 이사장으로 있을 때에는 사무처장으로 수고해주셨습니다. 지금도 고맙게 생각합니다.

장로님과의 관계를 떠올리면 꼭 저와 스톡스 선교사님의 관계처럼 느껴집니다. 두 관계가 닮은꼴이라고 생각했습니다. 기독교연합봉사회와 목원대학교 재단에서 장로님과 함께 일할 때 다음 말씀을 입에 달고 살았습니다.

> 사람들이 너를 일컬어 거룩한 백성이라 여호와께서 구속하신 자라 하겠고 또 너를 일컬어 찾은 바 된 자요 버림 받지 아니한 성읍이라 하리라(사 62:12)

장로님은 평소에 "술은 사람을 미치게 하는 약이고, 취하면 깨닫는 것이 없다."라고 하시며 아예 술을 입에 대지도 않으셨지요. 그러면서 늘 입버릇처럼 다음 말씀을 하셨습니다. "저는 가난하게 사는 것을 부끄럽게 생각한 적이 없습니다. 가난하다는 것은 재물이 충분하지 않다는 뜻인데, 재물은 부지런히 힘을 써야 생기는 것이고 부지런히 힘쓰는 것은 어려서부터 몸에 배지 않으면 안 되는 것이니, 제가 가난할 수밖에 없지요. 그래서 저는 씀씀이를 절약할 수밖에 없습니다."

아직도 생생한 것은 1966년 여름에 대전시 오정동과 금산군 남이면 용동 두 곳에서 4H 구락부를 지도한 일입니다. 그때 장로님은 이리저리 발로 뛰어다니며 구락부 성원들을 지도하셨지요. 아마도 장로님의 성품에 끌려 많은 청년이 참여했다고 봅니다. 한번은 모내기철에 찾아간 충북 영동에서 제가 못줄을 잡다가 논으로 엎어진 적이 있지요. 장로님께서 말릴

때 그만두어야 했는데, 결국 낭패를 봤습니다.

1967년에 장로님은 교도부 사업 보고를 치밀하게 준비하여 직원 증원을 요청하셨고 이사회는 이를 칭찬하며 받아들였지요. 저는 그때 장로님이 자랑스러웠습니다. 1976년에 장로님이 농촌개발원장으로 임명되었을 때에는 꿈인가 생시인가 했습니다. 물론 기독교농민학원이 문을 닫고 연 것이라 서운한 점도 있었지요.

장로님, 목원대에서 함께 근무하던 중 언젠가 제가 이런 말씀을 드렸지요? "기독교연합봉사회와 목원대가 풀어가야 할 일이 마치 신탄진에 깔린 철로처럼 엮여 있어 쉽지 않습니다." 그러나 이런 형편을 아시는 하나님이 다 해결해주셨지요. 세상의 진리가 모든 사회 현상을 설명해준다고 단정해서는 안 될 것입니다. 사회 현상 중에는 세상 진리를 초월한 성서의 진리로 풀어야 할 것도 있기 때문이지요.

장로님, 또 뵙겠습니다.

지상 천국에서

지상 천국은 우리가 지금 발을 딛고 있는 곳에서 펼쳐지는 나라이다. 흔히 하늘에서뿐 아니라 현재 사는 이 땅에서도 천국을 누려야 한다고 한다. 그런 의미에서 지상 천국은 바로 앞서 언급한 하늘 천국에서 누리는 삶이다. 서인근 선교사는 소천한 후 이 땅에서 자신과 함께했던 이들에게 어떤 말을 전할까? 지상에 남은 동역자에게 그가 보내는 축복의 메시지를 상상하며 들어보자.

문영준 목사님께

문영준 목사님, 평안하시지요? 주님의 이름으로 안부를 전합니다. 대덕군 시절을 마감하고 대전에 새 회관을 지을 때 목사님이 건축 전반에 걸쳐 현장감독으로 수고해주신 것을 기억합니다. 그래서 개관예배 때 저와 함께 공로패를 받았지요. 그때는 장로님이셨지요? 당시 일을 생각하니 다음 말씀이 떠오릅니다. "네 손이 일을 얻는 대로 힘을 다하여 할지어다 네가 장차 들어갈 스올에는 일도 없고 계획도 없고 지식도 없고 지혜도 없음이니라."(전 9:10)

문 목사님과 한창 일할 때가 1960년대 후반이었지요. 1963년에 삼양라면이 등장했으니, 얼마나 먹는 것에 매달리던 시절이었는지 모릅니다. 1965년에 우리 기독교농민학원에서 가까운 신탄진에 연초제조공장이 들어섰지요. 신탄진 연초제조공장은 당시에 동양 최대 규모의 담배 공장이라고 하여 반갑기도 했지만 이 세상 사람들에게 무익한 담배를 만들어낸다며 푸념하기도 했습니다.

문 목사님은 아버님께서 교도관이라 전국을 고향 삼아 옮겨 다니셨다고 했지요. 목사님은 가끔 "쉰밥을 버려 아까운 것은 내가 돈으로 산 걸 버려서가 아니라 쌀 자체가 아깝기 때문이다."라고 하지 않았습니까? 그렇듯 우리는 농촌지도자들을 섬기다가 이탈하는 사람이 생기면 이런 말로 서로 위로했지요.

문 목사님이 목회하시는 것을 보면 우리 기독교연합봉사회의 자화상을 보는 듯합니다. 최근에야 목사님이 섬기신 교회 이름이 신촌한빛교회라는 것을 알았습니다. 세종시 금남면에 있다고 하니 감개무량입니다. 목사님께서 은퇴하신 후에도 충실한 교회로 성장하길 기도합니다.

김종환 목사님과 이영자 사모님께

김종환 목사님, 이영자 사모님, 평안하시지요.

두 분이 결혼하신 지가 벌써 60년이 되어가네요. 이렇게 안부를 전할 수 있어 주님의 은혜입니다. 정확하게 기억하고 있는지 모르지만, 김 목사님은 기독교농민학원을 제6회로 졸업하고 사모님은 단기반을 졸업하셨던 것으로 압니다.

두 분의 결혼을 위해 제가 자동차를 몰고 당진으로 간 게 엊그제 같은데 이렇게 시간이 쏜살처럼 지났습니다. 속도를 제대로 내지 못하는 낡은 자동차로 비포장도로를 달리다보니 뒤로 갈 먼지가 앞으로 와서 차 안이 엉망이었지요. 두 분은 그때를 생각하며 제게 고마워하시는데, 저는 오히려 미안했습니다.

최근 목사님이 편찮으시다는 소식을 들었는데 건강을 잘 회복하셨으면 합니다. 그리고 "대체로 사회에 의해 매개되는 세계에서는 어떤 것도 죄의 연관 바깥에 서 있을 수 없다."[10]라는 말이 있듯 하늘 천국에 오기 전까지 잘 마무리하시기 바랍니다.

풍년은 절로 드는 것이 아니라 우리가 농사에 힘을 써야 가능하고, 농사에 힘을 쓰는 것은 부족한 식량을 해결하려는 우리의 의지에서 비롯될 것입니다. 그리고 풍족할 때 저축하여 부족할 때 사용하고, 그 저축을 위해 우리는 평소에 절약해야 할 것입니다. 이 모두가 성서의 가르침이라고 생각합니다. 이렇게 절약하는 가운데 풍성한 베풂을 실천하시는 두 분께 진심으로 감사드립니다.

이영자 원장님께

이영자 원장님, 반가워요. 이 원장님을 처음 만난 것은 기독교연합봉사회가 중리에 자리 잡았던 시절이지요. 그때가 1978년이었으니 벌써 45년이 지났습니다. 1981년에 기독교연합봉사회 건물을 새로 지어 이사할 때에도 함께했지요. 이제 어린이집 원장님이 되셨네요. 축하합니다. 오래전에 했어야 할 인사를 지금에야 하려니 송구한 마음이 듭니다.

이 원장님은 제게 소탈하다고 말씀하시지만 어찌 보면 저는 너무도 고리타분한 사람이었던 것 같습니다. 요즘 젊은 사람들 말로 '꼰대'라고 하지요. 지나치게 엄격한 탓에 주변 사람들이 힘들었을 것입니다.

언젠가 제가 집에서 쓰던 라디오를 가져와, 사무실에 두고 쓰든지 아니면 필요한 사람이 가져가라고 했지요? 그때 모두 의아해하는 표정이었습니다. '이렇게 낡은 것을 누가 쓰냐?'는 의미였을 것입니다.

이 원장님, 제가 가장 힘들었던 것은 한국에서 겪은 문화 차이였습니다. 일종의 '컬처쇼크'인 셈이지요. 남들은 제가 한국 음식을 잘 먹고 서민들과 친밀하게 지낸다고 하지만 사실 그 과정이 쉽지 않았습니다. 그만큼 미국 문화가 제 몸에 배어 있었던 것입니다. 물론 한국인이나 미국인이나 모두 사람으로서 느끼는 감정은 크게 다르지 않을 것입니다. 하지만 관습이나 사고방식이 너무도 달라, 선교사 훈련을 받았음에도 그 차이를 극복하기가 쉽지 않았습니다. 제가 한국 생활에 적응할 수 있었던 것은 역시 말씀의 힘이었습니다. 성서는 온 세계가 공통으로 받아들일 수 있는 진리이기 때문이지요. 여기에 이 원장님 같은 분들의 따듯한 마음과 도움을 빼놓을 수 없습니다.

기독교연합봉사회가 대덕군에 있을 당시 사택에서 맞이하는 아침 풍경은 평화롭고 공기는 맑았기에 마치 미국의 본가에 있는 것처럼 마음이 편안했습니다. 멀리 논밭에서 아침 안개가 피어오르고 개가 짖는 소리가 들리면 새날을 시작하는 제 마음이 평안하다 못해 두근거렸습니다. 때로는 제가 한국에 선교사로 와서 호사를 누리는 게 아닌가 하는 생각이 들었습니다.

사실 기독교 선교에 대한 비판이 없지 않았습니다. 19세기 중엽부터 20세기 초까지는 식민주의의 전성기였지요. 이 시기에 구미의 열강이 식민지 개척과 확장을 위해 결국 제1차 세계대전을 치렀던 것이고요. 이런 상황에서 기독교의 선교를 비판적으로 보는 시각에서는 선교를 식민지 확장 정책의 일환으로 보기도 했습니다.[11] 그럼에도 일제강점기를 거쳤던 한국인에게 복음이 큰 힘이 되었다는 점은 부인할 수 없습니다. 이와 관련해 쉐핑(徐舒平, Elisabeth J. Shepping) 선교사가 1932년 6월에 선교 보고를 한 내용을 인용합니다.

> 저는 오늘 장로교 여성 선교회 총회 회의에서 회장으로 활동하라는 통고를 받았습니다. 지난해에 저는 부회장에 선출되었지요. 이제 회장이 되면 더 많은 책임과 육체적인 힘을 요구받게 될 것입니다. 그러나 저는 기도합니다. 저의 필요를 공급하시고, 저로 하여금 한국 땅에서 '그분의 이름으로' 섬기게 하시며, 조금이라도 하나님의 나라가 임하게 하옵소서. 병들고 지치고 가난하고 압박감에 시달리겠지만 그럼에도 불구하고 하나님은 그분의 선하심으로 인해 영광을 받으실 것입니다. 그 모든 것에 대해 내 주 그리스도께 영광을 돌립니다.[12]

이영자 원장님, 늘 형통하세요.

한상업 사무총장님께

한 총장님, 안녕하세요? 기독교연합봉사회를 이끌어가느라 수고가 많습니다. 기독교연합봉사회가 어려운 고비를 넘긴 것은 한 총장님의 열정과 사랑과 수고가 컸기 때문이라고 생각합니다. 그에 대한 상급은 지상에서뿐 아니라 이곳에서도 받으실 것입니다.

한 총장님을 처음 뵌 것은 기독교연합봉사회가 지금의 자리로 옮긴 후였습니다. 한 총장님은 제가 승강기를 타지 않고 계단을 오르내리며 운동하는 것을 격려해주셨지요. 이러한 제 일상을 주변 사람들에게 소개하셨던 기억이 납니다. 그렇게 칭찬받을 일이 아닌데도 힘을 북돋워주셔서 멋쩍기도 하고 고마웠습니다.

사도 바울은 교회를 우리 몸 같은 유기체로 표현했는데(고전 12장 참조) 한 총장님이 회관을 그렇게 운영해주신 점에 거듭 감사드립니다. 제가 이렇게 확신하는 것은 작곡가가 경계 없이 자신의 표현 의지를 관철해서가 아니라 역설적으로 재료의 요구를 수행함으로써 자신의 자유를 달성할 수 있다고 하듯[13] 믿는 자는 자신의 뜻을 무한하게 기어이 표현함으로써 주님의 충실한 종이라고 생각하기 때문입니다. 한 총장님은 평소 작은 일에도 의로울 것을 강조하셨잖아요.

기독교연합봉사회는 삼위일체 하나님을 믿으면서 선교, 교육, 친교, 봉사에 중심을 둔다는 점에서 교회라 할 수 있습니다. “종들아 모든 일에 육신의 상전들에게 순종하되 사람을 기쁘게 하는 자와 같이 눈가림만 하지 말고 오직 주를 두려워하여 성실한 마음으로 하라”(골 3:22)라는 말씀처럼 회관 운영에 소명의식을 발휘해주셔서 감사드립니다. 주님이 주신 사명을 감당하는 청지기가 되고, 하나님 나라를 세우는 일꾼이 되어주시니 모두가 하나님의 은혜입니다. 그럼에도 예상하지 않은 일이 벌어져서 기독교연합봉사회 전체를 운영하는 데 어려움을 겪으셨지요? 그래요, 그런 일을 겪어보지 않은 사람은 모를 겁니다.

한 총장님, 대전이 많이 변했습니다. 이러한 대전의 발전에 기독교연합봉사회가 기여한 점이 적지 않을 것입니다. 한 도시가 발전하려면 여러 조건이 부합해야 하지만 기독교연합봉사회는 대전이 도시로서 함양해야 할 정신을 갖추는 데 일조했다고 봅니다.

이제 기독교연합봉사회가 새롭게 발전해가야 할 것입니다. 그 과업을 위해 한 총장님을 비롯한 여러 관계자가 함께 상의하고 협력해야 할 것입니다. 처음 기독교연합봉사회가 설립될 때만 해도 부족한 게 많다고 생각했습니다. 당시 국가가 전반적으로 큰 어려움 속에 있었으니까요. 그러한 시대적 어려움을 이겨낸 우리 기독교연합봉사회도 앞으로 더욱 발전하리라 기대합니다.

총장님, 늘 평안하고 형통하세요.

부록

서인근 선교사 사역기

오직 나는 여호와를 우러러보며
나를 구원하시는 하나님을 바라보나니
나의 하나님이 나에게 귀를 기울이시리로다

– 미가 7:7

미국 감리교 선교회 소속 서인근 선교사는 1952년 기독교연합봉사회에 부임하여 37년간 한국에 머물면서 전쟁으로 초토화된 농촌의 자립기반을 마련하기 위해 양곡협동조합지원, 축산대부사업, 영농자금지원사업 등을 이끌었다. 특히 초기에는 회계를 맡아 기독교연합봉사회의 어려운 살림을 꾸려나갔다. 농촌 부흥 운동에 솔선수범하면서 어려운 농촌 교회와 교역자를 돕고 교역자 자녀들에게 장학금을 지급하는 등 사회복지사업에도 힘을 다했다.

6·25전쟁으로 상처받은 국민의 마음을 위로하고 실망과 분노에 찬 국민의 마음을 하나님의 사랑으로 인도하기 위하여 한국의 기독교 부흥 운동에 심혈을 기울였다. 무너진 교회의 복구사업과 새 교회 설립과 교회 지도자 양성을 위한 선교사업에 헌신했을 뿐 아니라 선배 선교사가 세운 대학교와 아동 복지시설을 이끌며 교육에 힘썼다.

여기에서는 기독교연합봉사회 이사회 회의록과 개인 서신을 비롯한 여러 자료를 바탕으로 그의 행적과 사역을 시기별로 정리해보았다.

1926년

3월 30일 미국 캔자스주 브라운카운티 레서뷔농장에서 태어났다. 이런 환경에서 그는 농업에 친숙했고, 농촌 친화적 성향을 갖게 되었을 것이다. 그의 부모에 관해서는 정확히 알 수 없으나 그의 증조부는 독일에서 미국으로 이주한 이민자였을 것이라고 추정하는데, 이는 월간 「축산인」 기자가 작성한 기사에서 확인되었다.

1943년

고등학교에 다닐 때 우수상(2등)을 받을 만큼 학업 성적이 뛰어났다. 고교 시절 교회 청년회에서 활동하던 중 선교사의 꿈을 키웠으며, 한국 같은 농업 후진국에 목사와 의사뿐만 아니라 농업 기술을 가진 선교사가 필요함을 알게 되면서 이후 농업선교사의 길을 택했다.[1] 한 영역의 전문 선교사로 나아가기를 원했던 것이다. 이런 비전으로 서인근 선교사는 농사와 축산을 한층 더 친근하게 여겼을 것이다.

1945년

9월에 캔자스주립대학교 일반농학과에 입학했는데, 그가 농학을 전공한 데는 농장을 경영하던 부모의 영향이 컸을 것이다. 그는 학부에서 농학을 전공하는 데 그치지 않고 대학원에 진학해 농업 관련 공부를 계속했다. 앞에 언급한 바처럼 이것은 이미 세워진 그의 진로이기도 했다.

1947년

8월 마조리와 결혼하여 세 아들(다니엘, 앤드류, 스테판)과 두 딸(드보라, 레이첼)을 두었다. 서인근 선교사가 한국에 처음 들어올 때 아내와 함께 일본에 남겨둔 딸이 바로 큰딸 드보라이다. 이들이 태어난 해를 일일이 알 수 없어 아쉽다. 세 아들 중 한 명은 한국에서 조촐하게 결혼식을 치렀다. 이 결혼식을 본 이영자 원장은 서인근 선교사가 평소 가식이 없고 검소한 생활인이라고 했다.

1949년

6월 캔자스주립대학교 일반농학과를 졸업했다. 캔자스주립대학교 농학대학은 1858년에 사립으로 세워진 블루몬트센트럴칼리지가 1863년에 전환된 것으로, 이 대학교 농학의 전통을 엿볼 수 있다.

1950년

캔자스주립대학교 대학원 농업경제학과를 졸업했다. 한국에 입국하기 위해 캘리포니아까지 왔지만 한국행 배를 타기 직전에 6·25전쟁이 터져 입국이 지연되었다. 이후 6개월을 기다리며 한국어를 공부했고, 전쟁이 장기화되면서 다시 6개월을 더 기다리다가 신학을 공부하기로 결심했다.

1951년

7월까지 1년 동안 콜로라도 덴버에 있는 아일리프신학교에서 공부했다. 아일리프신학교는 진보주의 성향이 강한 미국 연합감리교회 계통의 학교이다. 특히 이 신학교는 1887년 아펜젤러 선교사의 주선으로 한국에 온 워런(Henry White Warren) 감독이 재혼한 아내 아일리프(Elizabeth Iliff Warren)와 함께 1892년에 공동으로 세워 운영한 대학원 과정의 신학교이다. 이런 점으로 미뤄보아 서인근 선교사의 신앙은 자유를 근간으로 형성되었을 것이라고 추정할 수 있다. 1951년까지 모교 캔자스주립대학교에서 교수로 재직하며 후진을 양성했는데, 구체적으로 어떤 처우를 받았는지는 알 수 없다. 다만 농학과 축산 관련 교과목을 맡았을 것으로 추측한다. 이 시기는 한국에 들어오지 못하고 미국에서 대기하는 중이었다.

1952년

8월 대한민국 제2대 대통령과 제3대 부통령 선거가 실시되었다. 감리교회는 이 선거가 절정에 달할 때 이승만 쪽을 지지했다.[2] 두 달 후 한국에 들어온 서인근 선교사는 이런 정치 상황을 어떻게 바라보았는지 궁금하다. 「농민생활」에 이승만 후보의 홍보 글이 실린 것으로 봐서 정부에 우호적이었으리라고 추정한다.

10월 서인근 선교사는 일본을 거쳐 대전에 도착했다.[3] 미국 연합감리교회에서 한국의 농업선교사로 파송되어 기독교연합봉사회 관리자로 부임한 것이다. 이때 결혼한 상태였으나 혼자 한국에 들어왔고, 그의 아내 서매지 선교사는 1954년에 합류했다. 당시 기독교연합봉사회는 땅만 있고 직원이나 건물이나 예산이 없었다. 김훈의 말을 빌리면 "백성들은 땅에 들러붙어서 기진해 있던 시절"이었다.[4] 이런 상황에 대해 서인근 선교사는 얼마든지 이겨낼 수 있다고 호기롭게 말하거나 피하지 않고, 그저 훈련받은 대로 말씀에 순종하며 나아갔다.

12월 제5차 재단법인 기독교연합봉사회 이사회의에 이사이던 버컬트(卞豪德, Burkholder) 선교사 대신 참석했다. 버컬트 선교사는 당시 회의록에 '바깔트' 혹은 '바칼트'로 적혔다. 이 회의에서 배민수 목사가 방청자로 참석해 농촌사업에 관해 발표했다. 이 이사회 회의록 내용은 배민수 목사가 서인근 선교사보다 뒤에 부임했음을 알려준다.

2816 Hillegass Ave.
Berkeley 5, Calif.
Oct. 30, 1950

RECEIVED BY T. T. BRUMBAUGH
NOV 2 1950
TO— RECEIVED —DATE
BY— ANSWERED —DATE
BY— PASSED TO FILE —DATE
FILED OCT 22

33A45

Dr. T.T. Brumbaugh
Board of Missions of the Methodist Church
150 Fifth Ave.
New York 11, N. Y.

Dear Dr. Brumbaugh:

Just a note to let you know that we are still here going to language school, and to say a few things and to ask a few questions. You know the new missionary, always asking unanswerable questions and expecting the Board to know everything - like when the Korean war will be over etc.

However, first I would like to correct something that I wrote in the last letter. From your reply letter, it was called to my attention that I had said, "We are enjoying lining with the Smiths." Now that was a slip of the finger on the typewriter that I didn't catch and it was not an expression of my feelings. We really are enjoying living with the Smiths. We have had chances to move, but have decided that it is to our advantage to stay here. By living here we have been able to make so many missionary contacts that we would not ordinarilly have made. Only last night we met and talked for sometime with the Beckers, retired Korean missionaries, because the Smiths had them over for tea. It is not only good experience for us to live with old folks and make missionary contacts, but I also feel happy about giving our rent allowance to a retired missionary rather than to any landlord. I only want it understood that we consider our-selves fortunate to be living with the Smiths during our stay here.

We certainly have enjoyed meeting the missionaries from Korea who have been passing through here. We particularly had a chance to talk to the Brennans, Burkholders, Judys, and Henry Appenzeller. Inspite of their evacuation experiences, they were a great encouragement to us. In fact they were less discouraged than we were and actually went out of their way to help us. We look forward to working with and for such people. Another highlight experience that I want to relate to you was the seeing-off of Thomus Lung and the Hartmans. The Sunday before they sailed we were attending the Korean Church in San Francisco and they were attending a Chinese Church. Believe it or not, we accidently met in that big city, and so, we went on ship with them and stayed til the boat left about one-o-clock Tuesday morning following the Sunday we had met. Our fellowship in the class has also been inspirational. We go and do many things togather.

Now come the questions, you know the usual one,"What about the future?" We are not particularly anxious or restless, but

I would like to talk to yo
First, our Christmas vacat
2nd., and the semester wil
will only be six days of s
consist of four days of re
the third semester starts
will not start until Feb.
between semesters. The se
Jan. 19th. and their Sprin
Feb.. We have sort-of-pla
two vacation periods for
chance for me to finish my
ary contacts at home, see
hold goods back with us th
We were thinking of drivi

From talking to Mr.
out that a third semester
given here. Their studen
said no plans have been ma
they would give a third se
You know Raleigh Pickard'
the Costons but I think th
sonally feel that a third
Of course, if we can go t
there is not a third sems
such a situation, I, thoug
courses at the Pacific Sc
particular Agricultural c
would be of particular he
think I could better prep
and also get myself start
always thought of being o
lay missionaries I find t
matter what your work, to
especially true for me si
I would not expect to fin
complete the requirements
I wonder what your opinio
Also, we would greatly ap
a third semester of langu
complete my Masters.

I have been geting
Korea. Thanks to Dr. Smi
while he was here. Throu
Mrs. Evelyn McCune and Mr
idea of the agriculture c
contact with George Adams who I find is interested in crossing the Brown Swiss with the Korean Cow. I have worked with Brown Swiss on show circuits before so I hope to work with him and perhaps make some contacts for him on what he needs. Other suggestions have been milk goats, rabbits, honey bees, and sugar beets. I hope the land reforms go through and get settled so there will be more opportunities for improvements. You know the new missionary - hes going to change the whole country over night. HA! What about making fish ponds out of the bomb holes, well that was just a thought.

Dr. Brumbaugh, thanks again for everything. Everyday we are more and more overjoyed that Korea is our field.

Sincerely yours
Dean & Marjorie Schowengerdt

캘리포니아에 대기하던 서 선교사 부부가 미국 연합감리교회 동아시아 선교 책임자인 브럼보 목사에게 보낸 1950년 10월 30일 자 편지. 마지막 손 글씨는 서매지 선교사가 쓴 것이다.

1953년

1월 기독교연합봉사회 제2대 협동총무에 취임했다. 협동총무는 외국에서 온 선교사가 맡는다는 규정에 의한 것이었다. 4월에는 재단법인 기독교연합봉사회 이사회 회계와 영농실습장 책임을 맡았는데, 영농실습장은 전시농장으로 농장의 시범사업을 실시했다. 이 전시농장에서는 가축을 비롯해 여러 작물을 다루었다.

1971년까지 기독교연합봉사회 회계, 협동총무, 기독교농민학원 부원장을 역임했다. 당시 총무와 협동총무는 각기 한국인과 선교사가 맡았는데, 이들이 실제로 기독교연합봉사회와 기독교농민학원을 이끌었다. 특히 기독교연합봉사회 회의록에 의하면 서인근 선교사는 회계를 맡아 기독교연합봉사회가 실시하는 교도사업의 재정을 관리하며 전체 살림을 꾸렸다.

1954년

6월 충남 보령 대천에서 감리교회의 구제사업과 복구사업에 새로운 전기가 된 '한국 감리교회 재건 연구위원회' 회의가 열렸는데, 여기에 서인근 선교사도 참석한 것으로 보인다. 이렇게 추정하는 것은 당시 미국 감리교회가 감리교해외구제위원회(Methodist Committee on Overseas Relief)와 세계선교부(Methodist World Mission)의 협력으로 1950년 가을부터 매년 10만 달러 이상을 이 연구위원회에 보내주었기 때문이다.[5]

서인근 선교사는 9월 제5회 이사회 회의에서 다시 회계로 선출되었고, 이사가 아님에도 참관 자격으로 참여하여 전시농장에 대해 상세히 보고했다.

11월에는 기독교농민학원 봉헌식이 있었다. 제6회 이사회 회의록에 따르면 기독교농민학원 건축은 한국재건단과 기독교세계봉사회의 지원으로 이뤄졌는데, 이에 대한 상세 내력을 배민수 목사가 홍보 차원에서 보고한 것으로 미뤄보아 그가 해외로부터 자금을 끌어오는 데 크게 기여한 것 같다. 이 회의록이나 11월에 열린 제6회 이사회의 회의록 출석회원 명단에 서인근 선교사는 '쇼잉걸 선생'으로 표기되었고 대개는 '서인근 선생'으로 불렸다.

그는 12월 회계와 농장 대표로서 부산에 있는 세계교회봉사회 한국지부와 뉴욕 한미재단에 1955년도 예산 지원을 위한 보고서를 발송했다. 이 보고서를 통해 6·25전쟁이 휴전되었음에도 주요 기관이 여전히 부산에 있었음을 알 수 있다. 보고서에는 농산물 운송에 필요한 트럭 구입비 3,000달러, 「농민생활」 출판 비용으로 1만 달러를 요청하는 내용도 들어 있다.

1955년

1월 20-21일에 당해 연도 제1회 기독교연합봉사회 이사회 회의가 열렸는데, 이때 쇼잉걸 부인과 루츠 부인이 방청객으로 참석했고, 서인근 선생은 앞서 한미재단과 한국 세계교회봉사회에 감사보고서를 보냈다. 아울러 서인근 선생 부인이 영아원 설립 발기 지방위원장 자격으로 영아원 설립 계획을 보고했는데, 이에 관하여 이사들은 영아원 운영이 기독교연합봉사회의 이념에 부합한지 여부를 따지며 장시간 논의했다. 논의 결과 영아원은 이사회의 일부 사업으로 인정되었다.

기독교연합봉사회 설립을 위해 각 선교회가 분담한 재정에 관한 서류가 6·25전쟁 때 분실되어 이를 서인근 선생이 다시 정리했다. 확인한 금액을 보면 감리회 선교부 1만 9,000달러, 북장로회 선교부 1만 9,000달러, 캐나다 장로회 선교부 7,000달러, 남장로회 선교부 1만 달러, 구세군 1만 달러였다. 아울러 실행위원은 대전에 거주하는 이사 중 선교사 2명, 한국인 3명으로 하되 운영위원은 제외한다고 결의했다. 이 결의 내용을 들어 서인근 선교사가 운영위원이 아니라면 실행위원이었으리라고 추정할 수 있겠으나 11월 2일에 열린 실행위원회의에서 농촌사업부의 운영을 연구하는 연구위원으로 선정된 것으로 보아 오직 회계로만 참여했음을 확인할 수 있다.

당시 기독교연합봉사회 조직을 보면 이사장 아래 총무를 두고 총무와 같은 선에 회계와 협동총무를 두었다. 총무 산하에 결핵환자 정양사업(靜養事業), 소년직업교도사업, 농사부, 절단자직업교도사업을 두고 농사부 아래에 농산물가공사업, 전시농장, 농사보급사업을 두었다. 전시농장에는 가축부, 보통작물, 과수 및 휴간지 이용 연구사업을, 농사보급사업에는 농민학원, 가축대부사업, 출판사업 및 이동선전대를 두었다.

서인근 선교사가 회계를 맡고 있었기에 기독교농민학원 원장은 서 선교사에게 수입과 지출 내용을 보고했다. 이를 통해 기독교농민학원 운영에 그가 차지하고 있던 역할 비중과 위상을 짐작할 수 있다.

5월 5-6일에 열린 제2회 이사회 회의에서 이사장은 실행위원회 회장이 되었다. 또한 총무와 협동총무는 직무상 이사회 회의에 참석하나 선거권이나 피선거권이 없는 것으로, 이사장 임기는 1년, 회의는 연간 4회 실시하는 것으로 가결했다. 회의는 대부분 이사회 회의가 그러하듯 이틀에 걸쳐 진행되었다. 서인근 선교사는 오른쪽 눈을 치료하기 위해 서울의 병원에 입원 중이라 이 회의에 불참했고, 위문문을 영문 서기 킹스베리 선생이 작성해 보내게 했다.

9월 22일에 열린 제3회 이사회 회의에서 전시농장이 가을에 아카시아를 베어내고 자운영을 실험 재배하여 크게 성공했다는 내용이 보고되었다. 이때 제시된 조직표에 따르면 이사회 아래에 실행위원회를 두고 실행위원회 아래 운영위원회를 두어 총무와 재무가 협력하게 했다. 아울러 운영위원회 아래 아동직업훈련원, 절단자직업훈련원, 농촌부, 폐정양원, 영아원을 두었다.

11월 12일에 열린 충남영아원 개원식 식순에 따르면 서인근 선교사가 '찬사'를 맡았다. 이 찬사는 충남영아원의 개원을 자랑하며 하나님께 영광을 돌리는 내용이었을 것이다.

1956년

4월 실행위원회의는 서인근 선교사로부터 농민의 문제점을 보고받고 이에 관한 상세한 내용을 농민 대표인 이신영(李信榮) 씨로부터 들었다. 또한 작물의 상황에 따라 농민 지원을 달리 조정하기로 했다. 이렇게 현장 실무자의 의견을 중시하는 것은 해외 선교사들의 성향이기도 할 것이다.

9월 충남영아원 사업 보고는 '말쥬리 쇼잉걸'(서매지 선교사) 원장이 했는데, 개원 당시 13명이었다가 그중 1명이 사망하여 12명이 재원했고 이후 27명이 되었다고 한다. 남아 4명, 여아 23명이 생활하고 전임 보모 12명이 근무 중이었다. 아동 수에 따른 보조금 신청 절차가 상당히 오래 걸려서 선명회(宣明會)[6]에 도움을 요청했으나 신속히 이루어지지 않고 있다고 보고되었다.

상반기 각 부서의 사업 보고에 따르면 서인근 선교사는 농촌사업부를 담당했는데 (1) 전시농장 건에서 농민 문제로 인한 요원 채용 규정을 언급했고, 광농주의(廣農主義)에서 집약적 농업법으로 전환한다는 보고를 했다. (2) 묘과식물전시단에서는 싸리풀과 자운영을 심어 산야 녹색화를 실시한다고 보고했다. (3) 과수묘단, (4) 양계장, (5) 목장에 대한 언급에 이어 (6) 가축대부사업에 대해서는 미국 오하이오주 기독교연합봉사회가 라절 목사를 통해 햄쉐얼(햄프셔) 돼지 200마리를 보내와 장로교와 감리교 선교회의 지시에 따라 배분했다고 보고했다. 이는 각 선교회가 기독교연합봉사회에 출연한 재정의 정도에 따라 사업에 관여했음을 보여준다. 한편 농촌지도자 양성에 관한 보고를 보면 (1) 장기 강습이 8개월간 진행되어 7명이 참석했고, (2) 지방에서는 10일간의 단기 농촌 강습회가 열려 200여 명이 참석했다고 보고했다. 서인근 선교사는 「농민생활」 발간에 관여했기 때문에 아울러 잡지 출판에 관한 현황을 보고했다.

9월 27일에 구세군 대전후생학원 개원식이 있었다. 당시 후생학원은 고아원을 일컫는데, 1987년 후생학원으로 명칭이 바뀌었고, 지금은 대전 서구 정림동에 위치하고 있다.

1957년

1월 기독교연합봉사회 실행위원회 회의에서 서인근 선교사는 1956년 11월 서울에서 열린 전국 농촌지도자 좌담회에 참석한 내용을 보고했다. 아울러 동계 순회 강습과 대전에서 실시할 농사 강습회 계획을 발표했다. 한편 이 회의에서는 배민수 목사가 기독교농민학원의 설립자로서 정부 공직을 떠났으니 앞으로 그가 기독교농민학원에 전력할 수 있도록 예산을 책정하기로 결정했다. 이 대목에서 우리는 배민수 목사가 기독교농민학원 설립을 주도했다는 사실을 알 수 있다. 이때 확보한 땅은 중리동 산21번지 15만 평으로 지금의 대덕구 중리동과 법1동 일부 지역이다.(1988년과 1991년에 설립된 대전중리초등학교와 대전중원초등학교를 포함하는 곳으로 추정된다.)

3월 기독교연합봉사회 춘계 이사회 회의에서 미국 선린회는 배민수 박사의 봉급과 기타를 원조한 것에 대해 서인근 선교사에게 감사장을 보냈다. 6월에는 서인근 선교사가 안식년을 맞아 귀국한다며 킹스베리 선교사와 루츠 선교사는 기독교연합봉사회에 그가 기울인 헌신과 노고를 치하했다.

첫 안식년을 마치고 돌아온(1958년) 서인근 선교사 가족. 서인근 선교사 왼쪽 옆이 배민수 목사.

7월 실행위원회의는 서인근 선교사 부인의 고모가 기독교연합봉사회 사무실 건축비로 1,000달러를 기부했다고 보고했다. 이는 기독교연합봉사회의 재정을 확보하기 위한 서인근 선교사의 노력을 엿보게도 하지만 그가 재정 유입의 통로가 되고 있음을 알려주는 사례라고 하겠다.

1958년

농촌사업부의 하반기 영문 사업보고서에 의하면 킹스베리 선교사가 지프 한 대를 후원했다. 이 지프로 서인근 선교사가 1962년에 있었던 신랑 김종환과 신부 이영자의 결혼식에 교통편의를 제공한 것으로 추정한다.

12월 서인근 선교사가 1년 반 동안 안식년을 보내고 가족과 함께 무사히 귀임했다. 미국에 머무르며 기독교연합봉사회에 필요한 물질을 구해 옴으로써 감사와 환영의 보고가 있었다. 이런 상황은 1959년 1월에 열린

1958년도 하반기 각부 사업 보고에 나타나고 있다.

1959년

1월 서인근 선교사는 직무상 실행위원회 회의에 참석하여 조직 개편을 보고했다. 실행위원회 아래 서기와 간사와 회계를 두고, 간사 아래 수족 절단자 직업교도원을 비롯해 결핵요양원, 기독교농민학원, 충남영아원, 구세군후생학원을 두었다. 기독교농민학원은 원장과 부원장을 두고 부원장 아래 서무부(회계, 운수, 산림), 교무부(작물, 축산, 원예), 교도부(계몽, 교도, 잡지)를 두어 업무를 나누었다. 이때 서인근 선교사가 부원장을 맡아 기독교농민학원의 전체 사업을 관리했다. 이런 사정은 기독교농민학원 운영에서 배민수 목사는 외부로 활동하고, 서인근 선교사가 내부 일을 도맡았음을 짐작하게 한다.

6월 실행위원회의에서 서인근 선교사는 기독교세계봉사회 가축부 관련 사업을 보고했다. 이것으로 미뤄보아 서 선교사가 이때까지 HPI의 가축대부사업에 직접 관여하지 않았음을 알 수 있다.

7월 기독교연합봉사회 이사회 회의에 서인근 선교사는 출석회원으로 참석했고, 실행위원회 회계로 선임되었다. 아울러 그는 감리교 선교회로부터 약 800달러에 달하는 윌리스 화물차를 지원받았다고 보고했다. 기독교농민학원 조직도가 변경되어 서무부와 교무부를 각기 마태진과 배민수가 맡고, 교도부를 서인근 선교사가 맡아 시청각지원반, 도농지도반, 농민교육반, 졸업생 사후지도, 기독교세계봉사회 가축분과사업 대행 등을 실시했다. 시청각지원반은 농촌을 순회하며 영화를 상영하곤 했다.

「기독교연합봉사회 요람」에 의하면 서인근 선교사는 구세군을 대표하는 이사로, 배민수 목사는 북장로교 소속 한국인 이사로 선임되었다. 이들의 임기는 2년이었다. 배민수 목사와 서인근 선교사는 기독교농민학원에서 각각 원장과 부원장을 맡았으며 원생 인원은 남녀 30명씩이었다.

❘1960년

1월 이사회 회의록에 의하면 서인근 선교사는 기독교농민학원 부원장으로서 배민수 원장과 함께 지인들로부터 찬조금을 받아 경제적 형편이 어려운 여성 원생들을 지원했다. 이 같은 활동은 후에 서인근 선교사가 목원대학교 재단 이사장을 맡아 형편이 어려운 대학생에게 장학금을 지원한 것과 같은 맥락이라고 하겠다. 서매지 선교사는 오정감리교회에 오정유치원을 설립했는데 이와 관련해 기독교대한감리회 역사정보자료실에는 육아사업으로 오정리육아원을 운영한 것으로 소개하고 있다.

7월 서인근 선교사는 이사회 회의에서 임기가 2년인 감사로 선임되었다. 지금도 감사는 이사회 회의에서 의결권이 없는 것처럼 당시에도 서인근 선교사는 회의에 참석하는 데 그쳤다.

❘1961년

1월 서 선교사가 농민생활사 사장으로 취임했다. 루츠 선교사 뒤를 이어 「농민생활」 발간을 맡았으나 아쉽게도 어려움을 면치 못했다. 3월 루츠 선교사는 경북대학교에서 명예농학박사 학위를 받고 5월에 소임을 마친 뒤 귀국했다.

❘1962년

1월 「농민생활」 1월호에 "경영의 합리화를 꾀하자"라는 제목으로 기고했다. 이 글에서 서인근 선교사는 생산과 더불어 판매까지 사전에 파악해야

함을 강조했다.[7]

기독교연합봉사회 실행위원회 회의에서 서인근 선교사가 보고한 바에 따르면 한국기독교세계봉사회(KCWS)가 가축사업에 관심이 있어 직원 1인의 봉급과 여비를 비롯한 사무비를 보조하겠다는 약속을 했다.[8] 이것이 HPI에 의한 것인지는 문헌을 바탕으로 더 따져보아야 한다.[9] HPI가 기독교연합봉사회 관련 자료에 처음 언급된 것은 1963년도 상반기 기독교농민학원 사업보고서에서다. 이때 기독교농민학원은 학원 강습, 농장, 농촌 순회 교도사업, 가축대부사업을 실시했는데, 당시 젖소 2마리는 헤퍼 프로젝트에 속한 것이라고 했다. 그렇다면 이때 HPI로부터 가축을 지원받았다는 것인데, 이는 HPI가 직접 기독교농민학원에 지원한 것이 아니라 기독교세계봉사회(CWS)를 통해서였다. 한편 농장에서는 대전 전 지역의 축산 농가에서 신청한 인공수정을 실시함으로써 축산업 발전에 널리 기여한 것으로 나타난다.

서 선교사는 「농민생활」 6월호에 "속간 8주년을 맞이하여"라는 제목으로 기고했다. 여기에서 그는 농민이 어려운 길을 걸어온 것처럼 「농민생활」의 발간 역시 순탄하지 않지만 독자들의 응원으로 지탱하고 있다고 알렸다.

7월 배민수 원장이 미국에 있었기 때문에 서인근 부원장은 원장 대리로서 기독교연합봉사회 이사회 회의에 참석하여 사업 보고를 진행했다.

11월 서인근 선교사는 기독교농민학원 부원장으로서 전국농업기술자대회의 축사를 했는데, 이 역시 미국에 체류 중인 배민수 원장을 대신한 것이었다. 서인근 선교사는 이 축사에서 정부가 재건에 박차를 가하며 어느 때보다 더욱 농촌 정책에 힘쓰고 있어 농촌의 역군들이 높이 존경을 받는다고 격려했다.[10] 이 대회를 위해 당시 장동순 농림부장관이 "신농업기술의 발전책을 확립하길"이라는 제목으로 격려사를 했고, 이 내용은 「새농사」 통권 46권(1963년 2월호)에 소개되었다.

1963년

「농민생활」 1월호에 "계묘년 새해를 맞이하여"라는 제목으로 기고했다. 이 글에서 서인근 선교사는 토끼가 친밀감을 주는 가축 중 하나라서 새해를 맞는 기분이 남다르다고 했다.[11]

5월 기독교연합봉사회 실행위원회 회의록에 "서인근 선생이 안식년으로 6월에 귀국하면 7월부터 엔즈 선교사로 임시 시무케 함"이 기록되어 있어서 서인근 선교사가 2차 안식년을 맞은 것을 확인할 수 있다. 1957년 6월에 첫 안식년을 받은 이후 4년 반 만이다. 한편 이 달에 서인근 선교사는 농촌진흥청으로부터 표창장을 받았는데, 그가 농축산업 관련하여 전국적인 인물이 되었음을 알 수 있다.

1962년 김종환의 결혼식 참석차 서인근 선교사가 운전한 자동차. 1958년에 킹스베리 선교사가 후원한 것으로 추정한다.

6월에 열린「농민생활」속간 100호 기념 자축회에서 서인근 선교사는 농민생활사 사장으로서 농림부장관으로부터 감사장을 받았다. 축사에서 농산물검사소 책임자는「농민생활」이 그믐밤의 등과 같은 존재가 되었으면 좋겠다고 당부했다.[12]

하반기 기독교농민학원 사업보고서에 의하면 농촌순회교도부가 실시한 가축대부사업은 "종래 서인근 선생께서 하던 가축대부사업을 교도부에서 맡아서" 하게 되었다. 이때 대부한 가축은 젖소 30마리(암컷 27마리), 돼지 10마리(암컷 9마리), 면양 10마리(암컷 9마리), 토끼 6마리(암컷 5마리)였다. 기독교연합봉사회 이사회 회의록을 포함한 관련 회의록을 살펴보면 이때까지 기독교농민학원과 HPI가 관련되어 있다는 흔적을 찾아볼 수 없다. 한편 기독교농민학원은「삼애통신」을 연 2회 발행했다.

1964년

1월 농민생활사 사무실 이전을 공고했다. 실제로 이전을 결정한 것은 9월에 열린 실행위원회 회의에서였다. 주소는 '충남 대덕군 회덕면 중리 산21 기독교연합봉사회 내'로 바뀌었는데, 이전 이유는 기독교연합봉사회가 기구를 통합했기 때문이다. 이 공고에 지사, 지국, 보급소가 운영되고 있는 것이 드러나 있어 당시「농민생활」의 위상을 짐작할 수 있다.

3월 배민수 목사가 기독교농민학원 운영에서 손을 떼고 여자부를 분리해 기독교여자농민학원 원장을 맡았는데, 이때 서인근 선교사는 안식년을 맞아 미국에 있었다. 만약 서인근 선교사가 한국에 있었다면 여자부의 분리를 막을 수 있지 않았을까 하는 아쉬움이 든다.

5월 서 선교사는 농림부장관으로부터 표창을 받았는데, 이 표창을 위해 장하원 총무가 공적 조서를 만드는 일에 애써주었고 서 선교사는 장

총무에게 고마워했다.

8월 서인근 선교사가 안식년을 마치고 귀임했다. 그가 안식년을 보내는 동안 1962년에 입사한 최용규 장로가 기독교농민학원을 지켰다.

9월 실행위원회 회의는 서인근 선교사를 협동총무로 선임하고 「농민생활」 운영연구위원으로 활동하게 했으며, 서울에 있는 농민생활사를 대전으로 이전할 것을 결정했다.

11월 자동차를 매각하고 신품을 일본에 주문했다. 이 자동차 구입 건은 협동총무 서인근 선생이 주관하여 감리교 선교회 명의로 하되 선교회 규약대로 하고 일체를 책임지기로 했다. 이 역시 서인근 선교사의 노력으로 성사되었음을 짐작할 수 있다.

1965년

「농민생활」 2월호에 "농민생활사 이전에 즈음하여"라는 제목의 글을 기고했다. 여기에서 서인근 선교사는 누구도 관심을 두지 않을 때 홀로 농민의 살길을 고민하고 모색했으며 우리 생활의 실제에서 일어나는 일들을 권위 있는 학자로부터 배워 알린 것을 자부했다.[13] 그러면서 그는 당시 농업에 관련한 잡지가 유행했으나 대부분 대중잡지가 되어 오락 위주로 빠지고 있음을 지적하면서 「농민생활」은 편집진을 새롭고 권위 있는 사람들로 일신했다고 알렸다.

7월 이사회 회의에서 회계를 맡은 서인근 선교사는 루츠 박사가 「농민생활」을 위해 1,000달러를 보내왔다고 보고했다. 이에 이사회는 루츠 박사에게 감사장을 보내기로 결정하고 이를 서인근 선교사가 맡아 진행했다.

상반기 교육부 사업보고서에 의하면 기독교농민학원의 농촌순회교도사업에서 (1) 안동에 주재하는 킹스베리 선교사가 마련한 12만 7,000원과 미국 오레곤주립대학교 농과대학 원예과에서 보내온 2,550원(10달러)을 합한 12만 9,550원을 기독교농민학원 졸업생 19명에게 영농자금으로 대부하고, (2) 헤퍼프로젝트에서 보내온 가축에서 상환받은 새끼 가축 중 젖소 15두, 돼지 8두, 토끼 12마리를 졸업생에게 대부했다. 회의록에 'Heifer Project Inc.'로 적은 것으로 보아 이는 'Heifer Project International'의 전신이라고 볼 수 있다.

「농민생활」에 실린 서인근 선교사(1963년)

상반기 「농민생활」 출판사업 관련하여 교육부장 이응균 목사는 운영의 어려움을 다음과 같은 의지로 이겨내겠다고 밝혔다.

> 총진군을 했습니다만은 구독자를 얻는 일에 획기적인 성적을 올리지 못하고 미수금 회수도 지지부진하여 당초의 예산대로 진행되지 못한 것을 부끄럽게 생각하는 바입니다. 그러나 물가의 급등과 인쇄 시설의 미비로 파산의 위기를 당하면서도 원상을 유지하는 선에서 오늘의 보고를 드리게 된 것은 하나님의 특별한 긍휼하심으로 알고 감사하는 바입니다.

농민생활사가 대전으로 이사하면서 서인근 선교사가 사장을 맡았기에 그의 마음은 무거웠을 것이다. 그러나 1966년에 매월 2,500부를 발행하며 많은 독자를 확보하게 되었다. 하반기 교육부 사업보고서에 따르면 농촌순회교도사업에서 미국 헤퍼프로젝트가 보급한 가축(젖소 25두, 젖양 60두)을 분배하고, 가축을 받은 50명에게 축산 교육을 실시했다.

1966년

6월 「농민생활」 속간 12주년을 맞아 서인근 사장은, 어떤 일을 기념할 때 지난 일과 앞으로 할 일을 함께 생각하는 경향이 있다며 「농민생활」 발간에 더욱 매진할 각오를 내비쳤다. 이어서 루츠 선교사도 "농민의 벗 「농민생활」 속간 12주년에"라는 제목으로 축하 메시지를 전했다.[14]

10월 서인근 선교사는 "착실하게 살아가는 사람들"이라는 제목으로 「농민생활」의 탐방기를 냈다.[15] 이 글에서는 카투사를 제대한 어느 청년 이야기가 사례로 소개되었다. 그는 대전보육대학의 테리 선교사를 통해 농민생활사를 찾아왔고, 이후 농촌에 정착하여 「농민생활」의 애독자가 되어 농사와 축산을 기반으로 농촌의 발전에 크게 기여했다.

1967년

3월 서인근 협동총무가 일본 여행으로 약 1개월 자리를 비워 워스(吳天惠, George C. Worth) 이사가 총무 일을 대행하기로 했다. 이 여행에 서매지 선교사가 함께했을 것이고, 서매지 선교사가 잠시 근무했던 간사이가쿠인대학도 방문했을 터이다.

5월 장하원 목사가 기독교연합봉사회 총무와 기독교농민학원 원장으로 임명되었다. 이때 서인근 선교사는 장하원 목사의 총무 임명을 유독 반가워했는데, 두 사람의 성향이 비슷하여 기독교농민학원을 운영하는 데 호흡을 잘 맞출 수 있으리라고 봤기 때문이다.

6월 「농민생활」에 "「농민생활」 속간 13주년에 한국 농민과 더불어 13년"라는 제목으로 기고했다. 이 글에서 서인근 선교사는 「농민생활」을 맡은 지 햇수로 8년이 되었고 한국에 온 지 10년이 넘었다며 그동안 한국 농촌이 크게 발전했다고 말했다.

10월 장하원 총무가 2주간 일본을 시찰함으로써 이 기간 서인근 선생이 대리로 총무 일을 맡았다. 협동총무로서 서인근 선교사는 충청북도 지사로부터 농촌사업에 관련해 유공 표창장을 받았는데 이는 그의 사역이 충청북도까지 미치고 있었음을 보여주는 것이다. 당시 지사는 김효영(金孝榮)이었고 그는 1966년부터 1969년까지 재임한 뒤 고향 강원도에서 국회의원에 네 번 당선되었다.

12월 총무보고서에 의하면 매년 70여만 원 적자를 내는 「농민생활」을 폐간하기로 결정했는데 이미 9월호를 마지막으로 정간한 상태였다. 서인근 선교사는 "「농민생활」 정신이여 영원히!"라는 글을 실었고, 적자가 쌓여 정간하지만 주변에 좋은 잡지가 많이 나온 것으로 위안을 삼았다.

1968년

1월 실행이사회 회의에서 회계 서인근 선생의 사무를 한계 지었는데, 금후 내규를 심의할 때 신중을 기하는 것이었다. 재정 지출을 총무 또는 협동총무가 결재하여 지출할 수 있게 함을 보여주는 것이라 하겠다. 서인근 선교사는 기독교농민학원의 정기 교육과정의 강사진이 되어 농업과 교도에 관하여 가르쳤다. 최용규 직원이 보고한 교도부 사업 내용을 살펴보면 1967년에 미국으로부터 기증받은 가축은 유우 43두, 산양 24두, 돼지 1두였고 현재 대부된 가축은 유우 142두, 산양 26두, 돼지 39두, 닭 1,920수, 토끼(앙고라) 9수였다.

6월 연구위원 회의록에 의하면 가축대부사업 관련하여 미국에 있는 트럭모턴 박사에게 감사장을 보내자고 결정했다. 트럭모턴 박사가 미국 HPI의 총무라는 점을 생각하면 이 무렵 들어온 가축은 HPI으로부터 지원받은 것이 분명하다.

1969년

1월 장하원 총무 겸 기독교농민학원 원장은 지난 1년간 서인근 선교사의 지대한 노력과 협조로 사업이 활발하게 진행되어 감사드린다며 그가 안식년을 맞게 되었다고 보고했다. 장하원 총무가 원장을 겸한 것은 배민수 목사의 부재가 주요인이지만 이 무렵 기독교농민학원의 세가 약해진 탓도 있을 것이다.

5월 서 선교사는 농림부장관으로부터 표창장을 받았는데, 이때 장하원 총무가 공적 조서를 꾸미는 데 힘써주었다. 당시 장관은 조시형(趙始衡)이었고, 그는 육군 소장 출신으로 5·16군사정변 이후 국가재건최고회의 내무위원회 위원장을 맡기도 했다.

6월 서인근 선교사는 안식년을 맞아 미국으로 돌아갔다. 그는 미국에서 안식년을 보내는 중에도 한국에 보낼 재정과 물품을 확보하기 위해 선교보고회에 나가는 데 힘썼다.

1971년

1월 기독교연합봉사회 이사회 회의에서 서인근 선교사가 기독교연합봉사회의 방향과 계획안을 발표했고, 이사 전원은 이를 받아들였다. 이 계획안은 "기독교연합봉사회의 사업이 한국 인사들로 하여금 농촌개발사업을 '에큐메니컬'하게 효과적으로 운영 관리하여 지속될 수 있도록 하며 그 운영 재정이 고정 기금이 될 수 있도록 하기 위함"이었다. 여기에는 재단법인을 사회복지법인으로 변경하는 제안도 함께 포함되었다. 기독교연합봉사회의 운영 주체인 재단법인이 사회복지법인으로 바뀌는 것은 당시 사회의 변화에 기독교연합봉사회가 대응해가는 방안의 하나였다.

9월 서인근 선교사는 기독교연합봉사회 협동총무로서 장하원 총무와 충북 영동군 추풍령 현지 목장에서 호주산 면양 400마리를 받는 인수식을 거행했다. 이 호주산 면양사업에 관한 일화는 1장에서 소개했다. 장하원 원장과 함께 10월 8일부터 12월 18일까지 17개국 50개 기관을 견학, 시찰했다. 이 해부터 서인근 선교사가 HPI 한국대표로 선임되어 1984년까지 국제외원단체 가축대부사업 한국대표로 재직했다. 따라서 과거에는 기독교세계봉사회를 통해 HPI가 보내온 가축을 대부했는데, 이제는 기독교연합봉사회가 HPI로부터 직접 받아 대부하게 되었다.

1972년

기독교연합봉사회 고문과 기독교대한감리회 사회복지관(대전, 공주, 부산) 운영이사를 맡았다. 당시 사회복지의 전개에 교회가 참여함으로써 자연스럽게 서인근 선교사의 사역이 사회복지로까지 확장된 셈이다.

4월부터 1975년 8월까지 기독교연합봉사회의 협동총무로 사역했다. 이는 기독교농민학원에서 서인근 선교사가 더욱 중요한 임무를 맡게 되었다고 볼 수 있는데, 상대적으로 기독교농민학원의 사업이 축소되는 상황이 영향을 미쳤다고 보인다.

1973년

1975년까지 목원대학교 재단 감사를 역임했다. 서인근 선교사의 교육사역이 시작된 시점이라 볼 수 있는데, 기독교연합봉사회가 주력하던 기독교농민학원의 쇠퇴에 의한 것이라고 볼 수 있으며, 동시에 예전처럼 농업에 관여하지 않아도 되는 분위기를 반영한 것이라고 하겠다. 3월 기독교농민학원이 문을 닫았다.

1974년

7월 25일에 HPI 이사회 서기 에드윈 기엘스가 작성한 문건에는 딘 쇼잉걸 씨가 1977년 1월 20일까지 HPI의 한국대표 직원으로 선임되었다고 나온다. 서인근 선교사가 HPI 사업에 본격적으로 관여했음을 보여주는 귀중한 자료라고 하겠다. 이 협정에 따르면 한국이 HPI에 요청한 가축지원 사업은 서인근 선교사의 사전 심사와 승인을 얻어야 한다. 아울러 관계자 쌍방은 30일 전 사전 통고로 협정을 해제할 수 있다.

1975년

5월부터 1976년 7월까지 기독교연합봉사회 상임이사로 활동함으로써 기독교연합봉사회에서 서인근 선교사가 지는 책임이 한층 더 커졌다. 특히 이 무렵 기독교연합봉사회의 이전에 관한 논의가 어느 정도 진전을 보인 것으로 짐작된다.

1977년

10월 농촌 교역자를 위한 농목 강습회에서 서인근 선교사는 강사로서 선진국의 농촌 교회 활동을 맡았다. 이때 최용규 씨는 농촌 교회와 양곡협동조합을, 문영준 씨는 이스라엘의 농촌과 협동조합을 맡았다.[16] 마치 서인근 선교사가 루츠 선교사의 농민생활사 업무를 이어받았듯, 이 두 사람은 서인근 선교사가 주력하던 사업을 이어받은 것이다.

ꞁ1979년

4월부터 1983년 8월까지 학교법인 감리교대전신학원(목원대학교 재단) 이사를 역임했다. 서인근 선교사가 본격적인 교육사역에 발을 내디딘 시점이라고 하겠다. 1957년에 재단법인으로 설립된 감리교대전신학원은 1964년에 학교법인으로 변경되었는데 이는 1963년에 제정된 「사립학교법」에 따른 것이다. 이때 감리교대전신학대학으로 개편되고 1998년 학교법인 감리교학원으로 변경되었다.

ꞁ1978년

1월 정기이사회 회의록에는 '직제상 참석자'로 참여하고 '서인근 고문'으로 표기되었다. 직제상 참석자를 강조한 것은 앞에서도 언급한 바처럼 이사회 회의에서 의결권을 갖지 않았음을 분명히 하려는 의도로 보인다.

ꞁ1980년

2월 기독교연합봉사회 정기이사회 회의에서 건축위원 5명에 서인근 고문이 선정되었다. 기독교연합봉사회가 중리에 처음 자리를 잡은 이후 지금의 자리로 옮기기까지 서 선교사가 중심 역할을 했고, 그는 기독교연합봉사회 회관이 완공된 후 감사패를 받았다. 또한 기독교대한감리회 사회복지관 재단이사로 선출되었다. 서인근 선교사의 사역이 사회복지 쪽으로 확장된 것을 알 수 있다.

1981년

7월 기독교연합봉사회 임시 이사회 회의에서 HPI로부터 위탁받아 실시한 사업은 HPI가 사후에 관리하도록 했다. 이는 기독교연합봉사회가 HPI와 결별을 준비한 단계라고 하겠다. 이 회의는 전남 신안군 흑산면에서 열렸는데, 서인근 선교사는 참석하지 않았다.

8월 기독교연합봉사회 임시 이사회 회의가 새로 지은 기독교연합봉사회관 회의실에서 진행되었다. 중리에 있던 시설에 비하면 크게 향상된 환경이고, 재단법인에서 사회복지법인으로 전환된 상태이므로 기독교연합봉사회가 사회복지사업에 두각을 드러낸 시기이다.

10월 임시 회의가 서울 배화여자초급대학의 회의실에서 열렸다. 이렇게 장소를 옮겨가면서 회의를 연 것은 당시 기독교연합봉사회의 대표이사를 교단별로 돌아가면서 맡았기 때문이다.

12월 기독교연합봉사회 임시 이사회 회의에서 1982년 회계연도부터 일반 회계와 HPI 기독교연합봉사회 회계를 구분하기로 결의했다. 이는 1974년 12월에 'HPI기독교연합봉사회'라는 이름으로 외원단체에 등록된 점을 반영한 것이다. 그럼에도 HPI와 분리하여 경영하려는 것은 HPI 사업의 침체로 인한 것이었다.

1983년

9월부터 1987년 4월까지 학교법인 감리교대전신학원 이사장으로 재직했고, 이에 앞서 스톡스 선교사가 1979년 12월부터 이사장을 역임했다.

1989년까지 향애원 이사장을 역임했다. 향애원은 전쟁으로 부모를 잃은 불우한 어린이를 보호, 양육, 교육한다는 이념으로 전쟁고아를 수용하기 위해 1952년 스톡스 선교사가 충북 음성 현 위치에 설립했다. 이를 통해 서인근 선교사와 스톡스 선교사 간 관계를 엿볼 수 있다.(실제로 스톡스 선교사는 서인근 선교사의 멘토였다.) 향애원은 1952년에 보건사회부로부터 후생시설로 인가받고 1958년에는 재단법인 음성향애원으로 허가받았으며 1977년에 사회복지법인으로 변경되었다. 지금은 지역 내 일반 아동에게도 서비스를 제공하여 지역의 모든 아동이 건전하게 성장하도록 돕는 데 힘쓰고 있다.

1986년

3월 회갑 축하예배가 충남 대전시 동구 정동 태화장에서 있었다. 이 회갑 예배는 기독교연합봉사회, 기독교대한감리회 남부연회, 목원대학교가 공동으로 주관했다. 기독교대한감리회 남부연회가 함께한 것은 서인근 선교사와 서매지 선교사가 이 지역의 교회와도 적지 않은 협력 사업을 펼쳤기 때문이다.

1988년

11월 월간 「축산인」의 '발굴취재' 섹션에 "한국 농축산업 발전의 숨은 공로자 서인근(미국인) 선교사"라는 제목으로 서 선교사의 활동이 소개되었다.[17] 성락 기자의 취재에 서인근 선교사뿐 아니라 당시 충청낙우회장을 맡고 있던 기독교농민학원 6기생 김종환 씨도 참석했는데, 그는 다음처럼 서인근 선교사의 공로를 알렸다.

귀국 직전 월간 「축산인」에 실린 서인근 선교사(1988년)

종축대부사업은 우리나라 농촌에 있어서 농업 활동에 의한 고소득원으로서의 축산업 가능성을 깨우쳐주었다고 봅니다. 가축 집단 사육에 의한 규모화된 축산의 시초는 바로 이 사업에서 비롯되었다고 할 수 있기 때문입니다. 이 사업은 헤퍼프로젝트인터내셔날로부터 기증받은 가축을 농민학원이 원하는 농가에 대부해주고, 예를 들어 젖소의 경우 그 소가 송아지를 생산하면 송아지 한 마리만을 농민학원에 반환하는 식으로 운영되었습니다. 이 사업과 농민학원에서의 기술교육은 서로 잘 연결되는 사업으로 초기 축산업 발전에 크게 기여했다고 봅니다. 이 같은 사업들이 순조롭게 진행된 데에는 서 선교사님의 헌신적인 노력이 절대적으로 작용했다고 믿고 있습니다.[18]

1989년

5월 귀국 송별예배가 대전직할시 중구 문화동 고려부페에서 있었다. 실제 상황은 알 수 없으나 3년 전에 회갑 축하예배를 드린 경험이 있기에 한층 능숙하게 진행되었을 것이다. 그러나 분위기는 숙연했을 것으로 추측한다. 6월 9일 서 선교사 부부는 본국으로 귀국했다. 이날 김포공항에 안개비가 내렸다. 초여름 날씨가 흐려진 것은 하늘이 서인근 선교사의 귀국에 아쉬움을 표한 것이 아닐까.

1991년

선교사직에서 은퇴하고, 죽음 이후의 삶이 있다는 것을 확신하며 기쁨과 감사로 살고자 노력했다. 2월 16일 자 「투락 저널」(*TUROCK JOURNAL*)의 '교회소식란'에 실린 서인근 선교사의 선교 보고회에는 그가 HPI의 남한대표로 소개되었다. HPI의 한국 사업에서 서인근 선교사가 차지하는

최용규 장로가 기증한 서인근 선교사 부부 사진(1997년, 왼쪽)
서인근 선교사 부부의 결혼 50주년을 기념하기 위해 모인 가족들(1997년)

위상, 나아가 그가 한국의 축산업에 기여한 정도를 보여주는 대목이라고 하겠다.

1997년

결혼 50주년을 맞이해 부부 사진과 가족 사진을 찍었다. 여기에 소개한 사진은 최용규 장로가 미국에 있는 서인근 선교사 댁을 방문하여 받아온 것이다. 서인근 선교사는 이 사진에 가족의 이름을 낱낱이 적어가며 설명했던 모양이다. 서인근 선교사와 최용규 장로 간 깊은 우애를 보여주는 흔적이라고 하겠다. 이 사진을 받은 최용규 장로는 아마도 '농사와 교육이 무엇이고 어떻게 하는지를 따지지 않고 오직 몸으로 보여주셨지요.'라

서매지 선교사 묘석. 캔자스주 브라운카운티 히아와타의 마운트호프 공동묘지에 있다.(위)
서매지 선교사 묘석과 나란히 세워진 서인근 선교사 묘석

고 속말을 했을 터이다.

1999년

10월 목원대학교 채플에서 목원대학교 명예신학박사 학위를 받았다. 서인근 선교사가 선교사역을 마치고 귀국한 이후 다시 한국을 방문한 것이다. 목원대학교는 1954년 스톡스 선교사 설립한 곳으로, 기독교대한감리회와 미국 연합감리회 세계선교부 협력으로 시작된 감리교대전신학원이었다가 1972년에 이 교명과 함께 일반대학으로 전환되었다.

2017년

서 선교사 부부는 '매일 함께 예수님의 음성을 더욱 분명하게 들으며 살고 있고 아울러 지상에서 하나님과의 동행을 누리는 것에 감사'한다고, 와메고제일감리교회에서 간증했다.

2019년

9월 18일 서매지 선교사가 소천했다. 묘석에 드보라, 다니엘, 레이첼, 앤드류, 스테판의 어머니라고 밝혔다. 서매지 선교사의 소천을 기리며 그녀의 묘석에 성서 말씀을 새긴다면 다음 구절이 될 것이다. "예수께서 이르시되 내가 진실로 네게 이르노니 오늘 네가 나와 함께 낙원에 있으리라 하시니라."(눅 23:43)

2020년

서인근 선교사는 한국과 미국에서 선교사이자 신앙인으로서 자신의 사명을 다하고 어떤 욕망도 남기지 않은 채 하나님 곁으로 갔다. 자기 안에 마주한 두려움이 없어진 뒤에야 그 두려움의 존재를 알 듯 마음에 두었던 모든 것을 훌훌 털어내고 갔다. 서인근 선교사가 전하는 지상 천국 이야기를 깊이 새기며 다음 성서 구절로 그의 사역기를 마친다.

> 그의 경건한 자들의 죽음은 여호와께서 보시기에 귀중한 것이로다(시 116:15)

주

• 머리말 •

1 윤은수, 『선교사 열전』(서울: 한들출판사, 2020), 7.

2 클레어 토레이 존슨, 김원경 옮김, 『내 사랑 황하를 흘러』(서울: 좋은씨앗, 2009), 22-23, Clare Torrey Johnson, *Ambassador to Three Cultures: The Life of Dr. R. A. Torrey Jr.*(1990).

• 1장 •

1 이때 기독교농민학원의 실무 책임자는 총무였고, 주임은 부서 책임자로 총무의 감독을 받았다. 당시 기독교농민학원에는 농사를 주관하는 농작부, 닭이나 돼지를 사육하는 중소가축부, 젖소 같은 큰 가축을 담당하는 대가축부, 기독교농민학원 출신을 지원하는 교도부(후에 지역사회개발부로 바뀜) 네 부서가 있었다.

2 「한국기독공보」(1971년 10월 9일 자)에 의하면 이때 들여온 면양은 400마리였고, 1968년부터 기독교연합봉사회와 호주연합장로교 선교부가 연구하여 임야가 많은 한국에서는 면양 사육이 가장 효율적임을 합의했다고 한다.

3 장기영, 『개신교 신학의 양대 흐름: 루터 신학 vs. 웨슬리 신학』(경기: 웨슬리르네상스, 2019), 31-32.

4 킹스베리 선교사가 최용규 장로에게 급여를 제공한 것은 세계기독교봉사회(CWS) 또는 헤퍼프로젝트인터내셔널(HPI)과 관련한 것으로 추측할 수 있는데, 이를 뒷받침할 증언이나 문건을 찾아 확인하는 작업이 필요하다.

5 블로그 '농다락'이 소개한 농촌진흥청 자료에 의하면 밀농사에 적합하지 않은 환경 때문에 1970년 밀 생산량은 약 22만 톤으로 자급률은 16퍼센트였다. 그러나 1982년부터 밀 수입이 자유화되면서 지금은 국내 생산량이 3만 톤에 그치고 자급률은 1퍼센트에 불과하다.

6 1979년 2월 기독교연합봉사회 이사회 회의록에 의하면 이영자 원장이 4월에 입사하고, 6월에 기독교연합봉사회 정관이 바뀌면서 육아사업, 요보호아동의 휴양시설사업, 청소년 선도사업과 직업보도사업, 농촌지역사회 복지증진사업 및 봉사사업, 수익사업을 할 수 있게 되었다.

7 장기영, 앞의 책, 446.

8 윤은수, 앞의 책, 50.

9 신익상, 『변선환 신학 연구』(서울: 모시는사람들, 2013), 22–28.

10 윤경로, "간행사," 류대영, 『초기 미국 선교사 연구』(서울: 한국기독교역사연구소, 2001), 3.

11 그리피스 목사가 전기를 작성할 당시 한국을 방문하지 않았음에도(1926년에 방한) 한국을 정확하게 묘사했다는 평을 듣는데 이는 한국에 관한 자료가 적지 않게 외국에 소개되었다는 뜻이며, 이 일은 전적으로 선교사에 의한 것이라고 해도 지나치지 않을 것이다.

12 릴리어스 호턴 언더우드, 이만열 옮김, 『언더우드』(서울: 한국기독학생회 출판부, 2015), 9, *Underwood of Korea*. 한편 그리피스 목사는 1911년에 *The Unmannerly Tiger, and Other Korean Tales*를 펴냈고, 미국인 과학자로서 일본 정부의 초청을 받아 1870년부터 1874년까지 일본 도쿄대학에서 교수 생활을 했는데 일본을 연구하다가 일본의 뿌리를 찾기 위해 한국을 연구하게 되었다. 그는 한국을 방문하지 않고 한국 관련 책들을 집필하느라 서양의 다른 한국 전문가의 도움을 받았는데 알렌, 헐버트, 게일, 존스, 아펜젤러, 언더우드 등이었다.[오윤선, "19C 말–20C 초 영역작업을 통해 본 외국인의 한국 고전문학 인식," 이형대 엮음, 『정전 형성의 논리』(서울: 소명출판, 2013), 257–301, 260]

13 옥성득, 『다시 쓰는 초대 한국교회사』(서울: 새물결플러스, 2016), 95–106.

14 류대영, 『초기 미국 선교사 연구』(서울: 한국기독교역사연구소, 2001), 15–17.

15 위의 책, 25.

16 위의 책, 94.

17 1784년 웨슬리는 영국성공회의 39개조 종교강령을 25개조로 줄여서 「감리회 종교강령」이라는 이름으로 발표했는데, 이는 제1조 "성 삼위일체를 믿음"으로 시작해 제25조 "그리스도인의 맹세"로 구성되었다. 이에 비해 미국장로교회의 「웨스트민스터 신앙고백」은 20세기 초까지 그대로 교회의 신경(信經, Creed, 종교 공동체의 필수적인 신앙조항에 관한 공인된 간략한 형식의 진술)으로 받아들여졌다. 변화된 사회와 신학을 반영하기 위해 웨스트민스터 신앙고백에 손을 댄 것은 1903년이 되어서였고, 그것도 성령론을 약간 추가하고 구원의 보편성을 강조한 정도의 변화에 불과했다.[류대영, 앞의 책, 93-94]

• 2장 •

1 김흥수, "기독교연합봉사회: 1950년대의 기독교 연합사업 연구," 「한국기독교와 역사」 33(2010): 81-108.

2 실제로 서인근 선교사는 증조부모가 독일에서 미국으로 이민한 것을 1988년 월간 「축산인」 기자와의 인터뷰에서 밝혔다.

3 이와 관련하여 고려 공민왕은 그의 부인 노국대장공주(魯國大長公主) 보르지긴 부타시리를 '아름다운 보배'라는 뜻의 왕가진(王佳珍)으로 지어주었다.[이덕일, 『조선왕조실록 1』(경기: 다산북스, 2018), 49]

4 준주(準州, incorporated organized territories)는 미국에 (미합중국 자산의 일부로) 병합되었거나, (미국 의회에서 통과된 조직법에 의해 정부를 구성함으로써) 조직된 영토로 미국 연방의회에서 제정된 「조직법」에 따라 입법, 행정, 사법 따위의 조직을 갖춘 곳을 말한다. 1959년 알래스카와 하와이 준주가 주로 승격되어 현재는 준주가 없다. 가입 전 미합중국의 주로서 승인된 지역은 이러한 준주였고, 준주의 인구가 가장 많은 지역은 주로서 지위를 획득할 수 있었다.

5 김흥수, 앞의 글.

6 연규홍, 『기독교연합봉사회 50년사』(대전: 기독교연합봉사회, 1999).

7 루스벨트 정부는 대공황을 맞아 1933-39년에 실시한 확장재정 정책의 일환으로 국내 재

건을 최우선 과제로 삼고 경제의 모든 부문에 걸쳐 대책을 강구했다. 여기에서 정부의 경제적 기능이 눈에 띄게 확대·강화되고, 국가권력에 의한 규제와 정부자금의 활용이 자본주의 경제체제의 유지에 불가결한 요소가 되었다. 이 정책에서 가장 광범위한 계획은 1935년에 제정한 「사회보장법」으로 노인수당, 과부수당, 실업보상, 노동장애인보험 등을 마련한 것이다.

8 박석무, 『다산 정약용 평전』(서울: 민음사, 2014), 32.

9 김유동 옮김, 『계몽의 변증법: 철학적 단상』, Max Horkheimer and Theodor W. Adorno, 1969, *Dialektik der Aufklärung*(서울: 문학과지성사, 2001), 107.

10 "'인간승리' 김은중, 한쪽 눈 실명 후 승리," 「텐아시아」(2022년 5월 23일 자).

11 임희국, 『평양의 장로교회와 숭실대학』(서울: 숭실대학교 출판국, 2017), 37.

12 김우창 · 문광훈, 『세 개의 동그라미: 마음, 이데아, 지각: 김우창 · 문광훈의 대화』(서울: 민음사, 2016), 268.

13 1950년 10월 30일에 서인근 선교사가 미국 연합감리교회 동아시아 선교 책임자 브럼보(Thoburn T. Brumbaugh) 목사에게 보낸 편지에 나타나 있다.

14 스톡스 선교사는 1947년 4월에 박사학위를 받고, 11월 한국에 들어와 도익서(都益瑞)라는 한국 이름으로 북한 지역에서 월남한 사람들을 돌보면서 1950년 6 · 25전쟁 직전까지 원주에서 선교사업을 펼쳤다. 1954년에 목원대학교로 발전한 감리교대전신학교를 설립했다.

15 김흥수, "한국 기독교사에서 잊혀진 사회복지 전통," 「기독교사상」 753(2021): 5.

16 지금의 사회복지관인데, 이화여자대학교가 1956년에 교수와 학생의 지원에 외원을 더하여 '이화여대 부속 사회관'을 설립했다.

17 류대영, 앞의 책, 44.

18 언더우드, 앞의 책, 44.

19 옥성득, 앞의 책, 138-39.

20 도로시는 캔자스주에서 농부 헨리 아저씨, 엠 아주머니와 함께 살고 있었다. 황량한 초원에서 도로시의 유일한 친구는 강아지 토토였다. 회오리바람이 불어온 어느 날 도로시는 토토와 집에 숨어 있었는데, 집을 그대로 들어 올린 토네이도에 의해 오즈의 세계로 모험을 떠난다.

21 시인이 사모하는 사람을 통해 좋은 시를 짓듯 딘은 마조리의 정위(淨偉)함을 맞아 선교사로서의 사역을 계획할 수도 있었을 것이다.

22 윤남옥 엮어옮김, 『誠의 신학자 윤성범의 삶과 신학』(서울: 한들출판사, 2017), 54.

23 언더우드, 앞의 책, 91.

24 와메고제일연합감리교회 간증(2017년 2월 21일).

25 류대영, 앞의 책.

26 이만열 옮김(2015b), 69.

27 스위스에서는 가톨릭교회와 츠빙글리의 개혁교회가 양립했는데, 츠빙글리가 사망하고 개혁교회 세력이 약해지던 중에 칼뱅이 종교개혁의 새로운 지도자로 등장했다.

28 이만열 옮김(2015b), 69.

29 전택부, 『한국교회 발전사』(서울: 홍성사, 2018), 240.

30 위의 책, 273.

31 전택부, 『양화진 선교사 열전』(서울: 홍성사, 2018); 내한선교사사전 편찬위원회, 『내한 선교사 사전』(서울: 한국기독교문제연구소, 2020); 이덕주 · 서영석 · 김흥수, 『한국 감리교회 역사』(서울: 도서출판 kmc, 2017).

32 두 달 사이에 들어온 스크랜턴이 장로교 알렌의 소개로 광혜원 임시 의사로 활동함으로써 첫 감리교 정착 선교사가 되었다.[이덕주, "I. 한말 감리교회 역사(1884–1910)," 이덕주 · 서영석 · 김흥수, 앞의 책, 26]

33 매클레이 선교사는 일본선교회 관리자로 한국의 선교를 지원했고, 그는 1884년에 한국에 들어와 고종으로부터 교육과 의료 두 사업을 허락받았다.(위의 글, 28)

34 특히 스크랜턴은 한국과 일본의 관계에서 중립을 지켰다. 그러나 당시 한국과 일본감리교회 감독이던 해리스(Bishop Merriman Colbert Harris)는 노골적으로 일본 편을 들었고, 결국 스크랜턴은 1907년에 감리교회를 떠났다.(위의 글, 182–83)

35 첫 한글 성서는 『예수셩교누가복음전서』와 『예수셩교요안내복음전서』로 1882년 봄 봉천(지금의 심양)에서 발간되었다.[류대영, "1. 한국기독교와 선교사," 김흥수 · 서정민 엮음, 『한국기독교사 탐구』(서울: 대한기독교서회, 2011), 11]

36 김학동, 『이상화 평전』(서울: 새문사, 2015), 53. 이뿐만 아니라 1936년에 나온 이은상의 수

필집 『무상』의 서문을 영문으로 작성해 올리기도 했다.[오양호, 『한국 근대수필의 행방』(서울: 소명출판, 2020), 370] 이 외에도 아펜젤러 목사는 삼문출판사를 세워 배재학당 학생들이 그곳에서 일하며 숙식 비용과 등록금을 마련하게 했다.[박상명 옮김, 『6 · 25전쟁과 미국 선교사』(경기: 북코리아, 2023), 67]

37 하디는 선교의 실패 원인이 교인들과 한국의 정치 상황이 아니라 선교사로서 자신이 성령을 받지 못한 데 있음을 깨달아 회심했다.

38 1877년 테네시연회에서 목사안수를 받은 후 1978년 중국 소주와 북경에서 8년간 의료선교사로 활동했다. 1886년 부모와 남감리회의 일본선교를 개척했고, 관서학원대학과 영어학원, 여학교를 설립했다. 1919년 남감리회 한국 만주와 시베리아 등 극동 지역 선교를 총괄했으며, 3 · 1운동으로 옥중에서 고생하는 교역자와 교인의 석방을 위해 노력했다.

39 1908년 간도에서 선교를 시작해 많은 열매를 맺었으나 선교지 예양협정(禮讓協定, 선교회별 선교 지역 분할 협정)에 따라 철수한 후, 1919년과 1920년에 현지를 시찰하고 1921년에 사역을 재개했다. 1920년 현지 시찰 때에 크램 선교사와 양주삼 목사가 참여했다.

40 특히 쇼 선교사는 미군의 민간인 군목으로 사역하며 1 · 4후퇴 때 교역자의 피난을 도왔고, 천주교의 캐럴(George Carroll) 신부와 함께 이승만에게 한국군 군종제도를 건의하여 구체화하기도 했다.[김흥수, "III. 해방 이후 감리교회 역사(1945-2006)," 이덕주 · 서영석 · 김흥수, 앞의 책, 355-60]

41 남기철에 의하면 도익서 선교사의 한국어 실력이 유창하여 주변 사람들이 놀랐다고 한다.[남기철, 『내가 만난 선교사들 이야기』(서울: 평민사 2017), 296]

42 이덕주, 앞의 글, 73.

43 김용주, 『나는 행복한 목회자였다』(서울: 도서출판 진흥, 2005), 156.

44 언더우드, 앞의 책.

45 위의 책, 91.

46 이에 류대영은 두 선교사의 활동은 첫 시도라는 점에서 의미가 있을 뿐 이후 조선에 교회가 만들어지는 데 직접 기여하지 않았다고 지적했다.[류대영, 앞의 책, 10]

47 윤은수, 앞의 책, 32.

48 오승재, 『지지 않은 태양 인돈』(인천: 도서출판 바울, 2012), 119.

49 전택부, 앞의 책, 345. 한편 선교사 재파견을 위해 미국 선교부는 1946년에 사전 조사팀을 운영했는데, 한국팀의 팀장으로 린튼 선교사가 활동했다.[오승재, 위의 책, 127]

50 오승재, 위의 책, 131.

51 김흥수 · 서정민 엮음, 앞의 책, 117.

52 전택부, 『양화진 선교사 열전』, 366.

53 위의 책, 376.

54 위의 책, 379.

55 전택부, 『한국교회 발전사』, 138.

56 서인근 선교사가 브룸보 목사에게 보낸 편지에 의하면 당시 이화학당의 조 여사(Mrs. Cho)가 도왔다고 하는데, 그녀의 실명은 확인하지 못했다.

57 이만열 옮김(2015a), 48. 이수정은 1882년 신사유람단 일행으로 일본에 건너가 농업과 정치를 배우려고 했는데, 일본 근대 농업의 기틀을 마련한 농학자이자 일본 첫 감리교인 츠다센(津田仙)으로부터 성서를 선물로 받아 읽고 기독교로 개종했다.[이덕주(2017), 16]

58 윤남옥 편저(2017), 50.

59 김영재, 『한국교회사』(경기: 합동신학대학원 출판부, 2009), 313–14.

60 김영재(2009), 314.

61 "빈곤 시절의 상징 '외국 원조 단체법' 52년 만에 폐지," 「한겨레」(2015년 3월 16일 자).

62 일본의 근대 문명의 아버지로 불렸음에도 조선에 깊은 열등감을 우월의식으로 전환하려고 했던 후쿠자와 유키치(福澤裕吉)도 선교사가 학문과 기술을 함께 가져와 일본의 문명화에 이바지했다고 했다.[임종원(2011), 211]

63 이만열 옮김(2015b), 306.

64 류대영(2001), 89.

65 위의 책, 103.

66 옥성득(2016), 121–22.

67 본문에는 찬송가 547장 〈내 지킬 본분은〉이라고 했는데, 새찬송가로 595장이고 제목은 〈나 맡은 본분은〉(A Charge to Keep I Have)으로 나타나고 있다.

• 3장 •

1 1960년대에 들어와 기독교연합봉사회는 사업을 확장하면서 여러 부서를 두었는데 기독교농민학원은 교육부에 소속되었고, 1971년에는 재단법인이 사회복지법인으로 바뀌어 큰 변화를 맞았다.

2 서인근 선교사의 귀국 송별예배 순서지에 따르면 서인근 선교사와 서매지 선교사는 1989년 6월 귀국을 앞두고 5월 대전의 고려부페에서 송별예배를 드렸다.

3 1946년 애덤스와 뵐켈(Harold Voelkel)을 비롯한 북장로교 선교사 7명이 서울에 도착했고, 1947년까지 남장로교 선교사 17명, 1948년까지 감리교 선교사 45명이 한국에 들어왔다.[김흥수(2010), 85]

4 전택부(2018b), 361–64.

5 연규홍(1999), 34–35.

6 이후 이 헌법은 한국교회가 급성장할 때 개정되었고, 큰 틀은 유지하되 교회가 팽창·분열하는 사정에 따라 바뀌었다.

7 옥성득(2016), 327.

8 1865년 영국 런던에서 실업자와 최하층 빈민을 위한 선교와 구호기관으로 시작했으나, '하나님의 군대'라는 의미로 군대와 유사한 조직을 갖추면서 이름을 '구세군'이라고 부르게 되었다.('다음백과') 한편 구세군이 한국에 들어온 경위는 다음과 같다. 구세군 창설자 부스(William Booth)가 일본에서 집회할 때 한국 유학생들의 요청으로 1908년 호가드(Robert Hoggard) 정령(正領, 대령) 부부를 한국 사령관으로 파송했다. 1910년에 구세군 사관학교를 개설하고, 1915년 구세군 본영을 신축하고, 1917년부터 여자 사관 양성을 시작하고, 1924년부터 빈민숙박사업을 실시하고, 1928년부터 자선냄비를 시작했다. 이후 위더슨(Chris W. Widdowson)은 1926년 정위(正尉, 참령과 부위 사이 계급)로서 한국 구세군 사령부에 파송되었는데 1934년에 한국을 떠났다가 1953년 다시 한국에 파송되어 한국 사령관이 되었다.[전택부(2018a), 227–30]

9 기독교연합봉사회 설립을 위해 출자하기로 한 금액은 감리교 선교부 6,000달러, 북장로교 선교부 6,000달러, 구세군 1,000달러, 캐나다연합교회 선교부 1,000달러로 모두 1만 4,000달러였고 남감리교 선교부는 참여를 약속했으나 아직 확정하지 않은 상태에 있었다.[김흥

수(2010), 86]

10 임희국, 『평양의 장로교회와 숭실대학』(서울: 숭실대학교 출판국, 2017), 28. 한편 1901년에는 선교사뿐만 아니라 한국인 총대가 참여하는 '합동공의회'가 시작되어 '조선예수교장로회공의회'라고 명했다.

11 당시 회장과 총무를 각기 애덤스(安斗華, Edward Adams)와 아펜젤러(Henry D. Appenzeller)가 맡았는데, 헨리 D. 아펜젤러는 감리교회 첫 선교사인 헨리 G. 아펜젤러의 아들이다.[김흥수(2011), 127]

12 이만열 옮김(2015a), 26.

13 이곳에 마련한 것은 50여 년 전 언더우드 선교사가 경험한 바를 크게 벗어나지 않았을 터이다. 즉 1893년 말 언더우드 선교사는 시외에 수목이 울창한 언덕을 한 군데 사서, 이곳에 교파와 상관없이 의사와 간호사가 와서 버려진 병자들을 돌볼 수 있도록 휴양소를 세우고자 했다.[이만열 옮김(2015a), 154]

14 옥성득(2016), 338.

15 전택부(2018b), 187-88. 한편 1918년에는 북감리회, 남감리회, 북장로회, 남장로회, 캐나다장로회, 호주장로회가 참여하여 조선예수교장감연합협의회를 창설함으로써 한국에 에큐메니컬운동의 첫 장이 열렸다. 이 협의회는 1924년에 조직된 조선기독교연합공의회(National Christian Council)의 전신으로 해방 후 한국기독교연합회(NCC)가 되고, 오늘의 한국기독교교회협의회(NCCK)로 이어졌다.[전택부(2018b), 243-44]

16 이런 사정은 당시 꼼꼼하게 작성한 이사회 회의록을 통해 확인할 수 있는데, 1952년 6월과 7월에 1차와 2차 이사회가 부산에서 열렸고, 이후 9월에 열린 3차 이사회부터 대전에서 열렸다.

17 윤은석(2021), "기독교연합봉사회의 수족절단자 재활사업 연구," 「신학저널」 47(2021): 11.

18 에큐메니컬운동은 교회연합운동이나 교회일치운동이라고 하는데, 개신교회 선교사들은 선교지에서 불필요한 경쟁과 갈등을 피하고 효율적인 결과를 얻기 위해 성서 번역과 찬송가 발행 등의 문서사업, 교육, 의료사업, 사회봉사 같은 사역에서 초교파 연합운동을 추진했다.(『한국민족문화대백과사전』)

19 김흥수(2010), 81-82.

20 한규무(2010), 109.

21 류대영(2001), 99.

22 한규무, "1950년대 기독교연합봉사회의 농민학원 설립과 운영," 『한국기독교와 역사』 33(2010), 129.

23 연규홍(1999), 48-49.

24 민경배(2008), 『한국교회의 사회사(1885-1945)』, 서울: 연세대학교 출판부, 135.

25 한규무(2010), 124.

26 연규홍(1999), 123.

27 안대회 · 이승용 외 옮김(2018), 『완역 정본 택리지(보급판)』(서울: 휴머니스트, 2018), 110.

28 안대회 · 이승용 외 옮김(2018), 114.

29 이만열 옮김(2015b), 187.

30 앞의 책, 33.

31 다할편집실 편, 『한국사연표』(서울: 다할미디어, 2008).

32 1951년 11월 전라북도와 전라남도에 각기 비상경계와 비상계엄령이 선포되었고, 1952년 5월 경상남도와 전라남도에, 1953년 12월 삼남 지방에 비상계엄령이 선포되었다. 그러나 부산은 전쟁에 의한 피해를 별로 받지 않았다. 이런 사정은 고려시대에도 비슷하게 일어났는데, 당시 전라도와 경상도는 왜구의 소굴이었다고 『고려사절요』(高麗史節要)에 나타난다.[이덕일(2018), 157]

33 토레이 2세 선교사는 아버지 토레이 1세 선교사를 비롯해 아들 대천덕 신부, 손자 대영복 선교사를 두어 4대가 선교사이다.

34 1954년 대전에는 감리교회가 5개였다.[남기철, 『내가 만난 선교사들 이야기』(서울: 평민사, 2017), 43]

35 김원경 옮김, 『내 사랑 황하를 흘러』, Care Torrey Johnson, 1990, *Ambassador to Three Cultures: The Life of Dr. R. A. Torrey Jr.*(서울: 좋은씨앗, 2010), 356.

36 이는 전주강림교회 양인석 목사가 2022년 6월 26일 주일설교에서 "인류에게 절실한 평화"라는 제목으로 강조한 것이다.

37 박응규, 『한부선 평전, 가장 한국적인 미국 선교사』(서울: 도서출판 그리심, 2015), 196.

38 “창녕문화예술회관 4월 공연 풍성,” 「경남여성신문」(2013년 4월 3일 자).

39 아울러 대덕군이라는 명칭은 직전의 대전군과 1914년 이전의 회덕군을 합쳐 만들어진 것이다.(‘위키백과’)

40 오승재(2012), 145.

41 한창기 편집, 『한국의 발견 충청남도』(서울: 뿌리깊은나무, 1986), 256.

42 고병우, 『새마을운동 이렇게 시작되었다』(서울: 기파랑, 2020), 72.

43 6·25전쟁 직후 대전에 교회가 20개였던 점에 비하면 10여 년 후라고 하더라도 대덕군에 40개 교회가 있었다는 것은 당시 기독교연합봉사회의 위상을 짐작하게 한다.

44 조차장역(操車場驛)은 여객열차는 이용하지 않는 철도역으로 화물 관리, 열차 조성(組成), 차량 입환(入換), 열차 운용 등의 역할을 하는데, 우리나라에는 대전과 충북 제천에 있다.

45 연규홍(1999), 61.

46 같은 일시에 제정된 대전연합선교회 사업헌장이 있어 혼란을 일으키고 있다. 이 헌장은 기독교연합봉사회가 만들어지기 직전의 것으로 기독교연합봉사회의 첫 이사장은 대전연합선교회 협동위원회가 선출하고, 이후 이사장은 기독교연합선교회 이사회가 선출하는 것으로 되어 있다.

47 이 사업은 농가의 수입 증진과 생활개선에 실제적이고 경제적인 방안을 농촌지도자에게 보여주는 데 목적을 두었고, 「1958년도 상반기 사업보고서」에 따르면 양계장과 목장을 운영했다.

48 이 사업은 세부 사항을 추후에 제정·발표한다고 규정하고 있다.

49 기독교연합봉사회의 조직이나 조직의 업무에 관한 사항은 이사회가 정했고, 이는 빈번하게 일어났다. 예컨대 1956년 9월에 열린 정기이사회에서 기독교연합봉사회 규약의 사업을 (1) 농촌지도사업, (2) 도시지도사업, (3) 보건사업, (4) 사회사업으로 규정했다.

50 교도부 명칭은 당시 정부의 조직과 관련하는데, 예컨대 1955년에 중앙정부의 농촌부, 도 단위의 농업교육과 시군의 교도계가 있어 농촌운동을 지도를 했다.[신윤표, 『지역개발과 새마을운동론: 새마을운동의 발전전략』(서울: 대영문화사, 2007), 265]

51 예컨대 서인근 선교사는 1955년 11월에 캘리포니아의 선샤인농장 주인에게 편지를 보내 한국 농가에서 달걀, 토끼, 벌, 양 등을 기른 경험이 있다며 지원을 요청했다.

52 관련 문건에는 전시농장(展示農場)으로 소개되었다.

53 기독교연합봉사회 이사회의 회의록에 의하면 배민수 목사를 기독교농민학원 원장으로, 루츠 선교사를 기독교연합봉사회 총무로, 서인근 선교사를 영농실습장 책임자로 선임했다.[김흥수(2010), 91-92]

54 킹스베리 선교사는 미국 나이액바이블칼리지와 하우언바이블칼리지에서 공부하고, 펜실베이니아대학교에서 언어학으로 석사학위를 받았다.[김흥수(2010), 91]

55 한규무(2010), 117-18.

56 기독교농민학원 봉헌식이 1954년 11월 11일에 있었으니 이 정도 추정은 가능할 것이다. 이 봉헌식 안내지에 의하면 "주의 말씀을 듣고서 준행하는 자는 반석 위에 터 닦고 집을 지음 같다."라는 내용의 264장을 찬송했고, 설교는 한경직 목사가 맡았다.

57 최용규 장로가 원장을 맡고, 최용규 장로를 비롯해 김은규와 홍계순이 교육을 담당했다.[연규홍(1999), 129]

58 앞의 책, 129.

59 「농민생활」 16/1(1954).

60 전택부(2018a), 92.

61 이는 니시자와 하루히코(西澤治彦)가 중국 페이샤오퉁(費孝通)의 『鄕土中國』을 번역하며 '역자해제'에 언급한 것이다.[西澤治彦 역, 『鄕土中國』, 費孝通, 1948, 『鄕土中國』(東京: 風響社, 2019), 220-21] 특히 페이샤오퉁은 교사의 역할은 학생에게 지식을 전달하는 것이 아니라 미지의 영역으로 진군하도록 학생을 안내하고, 이때 솔선하여 본을 보여주는 것이라고 했다.

62 미국 북장로교회 선교부가 파송한 베어드 선교사는 1891년 1월 아내와 한국에 들어와 부산에서 언더우드 선교사와 선교 부지를 매입하는 일을 함께했고, 1892년 11월 초량교회를 설립했다. 서울로 옮겨가 교육사업에 집중하며 서울 곤당골에 학교를 세우고, 1897년 10월 평양에 숭실학교를 세웠다.

63 류대영(2001), 233.

64 「그리스도신문」은 1901년 4월 25일까지 언더우드의 책임하에 간행되었고, 5월 1일부터 게일의 이름으로 간행되었다. 1905년 7월 1일부터 장로교, 감리교 연합신문인 「그리스도신

문」이 되었고, 1907년에는 제호가 「예수교신보」로 바뀌어 1910년까지 발행되다가 1910년에 다시 「예수교회보」로 바뀌었다. 1915년에 이르러 감리교의 「그리스도회보」와 합동의 「긔독신보」로 발전, 1937년까지 계속되었다.[이만열 옮김(2015a), 193]

65 한편 윤은수는 기독교연합봉사회가 토레이 2세 선교사에게 수족절단자 재활사업을 청원한 것이 1952년 6월 27일에 열린 제1차 이사회라고 했는데[윤은수(2021), 13], 7월에 열린 제2차 이사회에서였다.

66 윤은석(2021), 13.

67 김원경 옮김(2009), 400.

68 이 전기는 토레이 2세 선교사의 둘째 딸이 지었다. 그녀는 1922년 중국 산둥성 지난(齊南)에서 태어나 자랐고, 조선의 평양외국인학교에서 고등학교 교육을 받은 이력이 있다.

69 한국에 들어갈 선교사들은 6·25전쟁으로 캘리포니아에서 대기하고 있었다.

70 김원경 옮김(2009), 364-65.

71 1929년에 창간된 「농민생활」은 보관이 온전하지 못했다. 일부 권호를 국회전자도서관(https://dl.nanet.go.kr/)에서 찾아볼 수 있다.

72 사장은 정인과 목사(장로회 농촌부 부장), 편집과 발행은 맥큔(尹山溫, G. S. McCune), 편집부장은 채필근이 맡았다. 숭실전문학교의 교수들이 집필진이 되어 농사에 관한 과학적 지식, 새로운 품종 개발과 소개를 주요 내용으로 하고 논설, 수필 등을 통해 기독교 진리를 전했다.[연규홍(1999), 129-30]

73 원종훈(2021), "잡지 「농민생활」과 일상 아카이브," 한남대학교대학원 석사학위 논문, 14.

74 서인근(1967), 74.

75 원종훈(2021), 36.

76 서인근(1967b), 93.

77 여기에서 사회사업은 소셜 워크(Social Work)가 아니고 사전에서 풀이하는 "사회 공중의 생활개선이나 보호 등을 위해 개인이나 단체가 비영리로 실시하는 여러 사업"으로 이해해야 옳다.

78 임희국(2017), 16-17.

79 이 규정은 여러 차례 수정되어 1959년 10월에 허가를 받은 것인데, 영어로 작성된 "기독교

연합봉사회 재단법인 사무 진행 상황 보고서"에 나타나고 있다.

80 김동렬 옮김, 『닥터 홀의 조선회상』, Sherwood Hall, 1978, *With Stethoscope in Asia: Korea*(서울: 좋은씨앗, 2003), 693.

81 연규홍(1999), 214.

82 1951년 대전천 근처에 전쟁고아 보육시설 선광원으로 설립되어 1956년에 벧엘보육원으로 인가받았으며, 2011년 중증장애인 생활시설 하람으로 바뀌었다.(사회복지법인 대전벧엘원 홈페이지)

83 이 부대는 1991년까지 캠프 에임스(Camp Aems)로 불리며 존속했고 미사일을 보유했다.

• 4장 •

1 서영석, "II. 일제강점기 감리교회 역사(1910-1945)," 이덕주 · 서영석 · 김흥수 지음, 『한국 감리교회 역사』(서울: 도서출판 kmc, 2017), 255.

2 고려파(한국개혁교회)가 총노회를 설립함으로써 첫 교단 분열이 일어났는데, 이는 교계의 신학적 논쟁과 지방색과 교권 다툼 따위에 의해서였다.[박응규(2015), 415]

3 1954년 5월에 설립된 감리교대전신학원은 1957년 5월에 감리교대전신학교로, 1965년 1월에 감리교대전신학대학으로 승격되었고, 1972년 12월에 목원대학으로 교명이 바뀌었다.

4 김흥수(2010), 90.

5 윤남옥 엮음(2017), 240.

6 *Corea, The Hermit Nation*(은자의 나라 한국)을 지은 그리피스는 미국 필라델피아 출신으로 1870년 일본에 와서 이학, 화학, 지리학, 생물학, 신문학 등을 가르쳤고, 1874년에 귀국해 목사가 된 후 다시 일본으로 건너와 일본 근대화에 공헌했다.[이만열 옮김(2015b), 11] 그는 1926년에 한국을 방문했다.

7 신명기 8장은 이스라엘이 차지할 아름다운 땅에 대한 언급과 여호와를 잊지 말라는 내용을 담고 있다. 예컨대 1절에서 "내가 오늘 명하는 모든 명령을 너희는 지켜 행하라 그리하면 너희가 살고 번성하고 여호와께서 너희의 조상들에게 맹세하신 땅에 들어가서 그것을 차지하리라"라고 했고, 11절에서는 "내가 오늘 네게 명하는 여호와의 명령과 법도와 규례를 지키지 아니하고 네 하나님이 여호와를 잊어버리지 않도록 삼갈지어다"라고 했다.

8 이만열 옮김(2015b), 31–39.

9 임찬순 · 최효선 옮김, 『유교와 기독교: 동서문화의 비교연구』, Julia Ching, 1977, *Confucianism and Christianity*(서울: 서광사, 1993), 135.

10 1901년 11월 북장로교 빈튼(C. C. Vinton) 선교사가 발행한 계간 「코리아 필드」(*The Korea Field*)와 1904년 11월 남북감리회가 연합으로 창간한 월간지 「코리아 메소디스트」(*The Korea Methodist*)가 통합된 영문 잡지로 1905년 11월 창간되어 1941년 11월까지 발간되었다. 발행은 재한 개신교 선교부 연합공의회가 맡았으며 실제 업무는 조선셩교셔회(현 대한기독교서회)가 담당했다. 선교사역 관련 뉴스와 한국에 관한 여러 소식을 다루어 장기간에 걸쳐 한국을 해외에 알리는 역할을 했다. 발행 초기에는 매호 700–800부가 발행되었고, 1910년 이후에는 매월 1,000명 이상 고정 구독자를 확보했으며, 1920년대에는 최고의 수준을 유지했다.[한국기독교역사문화관, http://www.kcmuseum.or.kr]

11 류대영(2001), 93.

12 윤은수(2020), 145.

13 유영식, 『착한 목자 게일의 삶과 선교 1』(서울: 도서출판 진흥, 2013), 231.

14 김양선은 신사참배 이후 교회를 회복시키는 원칙으로 (1) 교회 지도자는 권징의 길을 취하여 통회 정화한 후 교역에 나갈 것, (2) 목사는 최소한 2개월간 휴직하고 통회 자복할 것, (3) 목사와 장로가 휴직 중에 집사나 평신도가 예배를 인도할 것, (4) 교회 재건 기본 원칙을 각 노회와 지교회에 전달하여 일제히 실행하게 할 것, (5) 교역자 양성을 위한 신학교를 복구할 것을 소개했다.[박응규(2015), 340]

15 앞의 책, 270.

16 당시 한국에 진출한 7개 개신교 선교부 가운데 연합회에 가입하지 않았던 영국성공회도 복음적 공의회의 목표와 대상들에 대하여 동정적이었다.[류대영(2001), 103]

17 류대영(2001), 157–219.

18 임희국(2017), 17.

19 오승재(2012), 46–50.

20 앞의 책, 112.

21 류대영은 선교사를 빼놓고 한국기독교 역사를 말할 수 없는 이유로 한국교회를 만들어 성

장시킨 점과 방대한 분량의 자료를 남긴 점을 들었다.[류대영(2011), 22]

22 임찬순 · 최효선 옮김(1993), 82.

23 옥성득(2016), 78.

24 류대영(2001), 143.

25 이만열 옮김(2015a), 53.

26 앞의 책, 52.

27 류대영(2001), 253.

28 윤은수(2020), 140.

29 김용주(2005), 254.

30 윤은수(2020), 97. 한편 벨 선교사와 오웬 선교사는 이 외에도 광주에서 1911년 성탄절을 맞아 성극 〈늑대와 소년〉을 공연함으로써 우리나라에 신극의 문을 열어 호남 희곡의 여명기를 맞게 했다.[한옥근, "호남 희곡과 김우진," 김우진연구회 편, 『김우진 연구』(경기: 푸른사상, 2017), 359]

31 윤은수(2020), 120.

32 클라크는 1906년 승동교회 담임목사로 시작해 150여 개교회를 개척하고, 1922년부터 평양신학교 교수로 재임하며 한국어로 『목사지법(牧師之法)』(1919), 『강도학(講道學)』(1925), 『쥬일학교조직』(1926) 등을 냈는데, 이 저술들은 지금까지 사용될 정도로 명저이다. 그는 한국교회 실천신학의 선구자이자 아버지로 불린다.[임걸(2019), "내한 선교사 클락(C. A. Clark, 1878–1961)의 목사 직분론," 「신학사상」 184(2019): 143]

33 2012년에 이 책의 재출간을 기념하며 한국교회희망봉사단과 한국기독교사회복지협의회가 공동으로 연 세미나에서 이 책이 평양장로회신학교의 정규 과목 교재로 사용되었다고 했다.["곽안련 선교사의 교회사회사업 재출간 기념회," 「기독인뉴스」(2012년 5월 29일 자).]

34 김흥수(2021), "권두언: 한국 기독교사에서 잊혀진 사회복지 전통," 「기독교사상」 753(2021): 4.

35 신동흔 외, 『6 · 25전쟁 이야기 집성 1: 이것이 전쟁이다』(서울: 박이정, 2017), 348. 이 내용은 6 · 25전쟁 체험담 조사연구팀이 2014년 7월 12일에 전라남도 보성군에 사는 한경준(남, 1937년생, 가명)을 인터뷰한 내용에서 발췌한 것이다.

36 이만열 옮김(2015b), 121.

37 이덕일(2018), 358.

38 이만열 옮김(2015a), 168.

39 위의 책, 158.

40 윤은수(2020), 122.

41 위의 책, 173.

42 김용기 장로는 이미 1938년에 경기도 양주시에 '봉안 이상촌'을 만들어 기독교 사회주의 실현에 힘썼고, 1944년에 용문산 농민 중심으로 농민동맹을 결성했다. 또한 1946년에 경기도 고양시에 교회와 농장을 건설하고, 1982년에 농촌 후계자 양성을 위한 가나안농군사관학교를 세웠다.[조용식, 『가나안, 끝나지 않은 여정』(서울: 포이에마, 2016), 22-23]

43 위의 책, 12. 김용기 장로의 사상은 (1) 기독교 신앙에 기반하고, (2) 비그리스도인에게도 필요하고, (3) 이 시대에도 유효하다.

44 아울러 전 가족이 상임 교사진이 되고, 가정으로 이룬 농군학교가 개교하여 온 가족이 분망하고 살림방이 교실이 되어 가족으로서 가질 수 있는 단란함이 희생되었다.[위의 책, 221]

45 조용식(2016), 32. 김용기 장로는 처음부터 하나님이 우리에게 흙을 주어서 흙에서 나는 소산을 먹으며 살도록 한 것인데, 이 원리를 떠나서 살 수 없다는 것이 자신의 철칙이라고 했다.[위의 책, 48]

46 위의 책, 62.

47 위의 책, 56-57. 구체적인 군인 정신은 (1) 우리 민족의 주체성 확립, (2) 바람직한 국민윤리의 생활화, (3) 책임 있고 민족적인 지도자의 인격 함양, (4) 올바른 국가관, 사회관 및 가정관 확립, (5) 우리 실정에 맞는 근검절약의 생활화, (6) 능력 개발을 통하여 빈궁을 막는 교육이다.[위의 책, 59]

48 위의 책, 75.

49 위의 책, 50.

50 위의 책, 124.

51 위의 책, 128-29. 김용기 장로는 가훈의 3대 이념에 기술과 자립을 덧붙였다.[위의 책, 206]

52 조용식도 "가나안농군학교에는 어김없이 교회가 있지만 선교가 목적이 아닙니다."라고 했다.[위의 책, 106]

53 원종훈(2021), 23. 실제로 배민수 목사는 "한국농촌 재건의 열쇠"(1954년 7월호)로 시작하여 "농촌교회의 금후 진로"(1960년 10월호)까지 총 28회 글을 실었다.

54 임희국(2017), 88.

55 위의 책, 91.

56 박노원 옮김(1999), 256-59.

57 "기독교농민학원 남자 수강생 모집에 관하여 교역자 제위에게 고하나이다"의 일부 내용을 발췌한 것이다.

58 배민수 목사는 1953년 5월에 열린 재단법인 기독교연합봉사회 이사회에서 이사로 선임되고, 김승배 선교사는 1954년 9월 이사회에 등장하여 영문 서기를 맡았고, 이후 회의에 토레이 2세 선교사를 대신하여 수족절단자 직업교도원 사업을 보고하기도 했다.

59 배민수 목사는 1953년 6월에 복음농민학교 원장으로 선임되고, 1954년에 기독교농민학원으로 이름이 바뀌면서 본격적인 사업을 펼쳤다.

60 연규홍(1999), 122.

61 1964년 10월에 기독교여자농민학원으로 인가받았다.

62 연규홍(1999), 127-29.

63 "충북 출신 일제하 농촌운동가 고(故) 배민수 목사 50주기 맞아," 「가스펠투데이」(2018년 8월 28일 자).

64 "삼애 배민수 목사 기념사업은 원상 회복되어야," 「예장뉴스」(2019년 2월 27일 자).

65 이는 대한예수교장로회총회가 총회 홈페이지(http://www.gapck.org)에 "1884년에 서상륜이 황해도에 솔내교회를 세우고 그 이듬해에 언더우드 선교사가 입국하여 본격적인 장로교 선교의 막이 열렸다. 1901년 평양신학교(현 장로회신학대학교 전신)를 세우고 1907년에 이르러서는 '예수교 장로회 대한로회(독노회)'를 조직하여 최초의 장로교 목사 7명을 안수했다."라고 소개한 연혁에서 확인할 수 있다.

66 류대영(2001), 141.

67 연규홍(1999), 58.

68 윤은수(2020), 121.

69 칭의 주장은 앞에 이미 소개했는데, 그녀는 상하이에서 태어나 호주국립대학교와 미국 컬럼비아대학교를 거쳐 예일대학교에서 송명이학(宋明理學) 연구로 박사학위를 받았고, 이때 비교종교를 함께 연구했다.

70 임찬순 · 최효선 옮김(1993), 102. 이 내용은 로마서 12:1, 고린도전서 2:11, 6:20, 7:4, 7:34, 13:3에 근거하고 있다.

71 박응규(2015), 66.

72 연규홍(1999), 220.

73 르네 지라르는 2005년 프랑스 지식인의 최고 명예인 아카데미 프랑세즈 종신회원에 만장일치로 선임되었고, 서구 인문학계를 유대-기독교적 전통으로 회귀시킨 학자로 평가받는다. 그는 연구를 통해 스스로 그리스도인이 되었다고 주장한다.[길상엽, 『르네 지라르의 기독교 십자가 이해』(경기: 한국학술정보, 2021), 13-14]

74 김진식 옮김(2004), 32. 지라르가 성서를 해석한 부분 중에 신학계가 문제점으로 지적한 것이 적지 않으나 이 부분은 인문학자로서 보인 탁월한 해석으로 받아들이고 있다. 한편 길상엽은 개혁신학은 예수 그리스도의 십자가 죽음이 하나님의 섭리 가운데 계획되고 그 효과가 1차적으로 아버지와 아들 사이의 신적 관계 안에서 일어난다고 보는 반면, 지라르는 오직 사탄과 그 종으로서 인간에 의한 폭력으로, 그리스도의 비폭력 대응에 의해 폭력의 정체가 드러나는 사건으로 이해한다며 지라르의 한계를 지적했다.[길상엽(2021), 16]

75 연규홍(1999), 113-14.

• 5장 •

1 연규홍(1999), 64. 실제로 보건사회부로부터 사회복지법인 설립 허가증을 받은 것은 1977년 1월이다. 한편 1970년 2월에 열린 1차 실행위원회에서 재단법인 기독교연합봉사회의 자립을 위한 방안을 논의했고, 1971년 1월에 열린 기독교연합봉사회 회의록에 첨부된 정관 변경안에 '사회복지법인 기독교연합봉사회'라고 기재되어 있다.

2 이런 상황에서 「농민생활」은 적자를 면치 못하고 우환거리가 되어 1967년에 정간되었다.

3 김영재, 『한국교회사』(경기: 합동신학대학원 출판부, 2009), 329-30.

4 윤은수(2020), 74. 의료선교사인 랜디스는 인천의 가난하고 문명의 혜택과는 동떨어진 사람들을 위해 전력했다. 1891년 인천에서 첫 성공회 성당의 문을 열어 영어를 가르치면서 학생들이 세상을 넓게 보는 시야를 갖도록 도왔다. 그는 과로로 쓰러져 33세에 세상을 떠났다.('나무위키')

5 이만열 옮김(2015a), 56.

6 학생들은 영어를 배워 출세하려는 욕망이 있었고 선교사가 운영하는 기독교 학교에 정부가 계속 우호적일지 의문도 있었다.[이덕주, 『한국 감리교회 역사』(서울: 도서출판 kmc, 2017), 32]

7 김영재(2009), 351.

8 백용기, "11. 한국기독교의 신학," 김흥수 · 서정민 엮음, 『한국기독교사 탐구』(서울: 대한기독교서회, 2011), 186.

9 전택부(2018b), 396-97. 김흥수는 1960년대 토착화 신학 연구의 대표 인물로 윤성범과 유동식을 꼽는다.[김흥수(2017), 370]

10 김영재(2009), 328.

11 위의 책, 343.

12 위의 책, 349.

13 노치준, 『평신도 시대, 평신도 교회: 한국교회 개혁과 평신도 아마추어리즘』(서울: 도서출판 동연, 2021), 17-18.

14 전택부(2018a), 206.

15 류대영(2001), 137.

16 김종생, "기독교연합봉사회 70년의 회고와 전망," 『2018 기독교연합봉사회 임원 워크숍 자료집』(2018), 4.

17 연규홍(1999), 63.

18 서인근(1965), 9.

19 위의 책, 52.

20 윤남옥 편저(2017), 269.

21 지금까지 확인한 자료에 의하면 서인근 선교사는 "경영의 합리화를 꾀하자"(24/1, 1962.

1.), “「농민생활」 속간 8주년을 맞이하여”(24/6, 1962. 6.), “계묘년 새해를 맞이하여”(25/1, 1963. 1.), “농민생활사 이전에 즈음하여”(27/2, 1965. 2.), “「농민생활」 속간 12주년을 맞으며”(27/6, 1966. 6.), “착실하게 살아가는 사람들”(27/10, 1966. 10.), “「농민생활」 속간 13주년에 한국 농민과 더부러 13년”(29/1, 1967. 6.), “「농민생활」 정신이여 영원히! 「농민생활」 정간에 즈음하여”(29/8, 1967. 9.)를 게재했다.

22 최병우, 『조선족 소설사』(경기: 푸른사상, 2022), 91.

23 윤남옥 편저(2017), 337.

24 조승연, 『한국농촌사회변동과 농업생산구조』(서울: 서경문화사, 2000), 111.

25 홍순명 옮김, 『농부의 길: 일본 애농회 고다니 준이치의 하늘 · 인간 · 땅 사랑』, 小谷純一(고다니 준이치), 『愛農救國nの書』(충남: 그물코, 2006), 71–72.

26 1954년에 실시한 가축대부사업에 관한 사업보고가 재단법인 기독교연합봉사회 이사회에 나타나고 있다. HPI가 기독교연합봉사회 관련 서류에 처음 등장한 것은 1963년도 상반기 기독교농민학원 사업보고서로 가축대부 상황에 “젖소 2마리는 Heifer Project에 속한 젖소”라고 표기되었다. 그 전에 실시한 가축사업은 기독교세계봉사회(CWS)가 지원한 것으로 1962년 1월 실행위원회 회의록에 나타나는데, CWS가 HPI에 의해 지원한 것인지는 따져봐야 할 것이다.

27 장하원 총무가 작성한 “서인근 선교사 표창장 수여 의뢰 보고”를 통해 확인할 수 있다.

28 기독교세계봉사회(Church World Service)는 미국 기독교교회협의회에 속한 조직으로 제2차 세계대전 이후 중국과 유럽 국가를 돕기 위해 1946년 북미외국선교협회, 미국연방기독교교회협의회, 창설 준비 중이던 세계교회협의회(World Council of Churches, WCC)의 미국위원회가 공동으로 설립한 구호단체이다.[김흥수(2011), 128] 한편 1948년에 만들어진 세계교회협의회에 공산국가의 교회가 가입되었다고 하여 한국장로교 분열의 요인이 되기도 했다.[연규홍(2011), 143]

29 김흥수도 6 · 25전쟁 시기에 기독교세계봉사회가 HPI의 한국 내 대행 기관이었다고 보았다.[김흥수(2011), 128]

30 1958년 7월부터 12월까지 홀스타인 젖소 7마리, 육우 3마리, 유산양 9마리가 들어왔고, 1959년 1–6월에 오리 259마리, 닭 181마리, 젖소 7마리, 건지 1마리, 브라운스위스 1마리, 육

우 1마리가 들어왔다.[연규홍(1999), 154]

31 트럭모턴 박사(Dr. Wesley Throckmorton)가 HPI의 총무로 확인된 것은 1968년 6월 기독교연합봉사회 실행이사회의 연구위원 회의록에서이다.

32 남기철, 『내가 만난 선교사들 이야기』(서울: 평민사, 2017), 222.

33 이 사실은 1974년 7월 25일에 HPI 이사회 서기 에드윈 기얼스가 한국의 HPI 관계자들에게 보낸 문건에서 확인할 수 있다. 미국의 「터록 저널」(*TUROCK JOURNAL*, 1991년 2월 16일자) 교회 소식란에 서인근 선교사의 선교 보고회 광고가 실리고 서 선교사가 HPI의 한국 대표로 소개되기도 했다.

34 헤퍼(Heifer)는 새끼를 밴 젖소를 뜻하며, 이 프로젝트는 가축을 무상으로 받은 이들이 젖소가 새끼를 낳으면 반드시 암컷 1마리를 상환하여 다른 사람에게 대부하는 생명연대사업이다.[연규홍(1999), 69] 굳이 HPI를 번역하면 '국제가축지원협회'나 '국제가축대부사업협회' 정도가 되겠다.

35 연규홍은 『기독교연합봉사회 50년사』 69쪽과 153쪽에서 HPI의 설립 연도를 각기 1946년과 1953년이라고 했는데, '위키백과'는 1944년이라고 본다. 연규홍이 참고한 문헌 중에 HPI의 50주년을 1944년부터 1994년으로 잡은 것을 보면 HPI의 설립 연도는 1944년이 맞는 것 같다.

36 이들은 개신교 교파에서 급진적 재건주의로 서방교회의 예식을 거부하고 순수한 신앙을 강조하는데 한국에서는 종교친우회로 불린다.

37 16세기 종교개혁의 급진적 개혁운동인 재세례파에서 발생한 프로테스탄트 교회로 대부분 미국과 캐나다에 집중되어 있다. 신앙고백에서 세례를 중요시하며 군 입대를 거부하고 사랑과 무저항의 윤리를 강조한다.

38 연규홍(1999), 153.

39 이는 연세대학교 연세유업 홈페이지에 있는 내용이다. 첫 번째 유가공업체는 1937년에 창립한 경성우유동업조합이고, 1945년에 서울우유동업조합으로 바뀌어 본격적으로 우유를 판매했으며, 1962년에 서울우유협동조합이 탄생했다.

40 연규홍(1999), 157.

41 위의 책, 70-71.

42 임종한, "사회복지를 위한 사회적 경제," 「기독교사상」 753(2021): 28.

43 김용주(2005), 122.

44 장기영, 『개신교 신학의 양대 흐름: 루터 신학 vs. 웨슬리 신학』(경기: 웨슬리 르네상스, 2019), 121.

45 실제로 최근까지도 충남 홍성에서는 농업이 영원하다며 "지역농업이 살아야 한국이 산다."[이두원, 『지역농업이 살아야 한국이 산다』(서울: 도서출판 초당, 2006)]라고 부르짖고 있다.

46 이만열 옮김(2015b), 188.

47 임희국(2017), 21.

48 장기영(2019), 256.

49 여기에서 죄를 문자적으로 보기보다 고난 정도로 이해하는 것이 좋겠다.

50 신익상(2013), 360.

51 헤이스는 미국 듀크대학교 신약과 교수로 바울서신, 신약 윤리학, 성경해석학에 관한 저술을 냈을 뿐만 아니라 기독교 신학계에 상호텍스트성 이론을 처음 소개했다. 연합감리교회 목회자로서 미국과 영국의 교회에서 설교했다.

52 김태훈 옮김, 『상상력의 전환: 구약성경의 해석자 바울』, Richard B. Hays, 2005, *The Conversion of the Imagination: Paul as Interpreter of Israel's Scripture*(경기: 큐티엠, 2020), 319.

53 서인근 선교사의 이 같은 성향은 초기 선교사 마펫(Samuel A. Moffet)에게서도 엿볼 수 있다. 그는 한국 음식을 먹고 온돌방에서 자고 한국어를 배우고 사용하면서 평양 주민과 '친구'가 되었다.[임희국(2017), 23]

54 장기영(2019), 196.

• 6장 •

1 기독교연합봉사회 이사회 1970년 1차 실행위원회는 재단법인의 자립 방안을 논의했고, 정부의 소관 부처는 농림부, 문교부, 보사부를 꼽았다. 기독교연합봉사회의 사회복지법인 설립허가증은 1977년 보건사회부(제236호)에서 발급하였다.

2 김우창, 『체념의 조형』(경기: 나남, 2013), 484.

3 옥성득(2016), 33.

4 여기에 대학생의 참여가 두드러졌다. 예컨대 1960년대부터 시작된 네비게이토선교회, 1970년대 들어서면서 대학생성경읽기선교회(University Bible Fellowship, UBF), 한국대학생선교회(Campus Crusade for Christ, CCC) 활동을 들 수 있다.[노치준(2021), 83]

5 백용기, "11. 한국기독교의 신학," 김흥수 · 서정민 엮음, 『한국기독교사 탐구』(서울: 대한기독교서회, 2011), 188-189. 한국에서 내비친 첫 민중신학 논문으로 1975년 서남동과 안병무의 "예수 · 교회사 · 한국교회"와 "민족, 민중, 교회"를 들고 있다.

6 전택부(2018b), 402.

7 전경연, "바울의 신앙 개념," 「기독교사상」 479(1998): 78-79.

8 신익상(2013), 94-95.

9 위의 책, 96. 이는 이성을 매개하는 바탕이 바로 인간의 주체성이라고 한 점[김우창 · 문광훈, 『세 개의 동그라미: 마음, 이데아, 지각 김우창 · 문광훈의 대화』(서울: 민음사, 2016), 276], 이성은 개념적으로 고정된 상관관계에 기여할 뿐이라고 한 점[김유동 옮김(2001), 132]과 맥락을 같이한다고 하겠다.

10 이수영, 『순수이성비판 강의』(서울: 북튜브, 2021), 284.

11 김유동 옮김(2001), 132.

12 노명우, 『계몽의 변증법을 넘어서: 아도르노와 쇤베르크』(서울: 문학과지성사, 2002), 102.

13 그래서 김훈은 "지식과 신앙은 계시를 감지하는 영혼의 작용으로서 동일하고 영성 안에서 통합된다."[김훈, 『저만치 혼자서』(경기: 문학동네, 2022), 223-24]라고 했을 것이다.

14 칸트는 자연을 주재하는 신의 이성을 내세웠고, 이는 인간 위에 있는 이성이라고 했다.[백종현, 『칸트와 헤겔의 철학』(경기: 아카넷, 2010), 231]

15 이정훈, 『이정훈 교수의 성경적 세계관』(부산: PLI, 2022), 246-47.

16 장기영(2019), 198.

17 위의 책, 469-70.

18 윤남옥 엮음(2017), 228-29.

19 김우창 · 문광훈(2016), 383.

20 연규홍(1999), 64.

21 장기영(2019), 585.

22 예컨대 배민수 목사가 기독교농민학원을 이끌며 "대전에서 농민계몽을 위해 활동하며 새마을운동의 창시자로도 일컫는 이가 많다."[성락, "발굴취재 한국농축산업발전의 숨은 공로자 서인근 (미국인) 선교사 전쟁 중 농업선교사로 내한 농민계몽 및 기술지도에 반평생," 「축산인」 1/5(1988): 73]라고 하기도 한다.

23 황연수, "농촌 새마을운동의 재조명," 「농업사연구」 5/2(2006): 17.

24 고병우는 1933년생으로 1961년 국가재건최고회의 의장 직속 국민경제연구회 전문위원을 시작으로 새마을운동과 경제개발 최일선에서 박정희 대통령을 보좌했다. 그는 "1인당 국민소득 80달러도 못 되던 세계 최빈국 대한민국을 이륙시켜 오늘날 3만 달러 시대로 날아오르게 한 핵심 동력은 단언컨대 새마을운동이고 새마을 정신이었으며, 그것은 박정희 정신에 다름 아니다."[고병우(2020), 6]라고 했다.

25 위의 책, 95-97.

26 위의 책, 119.

27 위의 책, 116-17. 김준이 1958년에 기독교연합봉사회에 잠시 근무한 데는 유달영 교수가 재건국민운동본부장으로 있을 때 김준이 경상북도 지부의 연수부장 역임을 들어 배민수 목사에게 추천하고, 이에 배민수 목사가 기독교연합봉사회 이사회에 적극 청원한 사연이 있었다.

28 1920년대 중반에 시작한 한국 YMCA의 농촌운동의 모델은 덴마크 농촌이다.[민경배, 『한국교회의 사회사(1885-1945)』(서울: 연세대학교 출판부, 2008), 342.

29 통일벼는 1960년대 후반 필리핀 국제미작연구소(International Rice Research Institute)에 파견된 허문회 교수가 한국인이 먹는 자포니카(Japonica)와 다수확 품종인 인디카(Indica)를 교배한 것인데, 국제미작연구소의 667번째 개발 품종이라는 뜻에서 IR667이라 불렸다.(『한국민족문화대백과사전』)

30 신동흔 외, 『6 · 25전쟁 이야기 집성 8: 전쟁 속에 꽃핀 인간애』(서울: 박이정, 2017b), 41.

31 류대영(2001), 37-38.

32 박응규(2015), 354.

33 한규무(2011), 67.

34 임희국(2017), 61.

35 연규홍(1999), 166-67.

36 위의 책, 167.

37 연규홍(1999), 70.

38 세동은 현재 대전광역시 유성구에 속하며, 좋은 공기와 자연 친화적이라며 상추 농사의 추천지로 각광받고 있다.

39 문영준 목사는 김은규 장로가 기독교농민학원을 졸업한 후에 전도사가 되었는지는 확실히 알 수 없으나 서울의 영락교회가 지원하여 세동에 교회를 세워 사역했다고 한다.

40 "대전 세동마을 주민들 김은규 장로에 감사… '깡촌에 富 · 믿음을' 53년 전 전도사에 공적비," 「국민일보」(2011년 5월 9일 자).

41 왕이 사는 거처.

42 상품 따위가 팔리지 않아 창고 따위에 쌓임.

43 이익성 옮김, 『경세유표 1』(경기: 한길사, 1997), 476.

44 양모를 이용한 생산 산업.

45 김수행 옮김, 『자본론 제3권 자본주의적 생산의 총과정 (상)』(서울: 비봉출판사, 2019), 154.

46 장기영(2019), 594.

47 신익상(2013), 209.

48 템플턴은 1973년부터 종교계의 노벨상으로 불리는 템플턴상을 시상하고 있는데, 1992년에 한경직 목사가 이 상을 받았다.

49 이채윤, 『성경이 만든 부자들』(서울: 행복한마음, 2007), 201-202.

50 서인근, "한국 농민과 더부러 13년," 「농민생활」 29(1967a): 75.

51 윤남옥 엮음(2017), 136-37.

52 류대영(2001), 95.

53 장기영(2019), 26.

54 이정훈(2022), 41.

55 장기영(2019), 26.

56 루터 역시 아우구스티누스가 가르친 문자와 영의 개념을 빌려, 문자로 기록된 율법이나 복음은 인간 삶을 변화시키지 못하지만 성령의 조명에 의해 인간의 마음에 전달된 말씀은 살아 있는 말씀이 됨을 가르쳤다.[장기영(2019), 76] 결국 루터가 가르친 성령의 영감 또는 계시와 웨슬리가 가르친 성령의 증거는 본질적 유사성을 가진 교리라고 할 수 있다.

57 윤남옥 엮음(2017), 209–10.

58 김태훈 옮김(2020), 309.

• 7장 •

1 이것은 초기 한국 기독교의 저력을 바탕으로 이루었다고 판단한다. 예컨대 임희국은 "1907년 평양의 대각성운동에 1903년 원산 집회를 시작으로 송도(인천)와 서울에서 일어난 신앙각성운동이 시발점이 된 것과 같다."[임희국(2017), 62]라고 하였다.

2 노치준(2021), 48.

3 서매지 선교사는 1957년부터 목원대학교 영어 교수와 대전외국인고등학교 교사와 교장을 맡았고, 1964년부터 배재대학교 교수로 재직했다.

4 그럼에도 김우창은 1980년대는 정치적 투쟁의 시대였다고 했다.[김우창(2013), 96]

5 노치준(2021), 95.

6 백용기(2011), 190–91.

7 전택부(2018b), 421.

8 1964년부터 1978년까지 매년 평균 3.3명 선교사가 해외로 파송되었는데, 그 이후 1989년까지 10년 동안 연평균 46.6명이 파송되었다.[김흥수(2017), 406]

9 이런 세속화는 모든 나라나 사회에서 일어났는데, 한국교회는 1980년대 이후 경제성장, 번영 신학, 물량주의 따위가 등장하면서 그 물결이 급속하게 휩쓸리게 되었다.[노치준(2021), 135]

10 위의 책, 31.

11 초기의 한 선교사는 개종자의 약 70퍼센트가 권서인에게 전도되었다고 시인한 바 있고, 이렇게 얻은 개종자와 교회는 물론 선교사의 공으로 돌려져 선교 통계에 합산되었고, 권서인들의 고용자인 성서공회의 보고서 이외에는 권서인들의 전도 활동은 거의 언급조차 되지

않았다.[류대영(2001): 73]

12 이만열 옮김(2015a), 58.

13 이는 성서 번역의 의의라고 하겠는데, 예컨대 루터는 성서를 일반 평신도가 읽을 수 있는 민족어(독일어)로 번역하여 배포했다.[노치준(2011), 65]

14 1980년 12월 기독교연합봉사회 임시 이사회 회의록에 의하면, 애초 9층으로 계획했으나 자금 사정으로 6층으로 변경하려고 했다가 서대전 로터리 주변에서 6층으로는 다른 건물에 비해 뛰어나지 못하다 하여 다시 처음 계획한 9층으로 돌아갔다.

15 장기영(2019), 485-86.

16 위의 책, 493.

17 류대영(2001), 251.

18 연규홍(1999), 156.

19 김우창 · 문광훈(2016), 170.

20 류대영(2001), 144-45.

21 이 같은 주장은 서인근 선교사가 「농민생활」에 기고한 글에 나타나고 있다.

22 서인근(1967a), 74.

23 이런 사정은 "농촌에서는 필요한 최소한 양식은 확보할 수 있으나 도시에서는 생존을 위해 돈을 벌어야 한다."[최병우(2022), 279]라는 점에서도 엿볼 수 있다.

24 윤은수(2020), 92.

25 이런 전말(顚末)의 사정은 목원대학교 역사 자료에 상세히 나타나고 있다.[김기련 외 편(2014), 『목원대학교 60년사 I』, 대전: 목원대학교, 123-25] 한편 남기철은 당시 입학정원이 40명인 처지에서 재정의 어려움보다도 학장인 자신을 축출하려는 교수들의 끊임없는 공격이 있었으며, 이런 사태의 직간접 원인은 감리교단 내에 8 · 15해방 전부터 남쪽 지역과 북쪽 지역 출신 교역자들 간 대립과 알력 관계라고 하였다.[남기철(2017), 216]

26 배덕만, "13. 한국기독교의 고도성장", 김흥수 · 서정민 엮음, 『한국기독교사 탐구』(서울: 대한기독교서회, 2011), 218.

27 김기련 외 편(2014), 256.

28 김흥수(2017), 411.

29 대전은 1985년에 인구가 약 87만 명이었고, 1987년까지 동구와 중구로 구성되어 있었다.

30 최용규 장로가 목원대학교의 사무처장을 맡은 것은 당시 학교법인 이사장이던 서인근 선교사의 기용 때문이었다.

31 오승재(2012), 165–66.

32 연규홍(1999), 118–19.

33 이 네 가지 직은 성직자, 목회자, 교회의 행정 책임자, 교회의 관리 책임자이다.[노치준(2021), 144]

34 류대영(2001), 123.

35 이만열 옮김(2015b), 265.

36 류대영(2001), 81.

37 옥성득(2016), 283.

38 임찬순 · 최효선 옮김(1993), 119.

• 8장 •

1 성락(1988), 73.

2 이 사건은 중국뿐만 아니라 동북아시아와 세계 질서에 일대 충격을 몰고 왔다.('다음백과')

3 이후 그는 미국의 첫 아프리카계 미국인 국무장관이 되었다. 파웰은 뉴욕 흑인가에서도 가장 험한 사우스 브롱스의 제52공립중학교 출신이다. 김동찬 목사는 "하나님께서 세상의 천한 것들과 멸시받는 것들과 없는 것들을 택하사 있는 것들을 폐하려 하시나니 이는 아무 육체도 하나님 앞에서 자랑하지 못하게 하려 하심이라"(고전 1:28–29)라는 말씀을 들어 파웰의 삶을 소개했다.(https://blog.naver.com/act817/222573903342)

4 김기련 외 편(2014), 141.

5 한인철, "불가결의 상호보충", 변선환아카브 엮음, 『그때도, 지금도 그가 옳다』(서울: 동연, 2023), 130–138.

6 마태복음 5:3–10에서 (1) 심령이 가난한 자, (2) 애통하는 자, (3) 온유한 자, (4) 의에 주리고 목마른 자, (5) 긍휼히 여기는 자, (6) 마음이 청결한 자, (7) 화평하게 하는 자, (8) 의를 위하여 박해를 받은 자를 일컫는다.

7 기상청은 1989년 6월 8일에 비가 내리고 평균기온은 17.2도였으며, 6월 7일과 10일에는 맑았다고 알렸다.

8 서인근 선교사는 부인과 큰딸과 미국에서 배를 타고 일본에 잠시 머문 후 홀로 부산을 거쳐 대전에 도착했다.

9 이 모습은 김훈이 그의 장편소설 『하얼빈』에서 인용했는데, 황태자 이은(李垠)이 인천에서 기선을 타고 일본으로 가는 길을 묘사했다.

10 김양재, 『천국을 누리라』(서울: 두란노, 2011), 14-15.

11 서인근, "계묘년 새해를 맞이하여," 「농민생활」 25(1963a): 13.

12 서인근, "착실하게 살아가는 사람들," 「농민생활」 28(1966b): 77.

13 윤해준, "(비평)이론과 정전, (비평)이론의 정전," 이형대 엮음, 『정전 형성의 논리』(서울: 소명출판, 2013), 68.

14 박상진, "정전(연구)의 새로운 지평," 이형대 엮음, 『정전 형성의 논리』(서울: 소명출판, 2013), 20.

15 윤경로, "한국기독교와 민족운동," 김흥수 · 서정민 엮음, 『한국기독교사 탐구』(서울: 한국기독교역사연구소, 2011), 54.

16 이만열 옮김(2015b), 336-37.

17 즉 삶은 죽음을 배제할 수 없지만, 죽음은 치유 불가능한 몸의 유한성을 극복하는 구원의 문이다. 그러므로 부활한 예수의 빈 무덤에서 그리스도와 사도는 만나는 것이다.[김훈, 『저만치 혼자서』(경기: 문학동네, 2022a), 243]

18 윤남옥 엮음(2017), 311.

19 배현주, "WCC 리포트: 2021년 중앙위원회 보고서," 「기독교사상」 753(2021): 64.

20 배현주는 인터넷이 널리 보급되지 않은 아프리카 시골 지역에서는 많은 목회자가 두려움에 빠진 취약한 이웃을 위해 자신의 건강과 생명까지 희생하면서 헌신적으로 목회적 봉사를 하고 있다고 했다.[배현주(2021), 65-66]

21 양명수, "사탄아 물러가라," 「기독교사상」 753(2021): 105.

22 르네 지라르는 1923년 출생한 프랑스의 철학자이자 문학비평가로 문화의 기원을 해독하면서 누구도 풀지 못했던 신화의 코드를 풀어 오직 '예수 그리스도의 십자가'만이 다른 신화

와 종교에서 나타나는 '희생양 만들기'를 극복했음을 강조했다.["르네 지라르 '십자가 승리' 주목하라," 「기독신문」(2015년 7월 20일 자).]

23 윤남옥 엮음(2017), 317.

24 장기영(2019), 216.

25 김영재(2009), 146.

• 9장 •

1 윤은수(2020), 57.

2 위의 책, 70.

3 "A Life of Service is a Life Well Lived," *The Mercury*(2021년 6월 3일 자).

4 졸업생은 박규재, 김기도, 임윤규, 김상규, 김영삼 5명이었다.[연규홍(1999), 312] 앞줄 오른쪽부터 안재연 회계사무원, 서인근 부원장, 장하원 원장, 배민수 여자농민학원 원장, 이장춘 「농민생활」 주간, 김성기 부장이고, 뒷줄 가운데가 최용규 부장이다.

5 1938년에 폐교된 숭실전문학교는 해방 후 공산정권 수립으로 평양에서 재건이 좌절되고, 월남한 동문과 관계자들에 의해 1954년 4월 서울에서 재건되었는데. 배민수 목사와 한경직 목사가 각기 초대 이사장과 학장을 맡았다.[전택부(2018b), 351]

6 김원경 옮김(2010), 37.

7 위의 책, 347.

8 홀트아동복지회, 『홀트아동복지회 50년사』(2005), 133.

9 김영재(2009), 224.

10 이 말은 아도르노(Theodor W. Adorno)가 그의 『미학 이론』에서 모든 예술 작품이 죄 속의 물신주의로부터 떼어낼 수 없음을 강조한 것이다.[노명우, 『계몽의 변증법을 넘어서: 아도르노와 쇤베르크』(서울: 문학과지성사, 2002), 151]

11 김영재(2009), 85. 이와 관련하여 이정훈 교수는 세속국가의 외교정책이나 대외전략을 선교와 구분하여 인식하지 못한 결과라고 주장하기도 한다.[이정훈, 『이정훈 교수의 성경적 세계관』(부산: PLI, 2022), 260]

12 양참삼, 『조선을 섬긴 행복』(서울: 서빙더피플, 2012), 245.

13 노명우(2002), 198.

• 부록 •

1 성락(1988), 71.

2 김흥수(2017), 360. 감리교회는 1960년 3월 15일 정 · 부통령 선거에서도 자유당을 지지했다.

3 서인근 선교사 가족이 미국 연합감리교회 측에 보낸 서신에서 확인한 내용이다. 기독교대한감리회 역사정보자료실에는 서인근 선교사가 1954년 10월에 내한한 것으로 소개되어 있다.

4 김훈, 『하얼빈』(경기: 문학동네, 2022b), 178.

5 김흥수(2017), 353.

6 6 · 25전쟁 중이던 1950년 미국인 선교사 피어스(Robert Willard Pierce) 목사가 한경직 목사를 비롯한 한국교회 지도자들과 협력하여 고아와 남편을 잃은 부인을 돕기 위해 한국선명회를 설립했고, 1998년에 월드비전 국제 총회에서 각국 선명회 명칭을 월드비전으로 통일했다.(월드비전 홈페이지)

7 기독교연합봉사회가 보관하던 「농민생활」 중에 분실한 것이 있고, 서울대학교 농학도서관과 국립중앙도서관이 일부 소장하고 있으며, 국회전자도서관에는 평양에서 발간된 것 중 일부가 있다.

8 예컨대 1962년 1–6월에 KCWS는 '세계봉사회 가축사업'이라고 하여 2만 4,263원을 지원했고, 1963년 예산서의 항목 중 'CWS 가축사업'으로 표기된 것이 있다.

9 1962년 7월 기독교연합봉사회 이사회 회의록에 "KCWS와 가축 관계 사업은 좀 더 구체적인 관계를 맺게 하고."라고 했다.

10 서인근, "용감한 행동, 실제적인 노력, 건실한 봉사, 협조적인 정신으로," 「새농사」 46(1963b): 7.

11 서인근(1963a), 13.

12 "農民生活 創刊 100號 紀念 自祝會 盛況," 「한국기독공보」(1963년 6월 3일 자).

13 서인근, "농민생활사 이전에 즈음하여," 「농민생활」 27(1965): 8.

14 서인근, "「농민생활」 속간 12주년을 맞으며," 「농민생활」 28(1966a): 10.

15 서인근(1966b), 75.

16 "기독교연합봉사회 18일부터 農牧 강습회," 「한국기독공보」(1977년 10월 1일 자).

17 이 내용은 서인근 선교사의 사역 중 농촌 사역을 요약할 뿐만 아니라 그의 개인사까지 다루고 있어서 중요한 자료라고 생각한다. 이 자료를 통해 서인근 선교사의 증조부가 독일계 이민자임을 알 수 있다.

18 성락(1988), 71.

참고문헌

성서

『개역개정 NIV 한영해설성경』. 서울: 아가페출판사, 2006.

『파트너 쉬운성경』. 서울: 아가페출판사, 2005.

단행본

고병우. 『새마을운동 이렇게 시작되었다』. 서울: 기파랑, 2020.

길상엽. 『르네 지라르의 기독교 십자가 이해』. 경기: 한국학술정보, 2021.

김기련·김영현·배성우·손삼권·유장환·임현빈·권경태·이형주 편. 『목원대학교 60년사 I』. 대전: 목원대학교, 2014.

김양재. 『천국을 누리라』. 서울: 두란노서원, 2011.

김영재. 『한국 교회사』. 경기: 합동신학대학원 출판부, 2009.

김용주. 『나는 행복한 목회자였다』. 서울: 도서출판 진흥, 2005.

김우진연구회 편. 『김우진 연구』. 경기: 푸른사상, 2017.

김우창. 『체념의 조형』. 경기: 나남, 2013.

김우창·문광훈. 『세 개의 동그라미: 마음, 이데아, 지각-김우창·문광훈의 대화』. 서울:

민음사, 2016.
김욱동.『이양하, 그의 삶과 문학』. 서울: 삼인, 2022a.
김욱동.『궁핍한 시대의 한국문학』. 경기: 연암서가, 2022b.
김학동.『이상화 평전』. 서울: 새문사, 2015.
김훈.『저만치 혼자서』. 경기: 문학동네, 2022a.
김훈.『하얼빈』. 경기: 문학동네, 2022b.
김홍수·서정민 엮음.『한국기독교사 탐구』. 서울: 대한기독교서회, 2011.
남기철.『내가 만난 선교사들 이야기』. 서울: 평민사, 2017.
내한선교사사전 편찬위원회.『내한 선교사 사전』. 서울: 한국기독교역사연구소, 2022.
노명우.『계몽의 변증법을 넘어서: 아도르노와 쇤베르크』. 서울: 문학과지성사, 2002.
노치준.『평신도 시대, 평신도 교회: 한국교회 개혁과 평신도 아마추어리즘』. 서울: 도서출판 동연, 2021.
다할편집실 편.『한국사연표』. 서울: 다할미디어, 2008.
류대영.『초기 미국 선교사 연구』. 서울: 한국기독교역사연구소, 2001.
민경배.『한국교회의 사회사(1885-1945)』. 서울: 연세대학교 출판부, 2001.
박노원 역.『배민수 자서전: 누가 그의 왕국에 들어갈 수 있는가』. 서울: 연세대학교 출판부, 1999.
박석무.『다산 정약용 평전』. 서울: 민음사, 2014.
박응규.『한부선 평전, 가장 한국적인 미국 선교사』. 서울: 도서출판 그리심, 2015.
승효상.『승효상의 건축여행: 오래된 것들은 다 아름답다』. 서울: 안그라픽스, 2012.
신동흔·김경섭·김귀옥·김명수·김명자 외.『6·25전쟁 이야기 집성 1: 이것이 전쟁이다』. 서울: 박이정, 2017a.
신동흔·김경섭·김귀옥·김명수·김명자 외.『6·25전쟁 이야기 집성 8: 전쟁 속에 꽃핀 인간애』. 서울: 박이정, 2017b.
신윤표.『지역개발과 새마을운동론: 새마을운동의 발전전략』. 서울: 대영문화사, 2007.
신익상.『변선환 신학 연구』. 서울: 모시는사람들, 2013.

양참삼. 『조선을 섬긴 행복』. 서울: 서빙더피플, 2012.

연규홍. 『기독교연합봉사회 50년사』. 대전: 기독교연합봉사회, 1999.

오승재. 『지지 않은 태양 인돈』. 인천: 도서출판 바울, 2012.

오양호. 『한국 근대수필의 행방』. 서울: 소명출판, 2020.

옥성득. 『다시 쓰는 초대 한국교회사』. 서울: 새물결플러스, 2016.

유영식. 『착한 목자 게일의 삶과 선교 1』. 서울: 도서출판 진흥, 2013.

윤남옥 편저. 『誠의 신학자 윤성범의 삶과 신학』. 서울: 한들출판사, 2017.

윤은수. 『선교사 열전』. 서울: 한들출판사, 2020.

이덕일. 『조선왕조실록 1』. 경기: 다산북스, 2018.

이덕주·서영석·김홍수. 『한국 감리교회 역사』. 서울: 도서출판 kmc, 2017.

이두원. 『지역농업이 살아야 한국이 산다』. 서울: 도서출판 초당, 2006.

이성호 편. 『성구대사전』. 서울: 성서연구원, 2000.

이수영. 『〈순수이성비판〉 강의』. 서울: 북튜브, 2021.

이정훈. 『이정훈 교수의 성경적 세계관』. 부산: PLI, 2022.

이채윤. 『성경이 만든 부자들』. 서울: 행복한마음, 2007.

임종원. 『후쿠자와 유키치: 새로운 문명의 논리』. 경기: 한길사, 2011.

임희국. 『평양의 장로교회와 숭실대학』. 서울: 숭실대학교 출판국, 2017.

장기영. 『개신교 신학의 양대 흐름: 루터 신학 vs 웨슬리 신학』. 경기: 웨슬리르네상스, 2019.

전택부. 『양화진 선교사 열전』. 서울: 홍성사, 2018a.

전택부. 『한국 교회 발전사』. 서울: 홍성사, 2018b.

조승연. 『한국농촌사회변동과 농업생산구조』. 서울: 서경문화사, 2000.

조용식. 『가나안, 끝나지 않은 여정』. 서울: 포이에마, 2016.

최병우. 『조선족 소설사』. 경기: 푸른사상, 2022.

한국기독교역사학회 편. 『한국 기독교의 역사 III』. 서울: 한국기독교역사연구소, 2009.

한창기 편. 『한국의 발견 충청남도』. 서울: 뿌리깊은나무, 1986.

홀트아동복지회. 『홀트아동복지회 50년사』. 2005.

Care Torrey Johnson. 김원경 옮김. 『내 사랑 황하를 흘러』. *Ambassador to Three Cultures: The Life of Dr. R. A. Torrey Jr.*(1990). 서울: 좋은씨앗, 2009.

Craig S. Keener. 정옥배·김선회·유선명 옮김. 『IVP 성경 배경 주석: 신약』. *The IVP Bible Background Commentary: New Testament*(1993). 서울: 한국기독학생회 출판부, 1998.

Julia Ching. 임찬순·최효선 옮김. 『유교와 기독교: 동서문화의 비교연구』. *Confucianism and Christianity*(1977). 서울: 서광사, 1993.

Karl Mar. 김수행 옮김. 『자본론 3: 자본주의적 생산의 총과정 (상)』(2015년 개역판). 서울: 비봉출판사, 2019.

Kai Yin Allison Haga. 박상명 옮김. 『6·25전쟁과 미국 선교사』. *An Overlooked Dimension of the Korean War: The Role of Christianity and American Missionaries in the Rise of Korean Nationalism, Anti-Colonialism, and Evertral Civil War, 1884-1953(2007)*. 경기: 북코리아, 2023.

Lillias Horton Underwood. 이만열 옮김. 『언더우드』. *Underwood of Korea*(1918). 서울: 한국기독학생회 출판부, 2015a.

Max Horkheimer and Theodor W. Adorno. 김유동 옮김. 『계몽의 변증법: 철학적 단상』. *Dialektik der Aufklärung*(1969). 서울: 문학과지성사, 2001.

Peter Conn. 이한음 옮김. 『펄벅 평전』. *Pearl S. Buck: A Cultural Biography*(1996). 서울: 은행나무, 2004.

Ren Girard. 김진식 옮김. 『나는 사탄이 번개처럼 떨어지는 것을 본다』. *Je vois Satan tomber comme l'clair*(1999). 서울: 문학과지성사, 2004.

Richard B. Hays. 김태훈 옮김. 『상상력의 전환: 구약성경의 해석자 바울』. *The Conversion of the Imagination: Paul as Interpreter of Israel's Scripture*(2005). 경기: 큐티엠, 2020.

Sherwood Hall. 김동렬 옮김. 『닥터 홀의 조선회상』. *With Stethoscope in Asia: Korea*(1978). 서울: 좋은씨앗, 2003.

William E. Griffis. 이만열 옮김. 『아펜젤러』. *A Modern Pioneer in Korea*(1912). 서울: 한국기독학생회 출판부, 2015b.

이중환·안대회·이승용 외 옮김. 『완역 정본 택리지(보급판)』. 서울: 휴머니스트, 2018.

정약용·이익성 옮김. 『경세유표 1』. 경기: 한길사, 1997.

小谷純一(고다니 준이치). 홍순명 옮김. 『농부의 길: 일본 애농회 고다니 준이치의 하늘·인간·땅 사랑』. 『愛農救國の書』. 충남: 그물코, 2006.

費孝通(페이샤오퉁). 西澤治彦(니시자와 하루히코) 옮김. 『鄕土中國』. 『鄕土中國』(1948). 東京: 風響社, 2019.

논문, 저술의 개별 장(章), 잡지의 기고문

강만춘. "우리나라의 지역사회 개발사업." 「농민생활」 22(1960): 8-11.

강만춘. "우리나라 지역사회 개발사업." 「농민생활」 23(1961): 11-27.

김종생. "기독교연합봉사회 70년의 회고와 전망." 『2018 기독교연합봉사회 임원 워크숍 자료집』(2018): 1-8.

김홍수. "기독교연합봉사회: 1950년대의 기독교 연합사업 연구." 「한국기독교와 역사」 33(2010): 81-108.

김홍수. "7. 한국기독교와 남북분단, 6 25전쟁." 김홍수·서정민 엮음. 『한국기독교사 탐구』. 서울: 대한기독교서회(2011): 117-32.

김홍수. "III. 해방 이후 감리교회 역사(1945-2006)." 이덕주 서영석 김홍수 지음. 『한국 감리교회 역사』. 서울: 도서출판 kmc(2017): 343-411.

김홍수. "권두언 한국 기독교사에서 잊혀진 사회복지 전통." 「기독교사상」 753(2021): 4-5.

박상진. "정전(연구)의 새로운 지평." 이형대 엮음. 『정전 형성의 논리』. 서울: 소명출판(2013): 15-61.

배덕만. “13. 한국기독교의 고도성장.” 김홍수·서정민 엮음. 『한국기독교사 탐구』. 서울: 대한기독교서회(2011): 216-41.

배현주. “WCC 리포트: 2021년 중앙위원회 보고서.” 「기독교사상」 753(2021): 62-72.

백용기. “11. 한국기독교의 신학.” 김홍수·서정민 엮음. 『한국기독교사 탐구』. 서울: 대한기독교서회(2011): 186-200.

류대영. “1. 한국기독교와 선교사.” 김홍수·서정민 엮음. 『한국기독교사 탐구』. 서울: 대한기독교서회(2011): 9-24.

서영석. “II. 일제강점기 감리교회 역사(1910-1945).” 이덕주·서영석·김홍수 지음. 『한국감리교회 역사』. 서울: 도서출판 kmc(2017): 209-342.

서인근. “경영의 합리화를 꾀하자.” 「농민생활」 24(1962a): 9.

서인근. “속간 8주년을 맞이하여.” 「농민생활」 24(1962b)

서인근. “계묘년 새해를 맞이하여.” 「농민생활」 25(1963a): 13.

서인근. “용감한 행동, 실제적인 노력, 건실한 봉사, 협조적인 정신으로.” 「새농사」 46(1963b): 7-8.

서인근. “농민생활사 이전에 즈음하여.” 「농민생활」 27(1965): 8-9.

서인근. “「농민생활」 속간 12주년을 맞으며.” 「농민생활」 28(1966a): 10.

서인근. “착실하게 살아가는 사람들.” 「농민생활」 28(1966b): 75-80.

서인근. “한국 농민과 더부러 13년.” 「농민생활」 29(1967a): 74-75.

서인근. “「농민생활」 정신이여 영원히!: 「농민생활」 정간에 즈음하여.” 「농민생활」 29(1967b): 92-93.

서창원. “한국 종교경험을 융합하여 새로운 해석학적 지평을 연 로마서 강해.” 「기독교사상」 703(2017): 189-94.

성락. “발굴취재: 한국 농축산업 발전의 숨은 공로자 서인근 (미국인) 선교사 전쟁중 농업선교사로 내한 농민계몽 및 기술지도에 반평생.” 『축산인』 1(1988): 68-73.

양명수. “사탄아 물러가라.” 「기독교사상」 753(2021): 105-19.

연규홍. “8. 한국교회의 분열.” 김홍수·서정민 엮음. 『한국기독교사 탐구』. 서울: 대한기독교서회(2011): 133-51.

오윤선. "19C 말-20C 초 영역작업을 통해 본 외국인의 한국 고전문학 인식." 이형대 엮음. 『정전 형성의 논리』. 서울: 소명출판(2013): 257-301.

원종훈. "잡지 「농민생활」과 일상 아카이브." 한남대학교 대학원 석사학위논문, 2001.

윤경로. "간행사." 류대영 지음. 『초기 미국 선교사 연구』. 서울: 한국기독교역사연구소(2001): 3-4.

윤경로. "한국기독교와 민족운동." 김홍수·서정민 엮음. 『한국기독교사 탐구』. 서울: 대한기독교서회(2011), 41-57.

윤은석. "기독교연합봉사회의 수족절난자 재활사업 연구." 「신학저널」 47(2021): 9-41.

윤해준. "(비평)이론과 정전, (비평)이론의 정전." 이형대 엮음. 『정전 형성의 논리』. 서울: 소명출판(2013): 62-88.

이덕주. "I. 한말 감리교회 역사(1884-1910)." 이덕주·서영석·김홍수 지음. 『한국 감리교회 역사』. 서울: 도서출판 kmc(2017): 13-208.

임걸. "내한 선교사 클락(C. A. Clark, 1878-1961)의 목사 직분론." 「신학사상」 184(2019): 143-79.

임종한. "사회복지를 위한 사회적 경제." 「기독교사상」 753(2021): 19-29.

장동순. "신 농업기술의 발전책을 확립하길." 「새농사」 46(1963): 4-5.

전경연. "도마복음서와 예수의 말씀." 「기독교사상」 59(1962): 6-14.

전경연. "성령과 성서해석." 「신학연구」 9(1965): 57-74.

전경연. "슈툴마허의 본문과의 이해일치의 해석학." 「기독교사상」 316(1984): 231-46.

전경연. "바울의 신앙 개념." 「기독교사상」 479(1998): 68-80.

주명식. "배민수의 민족의식 형성과 민족운동 변화 연구." 연세대학교 연합신학대학원 석사학위논문, 2004.

최용규. "낙화생 재배의 키 포인트." 「농민생활」 27(1965): 27-31.

한규무. "1950년대 기독교연합봉사회의 농민학원 설립과 운영." 「한국기독교와 역사」 33(2010): 109-32.

한옥근. “호남 희곡과 김우진.” 김우진연구회 편. 『김우진 연구』. 경기: 푸른사상(2017): 349-92.

한인철. “불가결의 상호보충.” 변선환아카이브 엮음. 『그때도, 지금도 그가 옳다』. 서울: 동연(2023): 130-38.

황연수. “농촌 새마을운동의 재조명.” 「농업사연구」 5(2006): 17-53.

신문

「가스펠투데이」(2018년 8월 28일 자). “충북 출신 일제하 농촌운동가 고(故) 배민수 목사 50주기 맞아.”

「경남여성신문」(2013년 4월 3일 자). “창년문화예술회관 4월 공연 풍성.”

「국민일보」(2011년 5월 9일 자). “대전 세동마을 주민들 김은규 장로에 감사… ‘깡촌에 富·믿음을’ 53년 전 전도사에 공적비.”

「기독신문」(2015년 7월 20일 자). “르네 지라르 ‘십자가 승리’ 주목하라.”

「기독인뉴스」(2012년 5월 29일 자). “곽안련 선교사의 ‘교회사회사업’ 재출간 기념회.”

「목원대신문」(1999년 10월 18일 자). “우리 학교 전 이사장 서인근 선교사 명예박사학위식 열려.”

「예장뉴스」(2019년 2월 27일 자). “삼애 배민수 목사 기념사업은 원상 회복돼야.”

「텐아시아」(2022년 5월 23일 자). “‘인간승리’ 김은중, 한쪽 눈 실명 후 승리.”

「한겨레」(2015년 2월 12일 자). “빈곤 시절의 상징 ‘외국 원조 단체법’ 52년 만에 폐지.”

「한국기독공보」(1963년 6월 3일 자). “農民生活 創刊 100號 紀念 自祝會 盛況.”

「한국기독공보」(1971년 10월 9일 자). “한국에 온 濠州産 면양 연합奉仕會에 移讓 30日, 秋風嶺 현지 牧場에서.”

「한국기독공보」(1977년 10월 1일 자). “기독교연합봉사회 18일부터 農牧 강습회.”

The Mercury(2021년 6월 3일 자). “A Life of Service is a Life Well Lived.”

TUROCK JOURNAL(1991년 2월 16일 자). “Church Programs, Missionary to

Speak."

잡지

월간 「농민생활」. 서울: 농민생활사.

월간 「새농사」. 서울: 중앙종묘.

월간 「축산인」. 서울: 월간축산인.

월간 *KOREANA*. 서울: 한국국제교류재단.

기타 자료

국립중앙도서관(www.nl.go.kr/)

국회전자도서관(https://dl.nanet.go.kr/)

기독교대한감리회 역사정보자료실(https://his.kmc.or.kr/history/)

기독교연합봉사회 이사회 회의록(1952-1981)

재단법인 기독교연합봉사회 사업안내(리플릿)

사회복지법인 대전벧엘원 홈페이지(www.djbew.or.kr)

서울대학교 농학도서관(https://lib.snu.ac.kr/about/libraries/agriculture-library/a-introduction/)

서인근 선교사 와메고교회 간증 영상(https://www.youtube.com/watch?v=jtFe5aD2FsU)

서인근, 서매지 선교사 송별예배(안내지)

서인근 선교사, 서매지 선교사 회갑축하예배(안내지)

서인근 선교사 명예신학박사 학위 수여식(안내지)

월드비전 홈페이지(www.worldvision.or.kr)

인터넷 백과사전 나무위키(namu.wiki)

인터넷 백과사전 다음백과(100.daum.net)

인터넷 백과사전 위키백과(ko.wikipedia.org)

인터넷 백과사전 한국민족문화대백과사전(encykorea.aks.ac.kr)

한국기독공보디지털아카이브(https://www.archives.or.kr)

한국기독교역사문화재단(www.kcmuseum.or.kr)